Carsten Peter / Toni Schlager
Gleitschirmfliegen

W0245358

Carsten Peter
Toni Schlager

Gleitschirmfliegen

Vom Anfänger zum Profi

Ein Lehrbuch für
Theorie und Praxis
des Gleitschirmfliegens

5., aktualisierte und durchgesehene Auflage
mit dem aktuellen Luftrecht von Deutschland,
Österreich und Schweiz

Bruckmann

Umschlagbild:
Soaren bei Ostwind am Brauneck in Oberbayern
Foto: Günter Kozeny

Gegenüber der Titelseite:
Mit einem modernen Hochleister auf Streckenflug sind Leistungen möglich geworden, die vor wenigen Jahren undenkbar waren.
Foto: Günter Kozeny

Danksagung:
Für die Mitarbeit an diesem Buch danken die Autoren folgenden Personen besonders:
Monika Scholz, Claudia und Peter Ganter, Stefan Rieder, Steffen Strzygowski, Fritz Dolezalek, Peter Donatsch, Samuel Fisser, Philippe Laville, Norbert Mundorf, Michaela Gebauer, Stefan Steinert, Thomas Strobl, Thomas Schlager und Michel Werli.

Bildnachweis Fotos
(Die Ziffern verweisen auf die Seiten):
Alle Fotos Carsten Peter, außer:
Till Gottbrath: 193, 201 oben; Günter Kozeny: Einband, 2, 51, 149 unten, 154, 161 oben; Xavier Murillo: 219 oben; Peter Rummel: 105, Nr. 3; Thomas Schlager: 26, 170; Toni Schlager: 95, 105, Nr. 2, 132; Thomas Strobl: 25, 131, 140 oben; Michel Werli: 201 unten.

Bildnachweis Grafiken
Alle Grafiken Beate Fuß, München, außer:
S. 24: Petra Pawletko, Augsburg.
S. 28: Toni Schlager, Eurasburg.
S. 70: Globales Zirkulationsmuster: Mit Genehmigung des Verlages Walter de Gruyter, Berlin. Entnommen aus: Joachim Blüthgen, Allgemeine Klimageographie. Walter de Gruyter, Berlin 1964.
S. 85: Entstehung eines Tiefs: Mit Genehmigung von GEO-Magazin, Hamburg. Illustration: © Carl W. Röhrig, Hamburg.
S. 106–107: Wetterlagen: Mit freundlicher Genehmigung entnommen aus: Lötscher/Zeller, Gleitschirmfliegen. © Lötscher/Zeller, Volair AG, CH-Neuenkirch.
S. 120, 158: Petra Pawletko, Augsburg.
S. 166–169: Toni Schlager, Eurasburg.
S. 172, 175: Petra Pawletko, Augsburg.
S. 180: Luftraumstruktur der Bundesrepublik Deutschland: Mit Genehmigung der Bundesanstalt für Flugsicherung, Frankfurt/Main.
S. 189–190: Alpenvereinskarte Rofan: Mit Genehmigung des Deutschen Alpenvereins, München. Zeichnungen: Eugen E. Hüsler, Dietramszell.
S. 203: Armzeichen: entnommen aus: Franz Berghold, Bergmedizin heute. Bruckmann Verlag, München 1987.

Die Deutsche Bibliothek – CIP-Einheitsaufnahme

Peter, Carsten:
Gleitschirmfliegen: vom Anfänger zum Profi;
ein Lehrbuch für Theorie und Praxis des Gleitschirmfliegens/
Carsten Peter; Toni Schlager. – 5., aktualisierte und durchges. Aufl.
– München : Bruckmann, 1992
(Bergsport – Praxis)
ISBN 3-7654-2455-2
NE: Schlager, Toni:

5., aktualisierte und durchgesehene Auflage 1992

Inhaltsverzeichnis

1 EINLEITUNG

1.1 Was ist Gleitschirmfliegen?

Der Gleitschirm (Gleitsegel, Paragleiter) ist das kleinste, leichteste und billigste Fluggerät mit der einfachsten Handhabung. Dank des kleinen Packmaßes und des geringen Gewichts von nur 3 bis 7 kg läßt sich nunmehr Fliegen mit vielen anderen Freizeitaktivitäten, etwa Wandern, Bergsteigen, Skitouren, Rad- oder Motorradfahren verbinden. Der Gleitschirm ist universell einsetzbar und ein lohnender Reisebegleiter. Besonders die Naturbegeisterten werden sich angesprochen fühlen. Die Vogelperspektive liefert Natureindrücke ganz besonderer Art und läßt die Faszination für Natur und Fliegen nicht mehr abreißen. Gleitschirmfliegen ist auch eine Form der direkten Auseinandersetzung mit unserem Wettergeschehen. Man lernt meteorologische Phänomene begreifen, »erfährt sie am eigenen Leib«, entwickelt Respekt und zugleich begieriges Interesse für deren Hintergründe. Zielsetzung dieses Buches ist es, das Verlangen nach umfassender Information zu stillen.

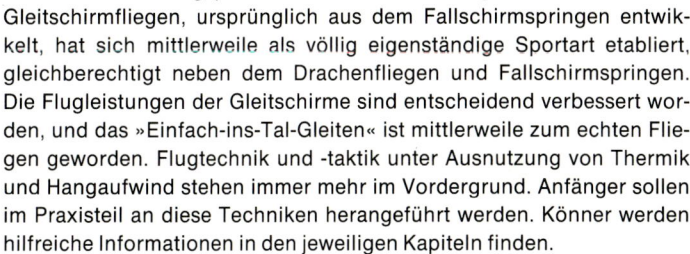

Der Sprung vom Fußgänger zum Piloten vollzieht sich beim Gleitschirmfliegen dank der unkomplizierten Technik denkbar einfach. Genauso leicht unterschätzt man aber auch Gefahren, die mit dem Fliegen verbunden sind. Dieses Buch weist auf Risiken und Gefahren hin, denn besonders beim Flugsport ist Unwissenheit verfänglich.

Gleitschirmfliegen, ursprünglich aus dem Fallschirmspringen entwickelt, hat sich mittlerweile als völlig eigenständige Sportart etabliert, gleichberechtigt neben dem Drachenfliegen und Fallschirmspringen. Die Flugleistungen der Gleitschirme sind entscheidend verbessert worden, und das »Einfach-ins-Tal-Gleiten« ist mittlerweile zum echten Fliegen geworden. Flugtechnik und -taktik unter Ausnutzung von Thermik und Hangaufwind stehen immer mehr im Vordergrund. Anfänger sollen im Praxisteil an diese Techniken herangeführt werden. Könner werden hilfreiche Informationen in den jeweiligen Kapiteln finden.

Das Wetteifern unter den Piloten blieb auch nicht lange aus: Wettkämpfe werden immer professioneller ausgetragen – auf regionaler, nationaler und europäischer Ebene, ja sogar als Weltmeisterschaften. Auch den Wettbewerbsbereich spart dieses Buch mit Infos nicht aus.

1.2 Wer kann Gleitschirm fliegen?

Gleitschirmfliegen ist ein Sport für alle, die einigermaßen sportlich und begeisterungsfähig, aber auch bereit sind, sich mit Theorie und Praxis des Gleitschirmfliegens ernsthaft auseinanderzusetzen.

War Gleitschirmfliegen anfangs mehr ein Sport für Wagemutige, stellte sich bald heraus, daß es einfach und vor allem schnell zu erlernen ist. Die Anhängerschaft des Gleitsegelns wuchs, aber als die ersten Unfallmeldungen durch die Presse gingen, kamen Zweifel an der Harmlosigkeit des neuen Flugsports auf. Es stellte sich heraus, daß das Fliegen mit dem Gleitschirm etwas mehr erfordert als nur das Auslegen des Schirms und Anlaufnehmen. Die Schulung wurde und wird ständig verbessert, und somit ist auch die Grundlage für die verantwortungsbewußte Ausübung des Gleitschirmsports geschaffen. Für das Erlernen sind keine herausragenden sportlichen Begabungen nötig, aber Bewegungstalent und eine gute körperliche Verfassung von Vorteil. Wichtiger ist die psychische Konstitution des Piloten. Ausgeglichenheit und eine innere Ruhe kommen dem Piloten sehr zugute. Gleitschirmfliegen ist weniger eine Sportart für wagemutige Draufgänger. Eine gesunde Portion Eigenverantwortung und Selbstdisziplin sind gefordert – man neigt beim Gleitschirmfliegen außergewöhnlich schnell dazu, seine eigenen Fähigkeiten zu überschätzen, die Risiken aber zu unterschätzen.

Auf eine Schulung darf keinesfalls verzichtet werden.

Dieses Buch kann und will die Schulung nicht ersetzen. Wird man unter fachlicher Anleitung an das Gleitschirmfliegen herangeführt, wird das Risiko klar erkennbar, einschätzbar und damit beherrschbar. Gleitschirme an sich sind sehr sicher, die Gefahr geht mehr vom Piloten aus. Das Verletzungsrisiko ist bei vernünftigem Flugverhalten nicht höher als beim Drachenfliegen. Nur unter ungünstigen Bedingungen oder wenn man seinen Erfahrungsstand mit Hochleistungsschirmen überfordert, steigt das Risiko. Je größer die Begeisterung, desto leichter werden die grundlegenden Vorsichtsmaßnahmen vernachlässigt. Einige der beschriebenen Techniken sind ausnahmslos Profis vorbehalten. Wird nicht nur bei Idealbedingungen geflogen, können unvorhergesehene Situationen auftreten, die extreme Flugmanöver verlangen. Der Vollständigkeit halber werden alle fliegbaren Manöver vorgestellt, die aber nicht zu Kunstflugzwecken mißbraucht werden dürfen (in Deutschland verboten!).
Die Autoren sind sich der Risiken dieser Sportart bewußt und haben deshalb das Buch mit großer Sorgfalt und nach bestem Wissen und Gewissen zusammengestellt. Jeder, der diese Sportart praktiziert, tut dies auf eigene Verantwortung.

1.3 Geschichte und Entwicklung des Gleitschirmes

Kaum einer hielt es für möglich, daß sich in unserem modernen, hochtechnisierten Zeitalter noch eine grundlegend neue Flugsportart entwickeln könnte, die den Traum vom selbständigen Fliegen für fast jedermann möglich macht.
Der Wunsch des Menschen, aus größerer Höhe zu springen und sich

nicht gleich zu Tode zu stürzen, ist schon sehr alt. Die erste geschichtliche Erwähnung geht bis in das Jahr 100 n. Chr. zurück. Wagemutige Chinesen sollen mit stoffüberspannten Gestellen, ähnlich unseren Regenschirmen, von hohen Türmen gesprungen sein. Von **Leonardo da Vinci** existieren Zeichnungen aus dem Jahr 1495, die eine fallschirmähnliche Konstruktion darstellen. Den ersten bekundeten Absprung mit einem Fallschirm, der aus einem mit Tuch bespannten hölzernen Rahmen bestand, soll **Fausto Veranzio** 1620 von einem Turm in Venedig gemacht haben. Mit der Erfindung des Heißluftballons wurde auch der Fallschirm wiederentdeckt. Im Jahr 1793 sprang der Franzose **Lelandes** mit einem nur aus Tuch bestehenden Fallschirm von einem Ballon ab. Der Fallschirm wurde nun als Rettungsgerät weiterentwickelt. Hauptsächlich das Militär begann sich dafür zu interessieren.

Erst nach dem Zweiten Weltkrieg wurde der Fallschirm zum Sportgerät. Die Steuerbarkeit war schlecht, die Sinkgeschwindigkeit sehr hoch. Das änderte sich erst, als der Kanadier **Domina Jalbert** 1964 auf die Idee kam, aus Segeltuch einen Flugzeugflügel mit Profil nachzubilden. Der Flächenschirm war erfunden, wurde aber nur für Flugzeugabsprünge eingesetzt. 1974 beschrieb der Amerikaner **Dan Poynter** erstmals die Möglichkeit, mit einem Flächenschirm vom Berg zu starten. Er bezeichnete dies als **Parasailing.** In den nächsten Jahren waren es vor allem Fallschirmspringer, die vom Berg starteten und das Landen übten. Auf diese Weise sparten sie sich das Geld für das Flugzeug. Bergsteiger, die sie beobachteten, sahen darin eine Möglichkeit, den mühsamen Abstieg zu vermeiden. Der Bergschirm als Abstiegshilfe war entdeckt und fand begeisterte Anhänger unter den Extrembergsteigern. Bereits 1977 flogen Piloten mit Flächenschirmen vom Säntis (2502 m), Ostschweiz, nach Wildhaus (1100 m).

1983 gab es in Mieussy/Frankreich bereits die ersten kleinen Wettkämpfe im Gleitschirmfliegen, das damals noch als »Bergfliegen« bezeichnet wurde. 1985 kam der große Durchbruch. Das Gleitschirmfliegen wurde in Frankreich populär. Die ersten Gleitschirme aus luftdichtem, steifem Segeltuch entstanden. Flugleistungen mit Gleitzahl 3 (zurückgelegte Strecke : Höhenunterschied) und einem minimalen Sinken um 2,5 m/sec wurden erreicht. Das große Interesse führte zu einem starken Entwicklungsschub. Auch in Japan wurde das Gleitschirmfliegen populär. 1986 gab es bereits über 1000 Gleitschirmpiloten. In Deutschland und Österreich setzte das Interesse Anfang 1987 schlagartig ein. Das Gleitschirmfliegen ist seit April 1987 in Deutschland gesetzlich erlaubt. Die Entwicklung der Gleitschirme ging jetzt sehr schnell. Ende 1987 war man bereits bei einer Gleitzahl von 4 und einem minimalen Sinken von 2 m/sec angelangt.

Die längste Flugzeit betrug über 6 Stunden. 1988 gab es einen erneuten Leistungsschub. Neue Ideen führen zu phantastischen Flugleistungen. Gleitzahl 5 ist erreicht, das minimale Sinken liegt zwischen 1,8 und 1,6 m/sec. Außerdem werden die Gleitschirme schneller. Mit circa 35 km/h Fluggeschwindigkeit bei ausgezeichneter Flugleistung überschritt im

April 1988 Pierre Bouilloux erstmals die 40-km-Marke bei einem Dreiecksflug.

Neben den Rekordmeldungen häufen sich auch die Unfallmeldungen. Die Gründe dafür sind zum einen die wachsende Zahl der Piloten, zum anderen gehen zeitweise die Leistungssteigerungen der Segel sehr zu Lasten ihrer Sicherheit. Hohe Streckung bei gleichzeitiger Verschmälerung des Profils verschlechterten das Handling und setzten gute Flugerfahrung voraus. Im September 1988 wird in Deutschland aufgrund der erhöhten Unfallzahlen der Flugschein in zwei Teilabschnitte aufgeteilt. Auch Österreich und die Schweiz setzen die Anforderungen an die Schüler herauf. Anfang 1989 wird schließlich eine Gleitschirmliga gegründet, und die Wettbewerbe werden zunehmend anspruchsvoller. Nach und nach setzen sich eliptische Schirmformen durch, mit dem Vorteil, daß sich die Hochleistung besser mit der Sicherheit vereinbaren läßt. Auch die ersten Segel mit geschlossener Front tauchen auf.

Die Jagd nach möglichst langen Streckenflügen treibt einige Gleitschirmpiloten in die Rekordgebiete von Segelfliegern. So wurde gegen Ende 1989 in Namibia von Uli Wiesmeier erstmals die 100-km-Marke überflogen. Xavier Remond übertrifft ihn wenig später mit 127 km und 3700 m Höhengewinn. Im Ziel-Rückflug erreicht Sepp Gschwendtner immerhin 56 km. Inspiriert von diesen Leistungen führt der DHV den Überlandschein ein. Ende 1990 verfehlt Xavier Remond dann mit 149,963 km nur knapp die 150-km-Marke. Spätestens als Dominik Müller mit über 100 km Strecke den Alpenhauptkamm überquert, wird massiv versucht, Namibia-Leistungen auch in den Alpen umzusetzen. Nicht ohne Erfolg. 1991 werden einige 100-km-Flüge in den Alpen gemacht, von Christof Kirsch sogar 107 km im Ziel-Rückkehrflug. Die Schirmleistungen übersteigen eine Gleitzahl von sieben. Aber um die Streckenleistungen weiter zu erhöhen, müssen die Schirme bei guter Leistung schneller werden. Die Kalotten werden mit vielen, sehr feinen Fangleinen sauber ausgetrimmt und über ausgeklügelte Trimmsysteme das Profil verflacht. Bei der Leistungssteigerung verlangsamt sich die Entwicklung, in Sicherheitsfragen werden aber immer größere Fortschritte erzielt.

1.4 Gleitschirmfliegen und Umwelt

Mit dem Gleitschirmfliegen ist eine der umweltverträglichsten Flugsportarten geboren worden. Weder Abgase noch Lärm wirken belastend. Aber Gleitschirmfliegen ist auch die Luftsportart mit den größten Zuwachsraten. Bis Mitte 1991 wurden allein in Deutschland rund 11000 Pilotenlizenzen für Gleitschirmflieger ausgestellt. Die Zuwachsraten bleiben momentan konstant.

Mit der Entwicklung beim Surfen in seiner Anfangsphase läßt sich das Gleitschirmfliegen dennoch nicht gleichsetzen, weil das Fliegen zweifellos mehr Selbstüberwindung abverlangt und größere Risiken birgt. Mit zunehmender Zahl von Piloten kann es aber vermehrt zu Kollisionen mit

Naturschutz- und Umweltinteressen kommen. Dieses Problem ist ernst-zunehmen, nicht zuletzt deshalb, weil auch der Reiz des Gleitschirmflie-gens ganz wesentlich im Naturerlebnis liegt.

Durch unsere Lebensweise und das damit verbundene Wirtschaftssy-stem ist unsere Umwelt generell einem so hohen Streß ausgesetzt und teilweise gravierend vorgeschädigt, daß ihr Schutz auch oder gerade für den Gleitschirmflieger selbstverständlich sein sollte. Für uns »Zivilisa-tionsmenschen« ist der Stellenwert der Natur leider allzu sehr auf Frei-zeit- und Tourismuswerte fixiert, ihre eigentliche Bedeutung als unsere mehr und mehr bedrohte Lebensgrundlage wird meist verdrängt. Es ist verständlich, wenn sich mittlerweile mächtige Interessengruppen um die Belange der Natur kümmern, sich aber auch Kommunalpolitiker gerne unter dem Deckmäntelchen »Umweltschutz« profilieren wollen. Effektiven Maßnahmen werden häufig Verbote vorgezogen, bei denen nur geringer Widerstand kleiner Interessensgruppen zu erwarten ist. Vor allem die Jagdlobby ist sehr einflußreich und kann schnell Beschrän-kungen für den Gleitschirmsport bewirken.

Noch gibt es keine wissenschaftlichen Untersuchungen, wie sich das Gleitschirmfliegen konkret auf die Umwelt auswirkt, aber Einzelbeob-achtungen und Auswirkungen an stark frequentierten Fluggebieten las-sen Schlüsse zu, die auch ohne den wissenschaftlichen Beweis zu ak-zeptieren sind. Diese Argumente sollten bekannt sein, um den Dialog mit Tierfreunden, Naturschützern und Jägern sachlich führen zu kön-nen. Der Appell richtet sich ausnahmslos an alle Piloten, denn das Fehl-verhalten eines einzigen Piloten kann Schatten auf den gesamten Gleit-schirmsport werfen.

Das Fehlverhalten eines einzelnen Piloten kann Restriktionen für die gesamte Sportart bewirken!

1.4.1 Dezentralisierung

War Drachenfliegen noch auf wenige Fluggebiete beschränkt, so ist das portable Fluggerät Gleitschirm fast überall einsetzbar. Zwar eignen sich nicht alle Berge zum Gleitschirmstart, aber der Einsatzbereich ist un-gleich vielfältiger. Damit liegt die Wahl des Start- und Landeplatzes weit-gehend in der Verantwortung des Piloten und dessen Sensibilität für die Natur: **Das Gelände muß so verlassen werden, wie es betreten wurde, eventuelle Trittschäden sind geringstmöglich zu halten!**

● **Maßnahmen:**

- Keine Starts und Landungen in empfindlichen Bereichen, etwa Streuwiesen oder Moorflächen.
- Keine Landungen in Wiesen mit hochstehendem Gras.

- Der Gleitschirmflieger darf keine »Starthindernisse« wie Bäume, Latschen oder Äste entfernen.
- Nicht mit Autos in Wiesen oder Feldwege einfahren, um Piloten oder Schirme abzuholen.
- Ausgewiesene Landegebiete unbedingt einhalten.
- Naturschutzgebiete möglichst meiden.

In Naturschutzgebieten ist zumindest besondere Rücksicht zu nehmen; über Flugeinschränkungen oder -verbote muß man sich vorab informieren. Beispielsweise ist im Naturschutzgebiet Ammergebirge mit einer Fläche von 290 Quadratkilometern das Gleitschirmfliegen bereits verboten. Vorsätzliche oder fahrlässige Verstöße werden mit Geldbußen bis zu 50 000 DM belegt.

Der **Tiefflug** ist eine der Hauptsorgen der Umweltschützer. Mit dem Gleitschirm sind Regionen erreichbar, die bislang als Rückzugsgebiete für Wild und Vögel weitgehend verschont blieben. Deshalb sollte man es vermeiden, unnötig tief über entlegenes Gelände zu fliegen.

1.4.2 Einfluß auf Tiere

Wild: *Rehe, Rothirsche, Gemsen* und eventuell *Steinböcke* können durch Gleitschirmflieger beunruhigt werden, wenn im Tiefflug über die Tiere hinweggeflogen wird oder der Anmarsch zu Fuß oder mit Tourenski abseits der üblichen Aufstiegsrouten erfolgt. Die kritische Periode für das Wild liegt im Winter. Die Nahrungsqualität und auch die verfügbare Menge nehmen drastisch ab. Die Tiere haben sich deshalb durch eine äußerst energiesparende Lebensweise an die Umstände angepaßt. Einerseits haben sie sich in der Vegetationsperiode Fettreserven angefressen, andererseits **verringern sie ihren Energieverbrauch durch Einschränkung ihrer Aktivität.** Werden die Tiere aufgeschreckt und Flucht ausgelöst, verbrauchen sie mindestens das Zehnfache ihrer Ruheenergie, je nach Schneehöhe auch mehr. Zu viele Störungen kosten die Tiere viel Energie. Darum verbeißen sie Knospen und Rinde von Bäumen. Vorwiegend weil zu hohe Wildbestände gehalten werden, wirken sich Verbiß- und Schälschäden nachhaltig auf die kränkelnden Bergwälder aus. Wild wird aber nur im Ausnahmefall und im unmittelbaren Tiefflug über Tiere aufgeschreckt; häufiger eher beim Aufstieg.

Oben: Startvorbereitungen am Hohen Fricken (Deutschland). Zur Eigenrettung bei Baumlandungen hat dieser Pilot eine Rettungsreepschnur dabei, mit der er sich selbst abseilen kann.

Unten: Soaren im dynamischen Hangaufwind (Schneefernerkopf, Österreich).

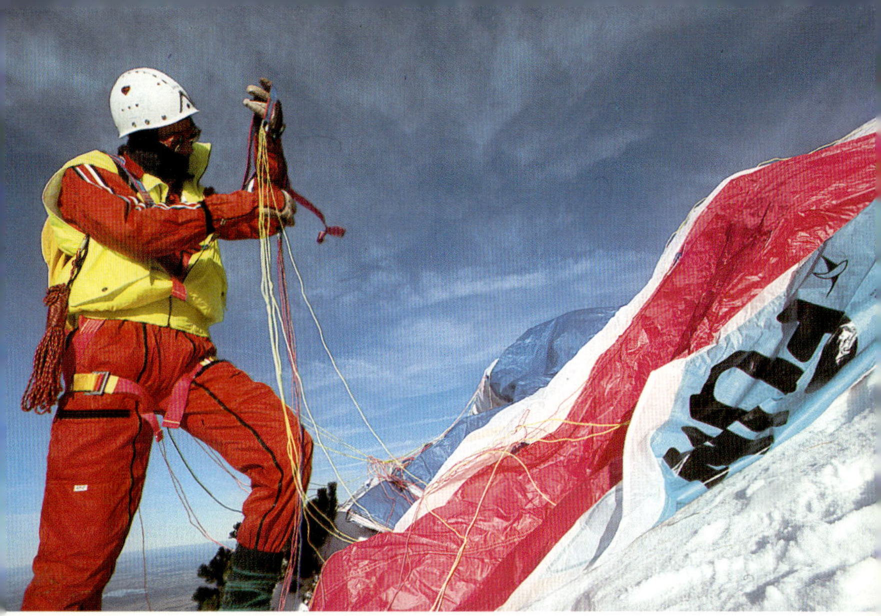
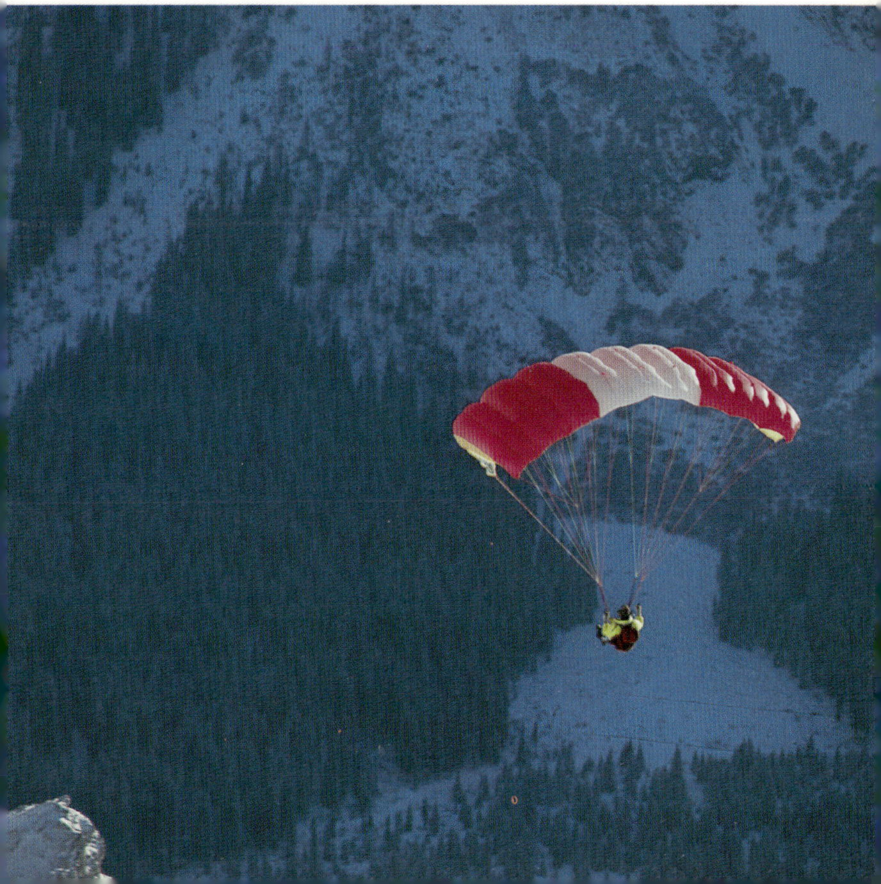

● Maßnahmen:

> ● Wege nicht verlassen
> ● Wird Wild gesichtet, nicht absichtlich anfliegen
> ● Tiefflüge vermeiden
> ● Möglichst gleichbleibende Flugrouten einhalten
>   (→ Gewöhnungseffekt)

▸ **Vögel:** insbesondere *Birkhuhn, Schneehuhn, Auerhuhn* und diverse *Wiesenbrüter* könnten durch ein Feindbild, das einem Raubvogel gleicht, irritiert werden. Der Kritiker mag einwenden, daß ein Gleitsegel reichlich wenig Ähnlichkeit mit einer Raubvogelsilhouette aufzuweisen hat. Das ist richtig, für die Vögel ist das Bewegungssehen aber viel entscheidender, und das Feindbild besteht in einer bestimmten Bewegungsrelation zur Größe. Ob Gleitsegel dazugehören und wie sie auf Vögel wirken, ist noch weitgehend ungeklärt.
Die Tiere sind gewöhnlich so scheu, daß es dem Piloten kaum auffallen wird, wenn er sie gestört hat. Normalerweise gewöhnen sie sich auch nicht an die Nähe des Menschen (Kulturflüchter), und Beispiele von fast handzahmen Auerhühnern etc. stammen praktisch ausschließlich von ausgesetzten Tieren aus Nachzuchtprogrammen.

● Maßnahmen:

> ● Meidung von Naturschutz- und Rückzugsgebieten.

▸ **Felsenbrüter** wie *Kolkrabe, Wanderfalke, Uhu* und *Steinadler* können beim Brüten *(März bis Mai)* durch zu eng an der Wand soarende Flieger gestört werden. Wenn Tiere aufgescheucht wurden (Fluchtdistanz bis über 100 m), dürfen sie am Rückkehren nicht gehindert werden.

● Maßnahmen:

> ● In der Zeit von März bis Mai möglichst den Vorbeiflug an potentiellen Nistwänden vermeiden oder in großem Abstand fliegen.
> ● Bemerkt man aufgescheuchte Tiere, Wandbereich sofort verlassen.

Vermutlich sind hier die Gleitschirmflieger aufgrund ihrer Mobilität weniger störend als etwa Kletterer. Trotzdem können Gelege in kurzer Zeit auskühlen.

1.4.3 Auswirkung auf die Pflanzendecke

An Startplätzen, die gut frequentiert sind, kann die Trittbelastung so groß sein, daß die Vegetation geschädigt oder ganz zurückgedrängt wird. Sind die Grasmatten und der Alpenrasen erst einmal verdrängt, setzt die Bodenerosion ein, die hangabwärts fortschreitet. Eine Wieder-ansiedlung von Pflanzen gelingt fast nur mit Matten oder Rosten, die eine direkte Trittbelastung verhindern. Solche Maßnahmen sind teuer, und man sollte Verständnis für Landegelder zeigen, die auch solchen Zwecken dienen. Die Trittschädigungen sind örtlich auf Start- und Lan-deplätze beschränkt, so daß man, vorausgesetzt, es werden stets die gleichen Plätze genutzt, an Ort und Stelle für Abhilfe sorgen kann.

● **Maßnahmen:**

- Beim Anmarsch Wege nicht verlassen.
- Ausgewiesene Start- und Landegelände einhalten.
- Keine Sträucher, Latschen, Bäume für freien Startraum entfernen.
- Nach der Schneeschmelze oder Regenfällen sind Humusschichten besonders empfindlich, nicht an exponierten Stellen starten.

1.4.4 Bauern

Die Lage der Bauern, besonders der Klein- und Nebenerwerbsbetriebe, sieht derzeit nicht rosig aus. Versetzen wir uns in ihre Lage, wenn »Frei-zeitpiloten aus der Großstadt mit teuren Fluggeräten in ihren Wiesen kurz vor der Mahd landen«. Verständlich, daß hieraus leicht Konflikte erwachsen, auch wenn der Schaden aus der Sicht des Piloten minimal ausfällt oder gar nicht ersichtlich ist. Weil der Bauer aber umgetretenes Gras nicht mähen kann, hat er Ernteausfälle. Freilich kann einmal eine Notlandung in einer hochstehenden Wiese enden, dann ist aber unbe-dingt das Gespräch mit dem Bauern zu suchen, der Flurschaden ernst-zunehmen und sich dafür erkenntlich zu zeigen. Erfahrungsgemäß ste-hen die Bauern der neuen Flugsportart sehr aufgeschlossen gegenüber, sehen die Benutzung von fremdem Grund aber als nicht so selbstver-ständlich an, wie sie gerne von Fliegern gesehen wird.

● **Maßnahmen:**

- Das Gespräch mit Bauern suchen.
  (Am Land sind Begrüßung und ein kurzes Gespräch auch mit Fremden noch selbstverständlich.)
- Start-/Landegenehmigung vorab einholen.
- Eventuell freiwillige Landegebühr anbieten.
- Gleitschirmflieger ziehen oft Zuschauer an.
  Sie sind weit weniger sensibilisiert und richten mitunter größeren Schaden an.
  → Verhaltensanweisung geben!

1.4.5 **Drachenflieger**

Drachenflieger haben in vielen Fluggebieten für Landeplätze und Ausbau und Pflege von Startgelegenheiten gesorgt. Für den Gleitschirmflieger ist es keine Selbstverständlichkeit, diese einfach mitzubenutzen; er sollte immer eine Absprache treffen. Wird ein Landeplatz gemeinsam benutzt, sind die Vorfahrtregeln unter Berücksichtigung der besonderen Eigenschaften eines Drachens zu beachten. Er benötigt eine lange Landebahn, kann knapp über dem Boden nicht mehr kurven und einem steil einlandenden Gleitschirmflieger nicht mehr ausweichen!

● **Maßnahmen:**

- ● Drachen in Bodennähe Vorfahrt einräumen.
- ● Vorinformation, ob Drachenfluggelände benutzt werden dürfen.

▸ **Appell an Tierfreunde, Naturschützer und Jäger:**

Noch sind die Auswirkungen von Gleitschirmfliegern auf die Umwelt selbst bei kritischer Betrachtungsweise minimal, insbesondere verglichen mit anderen Freizeitaktivitäten, etwa dem Bergwandern. Eine unberechtigte, voreilige Einschränkung mag nicht unbedingt mit Einsicht belohnt werden. Deshalb sind maßvolle, wohlbegründete Kompromißlösungen anzustreben. Vor allem von seiten der Gleitschirmflieger müssen freiwillige Initiativen erfolgen.

Der Gleitschirm ist auf den ersten Blick sehr einfach gebaut. Er besteht im wesentlichen aus dem Segel, das in Form und Profil eine vorne geöffnete Tragfläche darstellt und den Gleitflug möglich macht. Das Leinensystem mit den Fangleinen und die Haupttragegurte stellen die Verbindung zwischen Pilot und Segel dar. Das Pilotengewicht wird durch die Vielzahl der Leinen gleichmäßig auf das Segel übertragen, es erhält auf diese Weise eine stabile Fluglage. Das Gurtzeug ist über die Haupttragegurte mit den Fangleinen verbunden und ermöglicht dem Piloten ein bequemes Sitzen auch bei längeren Flügen.

2.1 Die Bestandteile des Gleitschirms

- Segel (Schirmkappe)
- Fangleinen (Leinensystem)
- Haupttragegurte
- Gurtzeug

Innenansicht eines Gleitschirms. Zu sehen sind die **Zellzwischenwände** *mit den* **Crossports** *(Druckausgleichsöffnungen).*

2.1.1 Segel

Das Segel ist eine halbstarre Tragfläche, die sich durch die anströmende Luft, die im Inneren des Segels den **Staudruck** erzeugt, prall füllt. Das

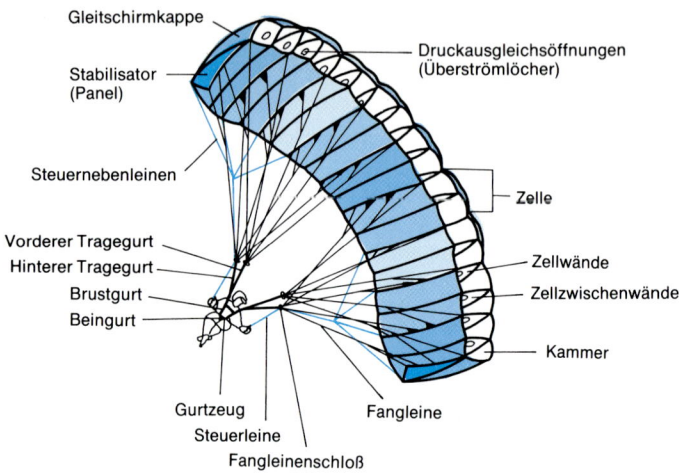

Aufbau eines Gleitschirms.

Segel besteht aus Ober- und Untersegel, die durch Wände miteinander verbunden sind.

Die senkrecht stehenden Wände werden als **Zellwände** bezeichnet. Durch den Zuschnitt der Wände erhält das Segel sein **Profil.** An ihnen sind die **Fangleinen** aufgehängt. Der Abstand zwischen zwei tragenden Zellwänden wird **Zelle** genannt. Die Zelle untergliedert sich in **Kammern,** die durch **Zellzwischenwände (Rippen)** getrennt sind. Ein Gleitschirm mit 9 Zellen mit je 2 Kammern hat also 18 Kammern, die das Profil stabilisieren.

Damit im gesamten Segel der gleiche Staudruck herrscht, gibt es in den Wänden **Druckausgleichsöffnungen (Crossports).** Durch die Druckausgleichsöffnungen können Kammern, die eingefallen sind, von innen wieder gefüllt werden. **Stabilisatoren,** die sich an den Segelaußenseiten befinden, geben dem Segel im Flug Richtungsstabilität und verringern den induzierten Widerstand (siehe Kapitel 3, Abschnitt 3.1.6). Die zu den Segelenden strömende Luft wird durch den Stabilisator daran gehindert, direkt über die äußere Zellwand nach oben zu strömen. Der Stabilisator, mit meist dreieckiger Grundform, wird durch die äußeren Fangleinen straff gehalten. Stabilisatoren, die durch den Staudruck von der äußeren Zelle her gefüllt werden, flattern nicht im Wind und verbessern den Auftrieb.

Es gibt Segel in Ellipsen-, Delta- und Rechteckform. Bei einigen ist auch eine Heckflosse integriert *(duck tail).* Teilweise sind auch Zellen vorne geschlossen. Die geschlossenen Zellen werden bei diesem Typ über die *Crossports* gefüllt. Es sind auch schon Segel auf dem Markt, die mit Versteifungen, z. B. mit Mylar, einem besonders steifen Tuch, versehen sind. Die Versuche, Schirme mit Segellatten zu profilieren, werden aufgegeben. Selbst im Computer können die wenigsten Flugsituationen simuliert und berechnet werden, so daß nach wie vor unzählige Testflüge bei allen nur erdenklichen Wind- und Thermikbedingungen notwendig sind, um Konstruktionsänderungen beurteilen zu können. CAD (computer aided design) wird aber für die Schnittmuster einer immer anspruchsvoller gestalteten Segeloberfläche unverzichtbar.

2.1.2 Fangleinen

Das Pilotengewicht wird mittels 60 bis 200 **Fangleinen** gleichmäßig auf das Segel verteilt. Jede Zellwand ist an je vier Fangleinen aufgehängt, wobei die Fangleine direkt an der Eintrittskante als **A-Leine,** die darauffolgenden als **B-, C-** und **D-Leinen** bezeichnet werden. Früher wurden oft die A- und B-Leinen ca. 1,5 m unterhalb des Segels zusammengefaßt. Ab dem Knotenpunkt läuft die Fangleine (vordere Leine) direkt zum vorderen Haupttragegurt. Das gleiche gilt für die C- und D-Leinen, wobei die C- und D-Leinen (hintere Fangleinen) zum hinteren Tragegurt führen. Bei heutigen Schirmtypen sind die Fangleinen eher nicht gegabelt, sondern führen direkt zu den einzelnen Tragegurten, können sich flach unter der Kalotte verzweigen oder werden nach statischen Gesichtspunkten gemischt den Tragegurten zugeordnet. Weil der Luftwiderstand so vieler direkter Leinen nicht unerheblich ist, geht der Trend zu immer dünneren Fangleinen.

Entscheidend für die Flugtauglichkeit eines Schirmes ist die **Fangleineneinstellung (Trimmung).** Schon geringste Veränderungen an den Leinenlängen haben gefährliche Auswirkungen. Im Flug zeigt die Segelvorderkante immer leicht nach unten.

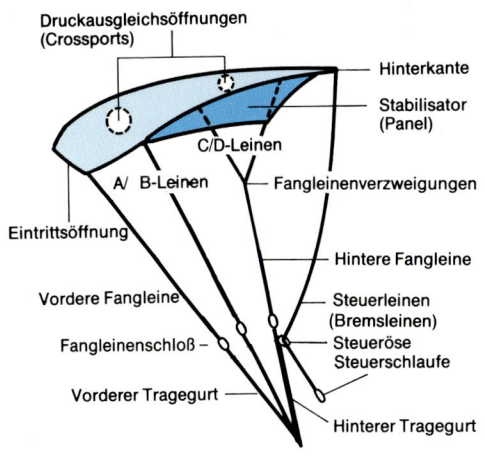

Druckausgleichsöffnungen (Crossports)

Hinterkante

Stabilisator (Panel)

C/D-Leinen

A/ B-Leinen

Fangleinenverzweigungen

Eintrittsöffnung

Hintere Fangleine

Vordere Fangleine

Steuerleinen (Bremsleinen)

Fangleinenschloß –

Steueröse
Steuerschlaufe

Vorderer Tragegurt

Hinterer Tragegurt

Seitenansicht eines Gleitschirms (die Crossports befinden sich im Inneren der Kappe).

Diese Schirmneigung zum anströmenden Fahrtwind wird als **Anstell-winkel** bezeichnet. In der Regel beträgt der Anstellwinkel zwischen 10° und 20°.

Gesteuert wird das Segel mit den **Steuerleinen (Bremsleinen),** die durch die Steueröse an den hinteren Tragegurten nach oben gehen. Ca. 1,5 m unter dem Segel fächert sich die **Steuerleine** auf die Hinterkanten der äußeren Zellen. Durch Zug an den Steuerleinen kann man das Profil verändern bzw. steiler anstellen. Der Widerstand wächst auf der ange-bremsten Seite. Der Schirm lenkt auf die angebremste Seite und wird dadurch steuerbar.

2.1.3 **Haupttragegurte**

Alle Leinen sind an den Haupttragegurten in vier Gruppen zusammen-gefaßt. Die rechten und linken Haupttragegurte sind in einen vorderen und hinteren Gurt unterteilt, die in einer Karabinerschlaufe zusammen-laufen. Dort wird das Gurtzeug eingehängt. Die Steuerleine läuft frei durch die Steueröse im hinteren Tragegurt. Sie ist so eng, daß sich die Steuerschlaufe nicht durchziehen kann und damit immer greifbar bleibt. Kurz unterhalb der Steueröse kann die Steuerschlaufe mit Klettband oder Druckknopf fixiert werden, damit sich die Steuerleine beim Packen nicht verheddern kann. Bei einigen Modellen gibt es drei oder vier Haupttragegurte pro Seite. Dies ist notwendig, wenn die Fangleinen nicht oder nur teilweise gegabelt sind. Für jede Fangleinengruppe ist dann ein eigener Haupttragegurt notwendig. Einige Segel besitzen ei-nen **Waagebalken:** Die Haupttragegurte sind am Ende nicht zusammen-genäht, sondern mit Karabinern oder Schnellgliedern direkt einzeln in den Waagebalken eingehängt, der wiederum mit einem Karabiner mit der Gurtzeugaufhängung verbunden ist. Bei Segeln mit **Sitzbrettsteue-rung** sind die Haupttragegurte in das Gurtzeug integriert, d. h. Segel und Gurtzeug sind unlösbar miteinander verbunden.

2.2 **Flächensteuerung und Trimmsysteme**

Jeder Gleitschirm ist **getrimmt,** d. h. der Anstellwinkel des Segels und die Position des Piloten sind vorgegeben. Die Trimmung muß dabei so angelegt sein, daß das Segel bei guter Flugleistung sicher zu fliegen ist. Es gibt jedoch Situationen, in denen **Trimmer** durchaus berechtigt sind. Bei einigen Segeln sind Trimmsysteme schon integriert. Wer ein norma-les Segel besitzt und Trimmer einbauen möchte, muß unbedingt beim Hersteller nachfragen, ob und wie weit zusätzlich Trimmer verwendbar sind, um nicht unwissentlich in gefährliche Situationen zu kommen (z. B. Sackfluggefahr, Stallgefahr, Instabilität).

Der Einbau eines Trimmsystems muß natürlich den Gütesiegel-Richtlinien entsprechen! Trimmer können auch gezielt nur bestimmte Leinengruppen in ihrer Länge verändern. Der Ort und die Länge der Verkürzung hängen von der Gesamtabstimmung des jeweiligen Segels und dem Verwendungszweck ab. Trimmer verändern mittlerweile nicht nur die Anstellung des Segels, sondern können auch so ausgelegt sein, daß sie die Wölbung des Profils verflachen, um dem Segel einen größeren Geschwindigkeitsbereich zu verleihen.

2.2.1 Arretierbare und fixe Trimmsysteme

● **Umlenkungstrimmsysteme:** Da moderne Gleitsegel meistens drei bis vier Tragegurte besitzen, haben sich die Trimmsysteme verkompliziert. Es genügt nicht mehr wie früher, einen der beiden Tragegurte zu verkürzen oder zu verlängern. Bei heutigen Trimmsystemen werden zwei bis drei Leinengruppen zueinander oft noch progressiv verändert. Dies geschieht über festeingebaute Tragegurtverkürzungssysteme, die zunächst auf die B-Leinen wirken und meist über Umlenkungen gemäßigter auf die A-Leinen. Teilweise wird auch über C- und D-Leinen getrimmt. Mit einem selbstarretierenden Schnapper wird die Trimmung in der jeweiligen Position gehalten und kann durch Druck auf den Schnapper in die ungetrimmte Version rückgeführt werden.

● **Tragegurtverkürzung bzw. -verlängerung durch Schnellglied:** Tragegurttrimmung mit Schnellgliedern ist eine mittlerweile überholte Methode, um den Anstellwinkel eines Schirms zu verändern. Eine Verkürzungsmöglichkeit findet man manchmal an Schirmen der ersten Generation als Schlaufen im vorderen Tragegurt. In diese Schlaufen kann ein Schnellglied *(maillon rapide)* eingehängt und damit der Tragegurt verkürzt werden, um die Geschwindigkeit zu erhöhen. Umgekehrt wurden Schirme durch Einhängen eines Schnellglieds in die hinteren Tragegurte schneller. Mittlerweile sind wesentlich raffiniertere und ungefährlichere Methoden zur Verschnellerung der Segel gefunden.

● **Kipphebelsysteme:** sind aufsteckbare Aluminiumbügel, die beim Umlegen den vorderen Tragegurt verkürzen. Inzwischen veraltet.

● **Trimmer mit einfachem Flaschenzug:** Am effektivsten und am feinfühligsten zu steuern sind Trimmsysteme, die ähnlich dem Flaschenzugprinzip mit einer **Umlenkung** arbeiten und arretierbar sind. Sie werden meist an den hinteren Tragegurten verwendet, um schnell getrimmte Segel ohne Steuerleinenzug im Bereich des besten Gleitens zu fliegen.

 Trimmer dürfen nur bei Segeln verwendet werden, die dafür geeignet sind.
Unsachgemäße Trimmung kann zum Stall, Sackflug oder Frontstall führen!

2.2.2 **Offene Trimmsysteme**

Während die bisher beschriebenen Trimmsysteme durch ihre Arretierung nur in beschränktem Umfang Geschwindigkeits- und vor allem Kurvensteuerung zulassen, sind die folgenden Systeme speziell für eine unmittelbare und schnelle Steuerung während des Flugs entwickelt worden.

● **Beinstreckertrimmsystem:** Beinstreckertrimmsysteme verkürzen Fangleinengruppen derart, daß sich insgesamt das Profil verflacht, wenn der Pilot die Beine durchdrückt. Mit dieser Wölbungsreduktion erreicht man mitunter erheblichen Geschwindigkeitszuwachs, der für Streckenflüge immer wichtiger wird. Die technische Umsetzung erfolgt über eine Rollenumlenkung am Sitz, die in den Beinstrecker übergeht. Steigt der Pilot in den Beinstrecker, verkürzen sich zunächst meist die B-Leinen, um dann in der Folge die A-Leinen, manchmal auch die C-Leinen nachzuziehen. Die Art der Trimmung ist eng mit dem Schirmtyp und den Anforderungen an die Trimmung verbunden. Derartige Trimmungen können auch verschiedene Stufen beinhalten, etwa zunächst eine Geschwindigkeitssteigerung bei gutem Gleiten, in einer zweiten Stufe eine hohe Geschwindigkeit, für die die Gleitleistung weniger wichtig ist. Der Verlust der Wölbung geht meist mit einer geringeren Kappenstabilität einher, so daß im Falle von Turbulenzen die Beine angezogen werden müssen.

Folgende Systeme können auch die Kurvensteuerung unterstützen und bewirken eine **Flächenverwindung.** Flächenverwindung bedeutet, daß der Anstellwinkel der linken und rechten Segelhälfte einzeln, aber auch gemeinsam gesteuert werden kann. So kann das Segel schneller oder langsamer, aber auch rechts oder links gekurvt werden. Sicherlich wird man meist nicht ohne Steuerleinen auskommen, doch bleiben mit den Trimmsystemen die Höhenverluste beim Kurven geringer.

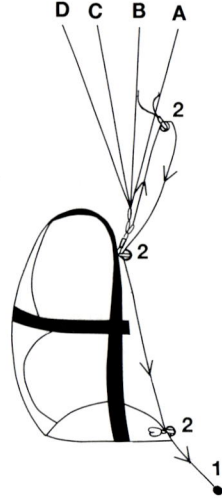

Wird bei diesem Speed-System das Fußpedal (1) durchgetreten, wirkt über die Umlenkrollen (2) das Seil zuerst auf die B-Haupttragegurt. Dies bewirkt eine Verflachung des Profils, der Schirm gleitet besser. Wird das Fußpedal weiter durchgedrückt, werden A- und B-Haupttragegurte gleichzeitig heruntergezogen. Der Gleitschirm wird bei erhöhtem Sinken deutlich schneller.

24

Oben: Skistart im Wallis (Zinal, Schweiz).

● **Speedbar:** Unter Speedbar versteht man einen zweiseitig gelochten Alu-
miniumträger (auch aus Titan), über den individuell eine Trimmung der
Gurtaufhängung gegenüber der Kappe vorgenommen werden kann. Mit
kleinen Schnellgliedern werden auf seiner Oberseite die Tragegurte eingehängt, auf der Unterseite die Gurtbänder der Sitzvorder- bzw. -hinter-
kante. Damit läßt sich eine optimale Hebelübertragung vom steuernden
Sitz auf die Kappe einstellen. Dieses System ist Wettbewerbsprofis und
Testfliegern vorbehalten, die darin eine schirmbezogene Trimmung vor-
nehmen können.

● **Waagebalken-System:** Es besteht im wesentlichen aus einem ca. 15 cm
langen Stück Aluminium oder Kunststoff, an dessen Enden die Haupttragegurte befestigt sind. Das Gurtzeug wird etwas vor dem Mittelpunkt
des Waagebalkens mit Karabinern befestigt. Dies hat den Vorteil, daß
der Anstellwinkel des Gleitschirms im Normalflug eindeutig festgelegt
ist. Der Waagebalken ist um die Achse des Gurtzeugaufhängepunktes
nach vorne und hinten beweglich. Wird der Waagebalken nach vorne
unten gedrückt, beschleunigt das Segel. Es wird langsamer, wenn der
Balken hinten nach unten gedrückt wird. Wie bei allen anderen Syste-
men wird dadurch der Anstellwinkel des Segels verändert.

● **Gewichtsverlagerungssystem** (System Sup'Air von Pierre Bouilloux):
Siehe »Supiner Sitzgurt mit Sitzbrettsteuerung«, Abschnitt 2.3.

25

Soaring in Frankreich. Der Gleitschirm wird leicht angebremst, um im Bereich des geringsten Sinkens zu fliegen. Aktives Fliegen ist auch beim Soaring wichtig.

● **Aerologic-System:** Eine Metallstange, die drehbar im vorderen Tragegurt fixiert ist, verbindet die Tragegurte untereinander und wird an ihrem Hinterende über einen Flaschenzug gesteuert. Das System hat sich nicht durchgesetzt.

Das Gurtzeug spielt eine nicht zu unterschätzende Rolle: es soll bequem sein, das Fluggefühl und die Schirmreaktion gut auf den Piloten übertragen. In den einfachen **Hängegurtzeugen** hängt man sehr stabil unter dem Segel und fühlt sich dabei recht sicher. Einen wesentlich direkteren Kontakt zum Segel hat man jedoch mit supinen Sitzgurten (siehe unten) oder noch besser mit Körpersteuerungssitzgurten, die unmittelbareres Fluggefühl übermitteln.

● **Sitzgurt/Hängegurtzeug:** Sitzgurte werden hauptsächlich von Bergsteigern benutzt, da Packvolumen und Gewicht gering sind. Durch die aufrechte Sitzhaltung hat der Pilot gute Übersicht und ist für die Landung bereits in richtiger Position. Bei längeren Flügen werden Sitzgurte jedoch schnell unangenehm, da es trotz der breiten Beinschlaufen leicht zu einem Blutstau in den Beinen kommen kann. Vorteilhaft sind hier Sitzgurte mit einem zusätzlichen Gesäßband, dadurch wird die Last auf eine größere Fläche verteilt. Bei einigen Modellen ist das Gurtzeug in den Rucksack integriert.

● **Sitzgurt mit Sitzbrett:** Sitzgurte mit Sitzbrett sind für längere Flüge sehr vorteilhaft, da die Beine nicht so leicht einschlafen können. Das Gewicht und das Packmaß sind jedoch größer. Für Anfänger haben sich Sitzbretter sehr gut bewährt, da das stabile Holzbrett bei den ersten Übungen einen gewissen Schutz bei eventuellen Rutschpartien darstellt.

● **Supiner Sitzgurt:** Als supinen Sitzgurt bezeichnet man Gurte, bei denen der Pilot in einer aerodynamisch günstigen Fluglage liegt. Supine Sitzgurte sind die am meisten verbreiteten Sitzgurte. Durch die bequeme schräge Fluglage hat man besseren Körperschluß. Die Reaktion des Segels ist für den Piloten besser zu spüren. Der Pilot sitzt bequem auf einem Sitzbrett und manövriert sich während des Fluges, dank eines verstellbaren Rückenteils, in eine aerodynamisch günstige Schräglage. Zur Landung setzt sich der Pilot aufrecht in den Gurt und hat dadurch die notwendige Übersicht, um den Landeanflug richtig abzuschätzen.

Probesitzen im
Supinesitzgurt:
Der Gurt soll unbedingt vor einem Flug auf die individuelle Körpergröße eingestellt werden.

Linkskurve durch Körpersteuerung: linkslastige Lage und überschränkte Beinhaltung!

● **Supiner Sitzgurt mit Diagonal-Verspannung:** Der supine Sitzgurt mit Diagonal-Verspannung ist wie ein supiner Sitzgurt aufgebaut. Zusätzlich gibt es eine diagonale Verspannung, die auch nachträglich an supinen Sitzgurten angebracht werden kann. Die Diagonal-Verspannung wirkt stabilisierend auf das Segel und verhindert ein Aufschaukeln des Gleitsegels durch Lastwechsel an den Verbindungspunkten vom Gurtzeug zu den Haupttragegurten.

*Die **Diagonal-Verspannung** gewährleistet eine sichere Sitzposition auch bei asymmetrisch eingeklapptem Segel.*

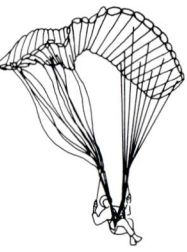

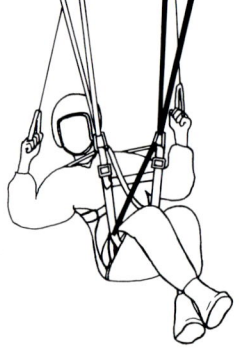

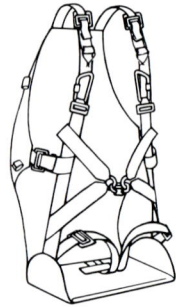

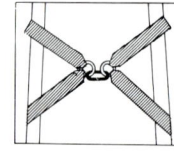

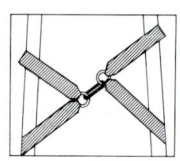

*Das **Diagonal-Control-System** gibt Spielraum für feinfühlige Körpersteuerung und hält trotzdem den Sitzgurt bei Einklappen einer Schirmseite in stabiler Position.*

28

● **Supiner Sitzgurt mit Diagonal-Control-System:** Dieser Gurt unterscheidet sich vom Gurt mit Diagonal-Verspannung insofern, als durch das Diagonal-Control-System die Steuermöglichkeiten des Gleitsegels durch Gewichtsverlagerung rechts-links weitgehend erhalten bleiben. Die für manche Segel wichtigen Vorzüge der Diagonal-Verspannung kommen jedoch bei Extremsituationen wie stark einseitige Segeleinklapper voll zum Tragen. Die Sicherheit ist damit gewährleistet.

● **Supiner Sitzgurt mit Sitzbrettsteuerung:** Bei diesen Gurten sind die Haupttragegurte direkt am Sitzbrett befestigt. Die Sitzposition wird so eingestellt, daß die Oberschenkel auf dem Sitzbrett zu liegen kommen. Durch Heben oder Senken der Beine läßt sich direkt der Anstellwinkel des Gleitschirms und damit seine Geschwindigkeit steuern. Außerdem kann man den Gleitschirm durch Gewichtsverlagerung kurven. Wenn der Pilot in die rechte hintere Ecke rutscht, dreht der Schirm fast verlustfrei nach rechts. Schert man die Oberschenkel, wird der gleiche Effekt erreicht. Das ist gerade bei Thermikflügen von Vorteil, wo es auf sehr feinfühlige Steuerung ankommt.

● **Supiner Gurt mit aerodynamischer Vollverkleidung:** Der Luftwiderstand eines aufrecht sitzenden Piloten ist nicht unerheblich. Deswegen werden auch schon Gurte mit Verkleidungen angeboten, die Drachenflugschürzen ähneln. Die Handhabung ist in Relation zum aerodynamischen Vorteil gegenüber der liegenden Stellung im supinen Gurt schwieriger.

● **Alpin-Zusatzgurt für Sportklettergürtel:** Für Klettertouren, bei denen man sich nicht belasten will, kann der Alpin-Zusatzgurt in Verbindung mit einem möglichst breit gepolsterten Sportklettergürtel verwendet werden.

● **Beinstrecker:** Beinstrecker können an allen Supinegurten angebracht werden. Sie werden in die Karabiner des Gurtes eingehängt und sind leicht selbst zu bauen. Ein ca. 2,5 m langes Seil wird in der Mitte für die Fußauflage mit einem Kunststoffrohr versehen. Die Länge wird an die Karabiner angepaßt. Der Beinstrecker kann zum Starten seitlich am Gurtzeug befestigt werden. Gut sind Beinstrecker mit Gummizug. Dieser Gummizug verläuft in einem Schlauchband, das individuell angepaßt wird.

*Supinegurtzeug in Kombination mit einem **Gummizug-Beinstrecker.***

Materialien

2.4.1 Kunststoffe

Alle flexiblen Materialien im Gleitschirmbau bestehen aus Kunststoff-fasern. Die Eigenschaften der verschiedenen Fasern und ihr Einsatz im Gleitschirmbau werden im folgenden kurz besprochen:

● **Polyamid** (z. B. Nylon): Polyamid ist ein sehr elastisches Material, das seine Eigenschaften lange behält. Polyamid ist besonders für Gleit-schirmtücher geeignet. Da Polyamid hygroskopisch ist, d. h. die Faser nimmt Wasser auf, werden die Tücher spezialbehandelt. Ein großer Nachteil von Polyamid ist die UV-Strahlungsempfindlichkeit. Die Faser verliert durch Sonnenlicht an Festigkeit. Unnötige UV-Strahlung ist des-halb zu vermeiden.

● **Polyester** (z. B. Dralon): Die Faser ist im Gegensatz zu Polyamid nicht hygroskopisch und sehr dimensionsstabil. Polyester ist unempfindli-cher gegen UV-Strahlungen. Leider ist die Polyesterfaser nicht sehr ela-stisch. Wird Polyester stark beansprucht und überdehnt, wird die Faser geschwächt (über 50% Festigkeitsverlust) und bleibt deformiert.

● **Aramid** (z. B. Kevlar): Aramid besitzt hohe Festigkeit, ist sehr leicht und dehnt sich nicht. Aramid ist nicht UV-strahlungsanfällig, nicht elektrisch leitfähig und nimmt keine Feuchtigkeit auf. Da Aramid relativ starr ist, kann es bei häufigem Knicken brechen. Aramid wird überwiegend als Kraftfaser für Fangleinen verwendet.

Aus den genannten Kunststoffasern werden Tuch, Fangleinen und Gur-te gefertigt.

2.4.2 Tuch

Das Tuch besteht aus Polyester- oder Polyamidfasern und wird aus Längsfäden (**Kette**) und Querfäden (**Schuß**) gewoben. Bei Ripstop-Tü-chern werden in gewissen Abständen dickere Fäden eingewoben, die

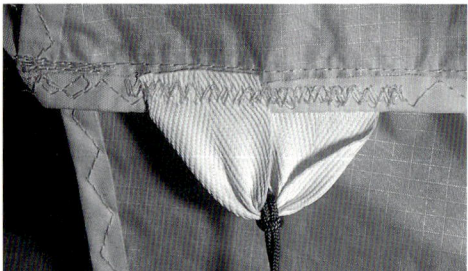

Fangleinen-aufhängung:
*Die Fangleinen sind meist in Aufhänge-bänder einge-schlauft. Ihr Ansatz-punkt im Schirm kann auch durch **Flares** verbreitert sein.*

ein Weiterreißen der Tücher bei Beschädigungen verhindern sollen. Beim Double-Ripstop sind zwei solcher Verstärkungsfäden eingewoben. Das Gleitschirmtuch soll UV-geschützt, formstabil, reißfest, wasser- und winddicht und robust sein. Deswegen werden die Tücher noch ausgerüstet. Unter **Ausrüsten** versteht man die zusätzliche Behandlung des Tuches mit *Silikon* oder *Kunstharz*. Das Tuch wird dabei besprüht, getaucht oder gewalzt *(kalandriert)* und erhält so eine dauerhafte Beschichtung. Fallschirmseide wird heute nur noch für ultraleichte Alpinschirme verwendet. Die Tücher haben ein Gewicht von 30 bis 60 g/m^2.

2.4.3 **Fangleinen**

Die Fangleinen bestehen heute meist aus geflochtenem oder gewirktem Polyester oder aus **Kernmantelkonstruktionen** mit Kevlarseele. Die Fangleine muß sehr stabil sein und darf sich nicht dehnen oder verkürzen, auch dann nicht, wenn sie feucht wird. Polyesterleinen werden deshalb schon im Werk vorgedehnt (gestreckt), bei Kevlar ist dies nicht notwendig. Bei gleicher Bruchlast sind Kevlarleinen wesentlich dünner und damit aerodynamisch günstiger für den Gleitschirm. Aus dem Fallschirmbau kommen die **Microlines.** Das sind extrem dünne Fangleinen, die nur aus geflochtenem Kevlar ohne Ummantelung bestehen. Die Festigkeit ist sehr hoch. Der Luftwiderstand ist gering. Die Microline ist aber anfällig gegen Beschädigungen, da der Schutzmantel fehlt. Sie wird derzeit nur für Wettkampfschirme eingesetzt.

Kevlarfangleine =
Kernmantel-
konstruktion mit
Polyestermantel und
Kevlarseele;
unten: **Polyesterleinen**
sind rein geflochten.

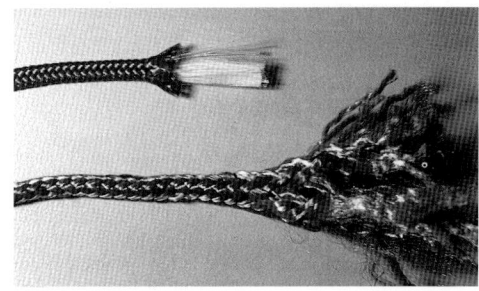

Polyester-
Fangleine *mit aufge-*
rauhter Oberfläche:
Eine solche Fang-
leine muß ausge-
wechselt werden! *Bei*
Kevlarleinen ist die
Seele tragend und eine
Mantelbeschädigung
weniger gefährlich;
dafür sind sie knick-
anfälliger.

2.4.4 Gurte (Flachbänder)

Für die Sitzgurte und die Haupttragegurte werden Flachbänder verwendet, die aus Polyester oder Polyamid bestehen. Gurte haben eine große Festigkeit. Eine Schwachstelle bilden die Nähte, die in Kontrastfarben gehalten sein sollen, um Scheuerstellen gleich zu entdecken.

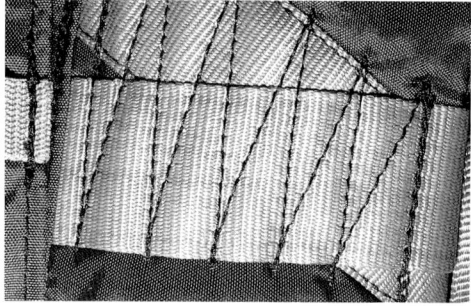

Kontrastnaht:
Bei Vernähungen müssen kontrastierende Nähte verwendet werden, um eventuelle Schädigungen frühzeitig erkennen zu können.

2.4.5 Nähte

Der Faden für die Nähte besteht aus elastischem Polyamid. Die Nähte sind dadurch dauerhafter und fester. Die Nähte am Gleitschirm werden

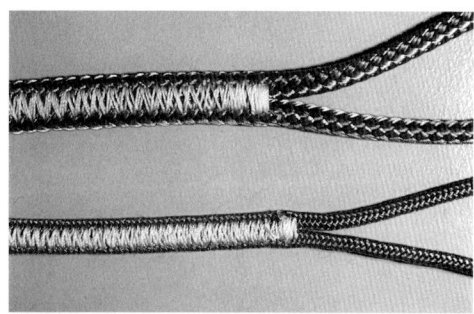

Fangleinenvernähung: Oben: **Kevlar** *(bei unsauberer Vernähung kann sich die Kevlarseele durch den Mantel ziehen; gelegentliche Überprüfung!); unten:* **Polyester,** *kann auch verspleißt sein.*

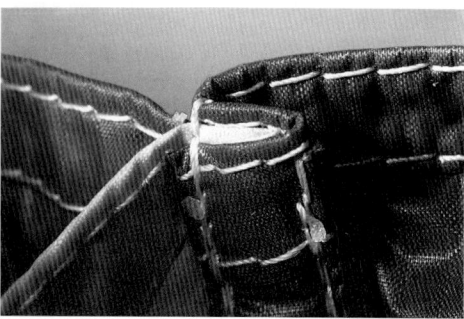

Tuchvernähung mit geradem Stich, hier zusätzlich umgeschlagen für hochfeste Vernähung.

mit geradem Stich in Doppelnaht oder in Zickzackstich genäht. Beim geraden, sehr engen Stich wird das Tuch durch Perforation geschwächt und reißt leicht ein. Deswegen sollte nur der weite gerade Stich oder die Zickzackvernähung, bei der die Festigkeit sehr hoch ist, verwendet werden.

2.4.6 Beschläge/Karabiner

Die Beschläge sollten aus rostfreiem Material und ausreichend dimensioniert sein. Fangleinenschlösser *(maillons rapides)* müssen wie die Deltaschäkel und die Karabiner einen Prüfstempel besitzen, der die Bruchlast angibt. Die Bruchlast darf aus Sicherheitsgründen 250 kg nicht unterschreiten. Die Hauptkarabiner, die Gurtzeug und Gleitschirm verbinden, müssen gegen ungewolltes Öffnen zu sichern sein. Die Bruchlast soll bei 2000 kg liegen, da in den Hauptkarabinern oft noch zusätzlich der Rettungsschirm mit aufgehängt wird. Aus Sicherheitsgründen sollen die Hauptkarabiner, die meist aus Aluminium bestehen, von Zeit zu Zeit ausgewechselt werden.

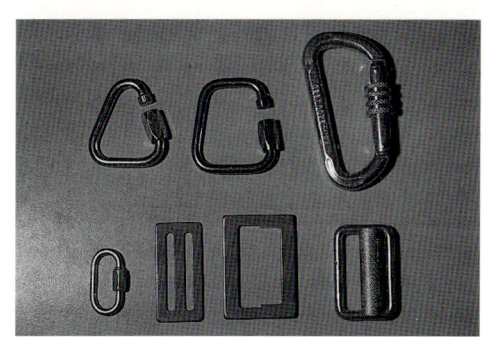

Von links nach rechts:
Deltaschraubglied,
Viereckschraubglied,
Schraubkarabiner,
Schraubschäkel
(Fangleinenschloß),
Gurtzeugschließen
(die kleinere wird durch
die größere geführt),
Gurtzeugschnalle
mit variabler Verstell-
möglichkeit.

2.5 Persönliche Ausrüstung

2.5.1 Helm

Der Gleitschirmhelm muß aus zähem, schlagbeständigem Material bestehen, Kopf und Schläfe ausreichend schützen, und er sollte den Festigkeitsforderungen von Motorradhelmen entsprechen. Der Helm darf nicht zu schwer und unbequem sein, da sonst auf das Anlegen verzichtet wird. Wichtig ist, daß der Helm mit einem Kinnriemen gesichert ist. Öffnungen an den Ohren sind vorzuziehen, da die Windgeräusche wichtig für das Fluggefühl sind.

Gleitschirmschuhe
sollen vor allem Halt
am Fußgelenk geben,
keine Schnürhaken
besitzen und griffig
besohlt sein.

2.5.2 Schuhe

Der Gleitschirmschuh muß zwei Anforderungen gerecht werden:
● Gute Dämpfung und Stützung des Fußes für die Landung.
● Eignung für den Auf- und eventuell Abstieg im Gebirge.
Der Schaft muß über den Knöchel gehen und fest zu schnüren sein, damit der Fuß nicht umknicken kann. Ösen sind für die Schnürung des Schuhes besser, da sich an Schnürhaken die Fangleinen verhängen. Eine griffige Sohle verhindert ein Ausrutschen beim Aufstieg und beim Startlauf. Außerdem muß die Sohle kippstabil sein und eine gute Dämpfung besitzen.

2.5.3 Kleidung

Lange körperbedeckende Kleidung schützt bei Fehlstarts oder Baumlandungen vor Verletzungen. Für längere Flüge ist wärmere Kleidung nötig. Im Winter sind Handschuhe und Mütze unentbehrlich. Leichte Lederhandschuhe sind auch für den Sommer empfehlenswert.

2.5.4 Packsack/Gleitschirmrucksack

Der Packsack muß einen Rundum-Reißverschluß besitzen, damit das Segel gut verstaut werden kann. In dem Packsack sollten außer dem Segel noch der Gurt, etwas Kleidung und der Helm Platz haben. Praktisch ist eine zusätzliche Außentasche für Kleinutensilien und das Verbandszeug. Für längere Aufstiege sind breite Schultertragegurte und ein atmungsaktiver, gepolsterter Baumwollrücken angenehm. Bergsteiger verwenden am besten handelsübliche Hochtourenrucksäcke mit großer Öffnung, damit der Gleitschirm problemlos in den Rucksack gepackt werden kann.

Sobald der Gleitschirmsport intensiver betrieben wird, sind ein **Vario-meter** und je nach Betätigungs- und Interessenfeld des einzelnen Piloten weitere Hilfsgeräte sehr nützlich.

2.6.1 **Variometer**

Ein Variometer, auch einfach Vario genannt, zeigt akustisch und optisch an, mit welcher Vertikalgeschwindigkeit man pro Sekunde sinkt bzw. steigt. Mit Hilfe einer hochempfindlichen Meßdose mißt das Gerät laufend den Luftdruck und vergleicht ihn mit den vorhergehenden Werten. Über die Differenz errechnet das Gerät die momentane Vertikalgeschwindigkeit. Die Anzeige erfolgt analog oder digital. Da es unmöglich ist, laufend auf das Instrument zu achten, besitzen die meisten Varios zusätzlich eine Akustik, die durch Tonschwankungen die Veränderung der Sink- bzw. Steiggeschwindigkeit hörbar macht. Der Steigton ist ein unterbrochener Piepston, der bei zunehmenden Steigwerten schneller piepst. Der Sinkton ist ein Dauerton, er tönt bei stärkerem Sinken tiefer. Das Vario ist das wichtigste Fluginstrument für den Gleitschirmflieger,

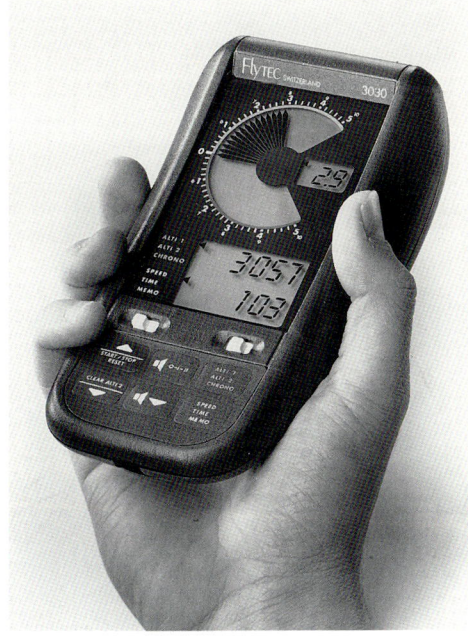

Vario: zeigt optisch und akustisch Steig- und Sinkwerte an. Dieses Gerät beinhaltet als Kombigerät (Cockpit) einen Höhenmesser, einen Fahrtmesser und eine Stoppuhr.

da in der Luft jeglicher Anhaltspunkt zur Beurteilung des eigenen Flug-
zustandes fehlt.

Zum Hangsoaring und Thermikfliegen ist ein Vario unentbehrlich. Zum
Teil ist bei den Varios ein erheblicher Qualitätsunterschied festzustellen, der erst nach ein bis zwei Jahren deutlich wird. Hochwertige Geräte
zeichnen sich dadurch aus, daß sie auch bei Feuchtigkeit, großer Kälte
und zupackender Handhabung noch funktionieren. Außerdem besitzen
diese Geräte Präzisionsmeßdosen, die auch nach jahrelangem Gebrauch noch einwandfreie Werte liefern.

2.6.2 Höhenmesser

Der Höhenmesser funktioniert wie ein Barometer, wobei die Druckunterschiede nicht in Hectopascal (neue Bezeichnung für die alte Einheit
millibar), sondern gleich in Metern angezeigt werden. Die Messung erfolgt mit einer Druckmeßdose, die Anzeige mechanisch mit einem Zei-
ger oder elektronisch mit Digitalanzeige. Gute Höhenmesser haben eine
Auflösung von einem Meter. Bergsteigerhöhenmesser mit einer Auflösung von fünf oder zehn Metern sind noch ausreichend. Da sich der
Luftdruck laufend ändert (siehe Kapitel 4, Metereologie), muß man den
Höhenmesser vor jedem Flug neu abgleichen. Der Höhenmesser ist vor
allem für Streckenflüge (siehe Kapitel 5, Abschnitt 5.3.3) unentbehrlich,
um an Stellen mit geringem Steigen zu entscheiden, ob wirklich Höhe
gewonnen wird. Mit Hilfe des Höhenmessers kann man errechnen, ob
das geplante Ziel mit der erflogenen Höhe erreicht werden kann.

2.6.3 Kombigerät (Cockpit)

Kombigeräte enthalten Variometer und Höhenmesser in einem Gerät.
Meist sind noch zusätzliche Maximalspeicher, Echtzeituhr und Stoppuhr integriert. Aufwendigste Geräte beinhalten sogar Windmesser und
Barograph. Wichtig ist bei solchen Geräten vor allem, daß sie robust
sind und wirklich zuverlässig arbeiten. Besonders zu achten ist hierbei
auf übersichtliche Anzeigen und im Flug bedienbare Tastatur. Hochwertige Geräte zeichnen sich auch durch geringen Stromverbrauch aus.

2.6.4 Uhr

Eine Uhr mit Stoppfunktion ist vor allem für Wettbewerbsaufgaben erforderlich, bei denen es eine Maximalzeitbegrenzung gibt. Sehr nützlich
sind Uhren, bei denen man einen Signalton programmieren kann. Beträgt die Maximalflugzeit z. B. eine Stunde, setzt man sich nach 50 Minuten ein Signal, das daran erinnert, daß man nun den Landeplatz ansteu-
ern muß, um keine Zeitüberschreitung zu riskieren. Diese Funktion besitzen z. B. Trainingsuhren für Läufer.

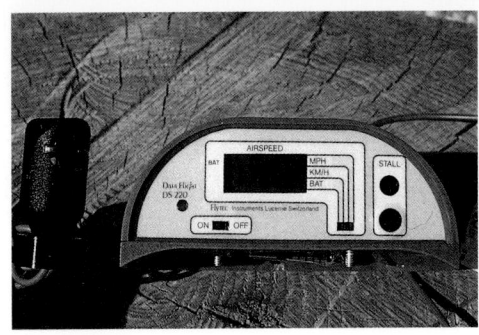

2.6.5 Windmesser (Anemometer)/Fahrtmesser

Der Windmesser besteht aus einem Flügelrad und einem elektronischen Anzeigeinstrument. Die Drehgeschwindigkeit des Flügelrades wird mit einem Kabel oder auch drahtlos durch ein rotierendes Magnetfeld induktiv von der Auswerteelektronik erfaßt. Die Windgeschwindigkeit wird in Meter pro Sekunde digital angezeigt. Gute Geräte geben schon geringe Windgeschwindigkeiten ab 1 m/s genau an. Preisgünstige Geräte arbeiten meist erst ab etwa 8 m/s genauer. Wird der Windmesser als Fahrtmesser benutzt, muß das Flügelrad genau in Flugrichtung an einem der vorderen Haupttragegurte befestigt werden. Einige Windmesser sind mit einem Stallalarm ausgerüstet: Wird eine selbst einstellbare Minimalgeschwindigkeit unterschritten, gibt das Gerät einen akustischen Alarm.

2.6.6 Temperaturfühler/Thermo Snoopy

Ein hochgenauer Temperaturfühler übermittelt über eine Akustik kleinste Temperaturänderungen, wie sie z. B. am Rand einer Thermikblase vorkommen. Die Temperaturzunahme wird durch den Thermo Snoopy schon dann angezeigt, wenn sich das Segel noch in der Randzone der

Thermikblase befindet und die Aufwinde noch nicht zum Steigen geführt haben, so daß auch das Vario noch keine Veränderung erkennen ließ. Der Thermo Snoopy ist ein Zusatzgerät zum Variometer, jedoch ist es schwierig, die Signaltöne des Snoopy richtig zu interpretieren. Deshalb hat es sich in der Praxis kaum bewährt.

2.6.7 Neigungsmesser/Gleitzahlmesser

Mit dem Neigungsmesser kann man vom Startplatz aus feststellen, welcher Gleitwinkel erforderlich ist, um den Landeplatz zu erreichen. Der Neigungsmesser zeigt den Neigungswinkel in Grad an. Beim Gleitzahlmesser ist zusätzlich zur Gradskala eine Gleitzahlskala angebracht, deshalb entfällt die Umrechnung.

2.6.8 Sprechfunk/Flugfunk

Sprechfunkgeräte sind eine nützliche Hilfe für Anfänger. Bei den ersten Höhenflügen ist es sehr hilf- und lehrreich, wenn vom Fluglehrer Anweisungen für den Landeanflug und die ersten Flugmanöver direkt während des Fluges mitgeteilt werden können. Dies gibt dem Flugschüler die notwendige Sicherheit und verhindert gefährliche, meist instinktiv eingeleitete Flugmanöver. Außerdem ist im alpinen Bereich das Sprechfunkgerät, gerade bei Unfällen, sehr nützlich, um schnell Hilfe herbeizuholen.

Sprechfunkgeräte fallen beim Gleitschirmfliegen unter den Flugfunk. Die Benutzung ist deshalb nur mit einem Handsprechfunkzeugnis und einem von der Post zugelassenen Gerät erlaubt. Das Handsprechfunkzeugnis ist an einem Wochenende zu erlangen. Der Erwerb ist unbedingt anzuraten, da die unerlaubte Benutzung von Sprechfunkgeräten mit ausreichender Reichweite strafbar ist.

> Nur mit **CB-Funkgeräten** kann legal ohne Genehmigung gefunkt werden.

2.6.9 Barograph

Der Barograph ist ein Meßgerät, das Luftdruckunterschiede in einem Meßprotokoll aufzeichnet. Das Meßprotokoll, auch Barogramm genannt, gibt an, zu welcher Zeit welcher Luftdruck herrschte. Da die Höhe indirekt über den Luftdruck ermittelt werden kann, erhält man dadurch den Höhenverlauf eines Fluges. Der Barograph wird dazu benutzt, Rekordflüge zu dokumentieren. Er wird vor jedem Rekordversuch verplombt.

2.6.10 Windsack/Windfahnen

Der Windsack muß so beschaffen sein, daß er aus der Luft gut erkennbar die Windrichtung am Landeplatz anzeigt, um Rückenwindlandungen zu vermeiden. Sehr praktisch sind Windsäcke mit Klappgestänge, die leicht transportiert und überall problemlos aufgestellt werden können.

2.6.11 Kartentasche

Für Wettkampf und Streckenflüge ist eine Kartentasche, die auf dem Oberschenkel befestigt wird, sehr nützlich. Die Kartentasche besteht aus einer Kunststoffhülle, in die eine Landkarte eingeschoben und mittels eines Klettbandes am Bein fixiert wird.

2.7 Rettungsschirm

2.7.1 Beschreibung

So wie es Drachenflieger schon lange gewohnt waren, ist es mittlerweile durch steigende Unfallzahlen auch für die Gleitschirmpiloten gekommen: das Rettungsgerät wurde Pflicht. Praktisch alle gängigen Rettungsgeräte sind *Rundkappenfallschirme,* die mit oder ohne Mittelleine ausgestattet sind. Die Aufhängung erfolgt an einem oder zwei Befestigungspunkten. Einige Modelle sind geringfügig steuerbar **(slipfähig).** Der Pilot ist jedoch bei Verwendung des Rettungsschirmes immer noch mit dem Gleitsegel verbunden. Dies macht eine wirkungsvolle Steuerung unmöglich. Dieses Manko führte kurzzeitig zur Propagierung der *Cut-away-Systeme.* Die Auslösung dieser Systeme trennt den Piloten von seinem Gleitschirm und zieht einen voll steuerungsfähigen Matratzen-Rettungsschirm aus dem Container. Da die vollständige Trennung vom Gleitschirm in Bodennähe und bei Fehlauslösungen erhebliche Gefahren für den Piloten birgt, haben sich Cut-away-Systeme nicht durchgesetzt.

Die gebräuchlichen Rettungsschirme sind in Handhabung und Funktion gleich dem hier beschriebenen **Rundkappenrettungsschirm mit Mittelleine.** Der Rettungsschirm besteht aus einer Rundkappe, die in der Kappenmitte (Scheitel) durch die Domleine nach innen gezogen wird. Dadurch wird die Bremswirkung des Rettungsschirmes erhöht. Die Fangleinen laufen zu einem Punkt zusammen, an dem die **Verbindungsleine** befestigt ist. Die Verbindungsleine ist an einem oder geteilt an beiden Aufhängepunkten des Gurtzeuges befestigt. Der Rettungsschirm ist klein und komprimiert *nach Vorschrift* in einem sogenannten Innencontainer **(Wurfsack)** verpackt. Dieser befindet sich in einem leicht zu öffnenden Außencontainer **(Verpackungssack),** der am Gurtzeug mit Klettbändern befestigt wird. Aus dem verschlossenen Außencontainer steht eine gut greifbare Handschlaufe heraus, die am Innencontainer befestigt ist. Außerdem steht noch das Ende der Mittelleine heraus, das in den Aufhängekarabiner des Gurtzeuges eingehängt wird. Mittels eines Verbindungsbandes kann es auch in die beiden Gurtaufhängungskarabiner eingehängt werden, in denen schon die Haupttragegurte hängen. Das Rettungsgerät wird so am Gurtzeug befestigt, daß es auch in der supinen Lage gut gezogen werden kann. Rechtshänder befestigen das Rettungsgerät rechts, Linkshänder links. Das Rettungssystem kann auch leicht erreichbar vor der Brust oder auf dem Rücken montiert werden. Die Rückenlage erfordert eine Griffverlängerung auf die Seite und ein Rettungsgerät im Flachcontainer. Viele Gurtzeuge sind bereits auf derartige Rettungssysteme ausgelegt, manche führen sogar Verlängerungen der Mittelleine in Klettsicherungen zur Schulterregion. Eine Befestigung dort hat den Vorteil einer aufrechten Landeposition, die den Landefall (Seite 114 ff.) unterstützt.

2.7.2 Öffnung des Rettungssystems in Notsituationen

Entscheidend für die einwandfreie Öffnung des Rettungssystems ist, daß der Schirm möglichst weit vom Piloten weggeschleudert wird, damit die Rundkappe nicht mit der Gleitschirmkappe in Konflikt kommt. Dazu wird der Handgriff gefaßt und mit voller Kraft nach außen gezogen. Sobald der Wurfcontainer frei ist, wird der Schirm schräg nach außen weggeworfen.

Der Rettungsschirm darf **nur in absoluten Notsituationen** gezogen werden. Zum Beispiel:
- bei Zusammenstoß mit anderen Luftfahrzeugen;
- bei Defekten am Segel, die ein sicheres Landen unmöglich machen;
- in Flugsituationen, bei denen der Gleitschirm nicht mehr unter Kontrolle gebracht werden kann;
- bei gefährlichen Rotationen (Steilspiralen) unmittelbar über Grund.

Ist noch ausreichend Höhe vorhanden, sollte auf alle Fälle versucht werden, den Gleitschirm zu stabilisieren (Kapitel 5, Abschnitt 5.2.5) und in die normale Fluglage zu bringen, da die Landung mit dem Rettungsschirm unkontrolliert und mit großer Sinkgeschwindigkeit abläuft, die zwar das schlimmste verhindern, aber dennoch Verletzungen hervorrufen kann. Der **Landefall** (siehe Kapitel 5, Abschnitt 5.1.3) ist unbedingt zu beherrschen und muß für den Ernstfall geübt werden. Der Rettungsschirm muß von Zeit zu Zeit, mindestens jedoch jährlich einmal, neu von einem qualifizierten Fallschirmpacker gepackt werden, da im Laufe der

Zeit, z.B. durch Feuchtigkeit, das Tuch verkleben kann und sich dadurch der Rettungsschirm nicht öffnet. Besitzt die Verpackungshülle Klettverschlüsse, müssen diese mindestens einmal im Monat aufgezogen und wieder locker geschlossen werden, da sich im Laufe der Zeit das Klettband so fest verklettet, daß die Verpackungsteile nur noch durch mehrmaliges starkes Ziehen geöffnet werden können.

In letzter Zeit wird vermehrt Sicherheitstraining für Gleitschirmpiloten angeboten. In der Regel dient es einem sicheren Umgang in Extremsituationen. Trainiert wird gewöhnlich über Seen, wobei auch Rettungsgeräte getestet werden können. Es wurde festgestellt, daß sich manche Container schwer öffnen lassen und die Öffnungstechnik entscheidend sein kann. Deshalb ist auch ein »Trockentraining« sinnvoll, etwa in einer Turnhalle. Man hänge sich im Sitzgurt fix auf und versuche, den Innencontainer aus dem Außencontainer herauszuziehen wie in einem Gefahrenfall, ohne dann aber das Rettungsgerät wegzuschleudern. Solange der Splint den Innencontainer sichert, muß der Schirm nicht mehr neu gepackt werden und kann wieder in den Außencontainer aufgenommen werden.

Rettungssystem-Befestigung:
Die Verbindungsleine wird je nach Typ in einen oder beide Karabiner/Deltaglieder gehängt. Der Außencontainer wird mit seinen Klettverschlüssen am Gurtzeug fest verankert.

Werfen des Rettungsschirmes:
Am Reißgriff wird der Klettverschluß des Außencontainers aufgerissen und der Rettungsschirm mitsamt seinem Innencontainer oder als gepacktes Bündel in großem Bogen fortgeschleudert.

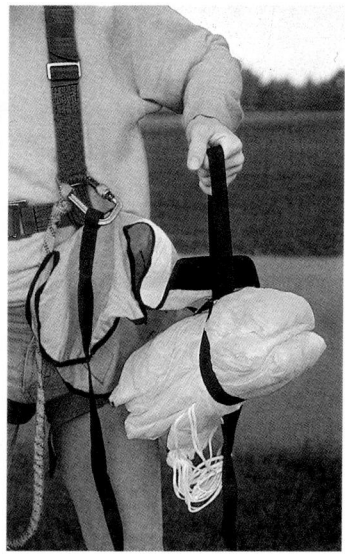

Pflege und Wartung von Gleitschirmen

2.8.1 Zwei-Jahres-Check

Es hat sich gezeigt, daß Gleitsegel altern und sich im Laufe der Zeit die Flugeigenschaften ändern können. Deshalb ist im Interesse der Piloten eine regelmäßige Überprüfung sinnvoll geworden. Ab 1992 müssen Gleitsegel alle 2 Jahre vom Hersteller oder einer autorisierten Fachwerkstatt auf Flugtüchtigkeit geprüft werden. Geprüft werden hierbei die Beschaffenheit des Tuches, der Leinen, der Nähte, der Haupttragegurte und der Schäkel. Vor allem jedoch wird das Gleitsegel neu vermessen und somit der Anstellwinkel überprüft. Kleine Mängel werden sofort behoben. Ist alles in Ordnung, erhält das Gleitsegel einen offiziellen Stempel der Fachwerkstatt. Ist die Flugsicherheit nicht mehr gewährleistet, erhält das Gleitsegel keine neue Zulassung und darf nicht mehr benutzt werden. Der Zwei-Jahres-Check gibt somit auch dem Käufer eines gebrauchten Gerätes die Sicherheit, ein flugtüchtiges Gerät erworben zu haben.

2.8.2 Pflegemaßnahmen

Sorgfalt des Piloten beim Segelauslegen und nach der Landung sind die wichtigsten Pflegemaßnahmen bei einem Gleitsegel.

- Das Segel und die Leinen nicht über den Boden schleifen; vor allem die Nähte sind schnell durchgescheuert; auch Schnee kann wie Schmirgelpapier wirken.
- Fast alle Materialien sind UV-anfällig. Das Segel deswegen nicht unnötig in der Sonne liegen lassen oder gar in der Sonne trocknen.
- Ist der Gleitschirm naß geworden, wird das Segel ein bis zwei Tage in einen trockenen Raum gebracht, bis die Feuchtigkeit auch aus dem Gewebe des Tuches und den Leinen verschwunden ist.
- Den Gleitschirm bei normaler Luftfeuchte lagern. Zu große Trockenheit und Feuchtigkeit schaden den Materialien.
- Benzin- und Lösemitteldämpfe greifen die Materialien des Gleitschirmes an.

Wird der Schirm schmutzig, kann grober Schmutz mit einer lauwarmen Seifenlauge und nur im Extremfall mit Feinwaschmittel gereinigt werden. Gut ausspülen. Unnötiges Reinigen sollte vermieden werden. Leichte Erdspuren verschwinden meist bei weiterem Gebrauch von selbst. Salzwasser ist extrem schädlich für die Schirmmaterialien. Nach Salzwasserkontakt ist der Schirm mit reichlich Süßwasser (50 l/m^2) zu wässern.

Von Zeit zu Zeit sollen die Nähte an Segel und Leinen durchkontrolliert werden. Hervorstehende Fadenenden werden mit einem Feuerzeug abgebrannt. Dadurch entsteht ein dickes aufgeschmolzenes Ende, das ein weiteres Aufziehen der Naht verhindert. Kleine Risse können, wenn sie nicht gerade in tragenden Teilen vorkommen, mit Ripstoptape oder mit Silikonkleber versehenen Tuchstücken geklebt werden. Dabei muß der Flicken mindestens 2 cm über den Riß überstehen. Sind Leinen beschädigt oder größere Risse im Segel, muß der Schirm **von einer Fachwerkstätte** repariert werden. Zeigt das Segel ein eigenartiges Flugverhalten, müssen unbedingt die Fangleinen nachgemessen und anhand des Typenkennblattes, das jedem Segel beiliegt, überprüft werden. Im Zweifelsfall ist Rat beim Hersteller einzuholen.

2.8.3 Segelkomplettcheck

- Alle Nähte überprüfen
- Segel innen und außen nach Rissen und Deformationen absuchen
- Leinen auf Beschädigungen überprüfen und nachmessen
- Leinenaufhängungen überprüfen und Knoten an den Handschlaufen festziehen
- Nähte der Haupttragegurte prüfen
- Gurtzeugnähte nachsehen und Karabiner und Beschlagteile auf Haarrisse überprüfen

2.8.4 Gleitschirmcheck bei neuen Segeln

Wer sich einen neuen Gleitschirm kauft, ist verpflichtet, das Segel und die Steuerleineneinstellung selbst vor dem ersten Flug zu prüfen. Dies erfolgt am besten am Übungshang:

- Segel auslegen und alle Nähte überprüfen
- Fangleinen überprüfen und nachsehen, ob die Fangleinen in die richtigen Fangleinenschlösser eingehängt sind
- Überprüfen, ob die Bremsleinen frei laufen und die Handschlaufe fest verknotet ist
- Segel aufziehen und dabei die Steuerleinen überprüfen. Die Hinterkante des Segels darf dabei nicht angebremst sein. Die Steuerleinen müssen leicht durchhängen
- Steuerleinen durchziehen. Das Segel muß nun stark angebremst sein und nach hinten abkippen. Als Grobeinstellung sollen die Steuerleinen in Brusthöhe etwa 50% Bremse bewirken.

Nun sollten einige kleine Flüge am Übungshang folgen. Hierbei wird nochmals kontrolliert, ob der Schirm bei 0% Steuerleinenzug ungebremst fliegt.

2.8.5 **Steuerleineneinstellung**

Die Steuerleinen des Gleitschirms sind von den meisten Herstellern so eingestellt, daß der Schirm flugtauglich ist. Ist der Pilot jedoch sehr groß oder klein, oder hat er kurze bzw. lange Arme, kann in den vom Hersteller angegebenen Grenzen die Steuerleine verlängert bzw. verkürzt werden. Dazu wird der Knoten an den Handschlaufen leicht gelöst und nach oben bzw. unten verschoben.

 Vorsicht: Änderungen dürfen maximal im Bereich von ± **5 cm** sein.

Generell gilt hierbei:
Steuerleine verkürzt: Der Einsatzpunkt der Bremse kommt früher. Der Schirm muß feinfühliger gesteuert werden.

 Gefahr: Schirm fliegt angebremst. Starker Zug an den Steuerleinen bewirkt schnellere Reaktion des Segels, **Sackflug-** und **Stallgefahr.**

Steuerleine verlängert: Der Einsatzpunkt der Bremse kommt später.

 Gefahr: Der Schirm reagiert träger und kann bei starker Verlängerung nur noch durch zusätzliches Aufwickeln der Steuerleinen rechtzeitig genug zum Landen angebremst werden.

Die Einstellug ist ideal, wenn zur Landung die Steuerleine noch 10 cm über 100% Bremse durchgezogen werden kann. Die Steuerleineneinstellung sollte von einem erfahrenen Piloten oder besser **von einem Fluglehrer** überprüft werden. Weitere Einstellungen am Segel sind nicht vorgesehen. Werden Fangleinen verändert, ändert sich der Anstellwinkel und damit das Flugverhalten. Solche Veränderungen sind gefährlich. Der Gleitschirm verliert damit den Betriebstüchtigkeitsnachweis.

3 AERODYNAMIK

3.1 Grundlagen

»*Aero*-« bedeutet Luft, und *Dynamik* Bewegung. Aerodynamik behandelt die Kräfte, die sich aus der Umströmung eines Körpers durch Luft bzw. Gas ergeben. Geht man der Frage nach, warum ein Gleitsegel überhaupt fliegt, kommt man an physikalischen Gesetzen nicht vorbei.

3.1.1 Die Erdanziehung

$$F_G = m \cdot g$$

F_G = Gewichtskraft [N, veraltet: kp]
m = Masse [kg]
g = Erdbeschleunigung [$9{,}81 \ m/s^2$]

Verdeutlichen wir uns die Erdanziehung am Beispiel eines Fallschirmspringers. Er springt aus dem Flugzeug und fällt aufgrund der Erdanziehung zurück zur Erdoberfläche. Zunächst wird seine Fallgeschwindigkeit immer größer, bis sie ein gewisses Maximum erreicht. Neben der **Erdanziehungskraft F_G** wirkt nämlich noch eine zweite Kraft in entgegengesetzter Richtung, der **Luftwiderstand F_W**. Der Springer spürt ihn als starken Wind. Zugleich verhindert er, daß der Springer ständig weiter beschleunigt. Solange die Erdanziehungkraft größer als der Luftwiderstand bleibt, beschleunigt der Fallschirmspringer nach unten. Würde der Luftwiderstand ganz ausbleiben, erreichte der Springer aus einer Höhe von 3000 m eine Geschwindigkeit von knapp 900 km/h! Bei maximal 200 km/h kompensieren sich Erdanziehung und Luftwiderstand aber und er fällt mit konstanter Geschwindigkeit weiter. Die Erdanziehung (bzw. die Gravitation) selbst läßt alle Körper unabhängig von ihrem Gewicht gleich schnell fallen, allein der Luftwiderstand bewirkt Unterschiede.

3.1.2 Luftwiderstand

$$F_W = c_W \cdot [\frac{\varrho}{2} \cdot v^2] \cdot A$$

F_W = Kraftausübung durch den Luftwiderstand [N, veraltet: kp]
c_W = Widerstandsbeiwert. Er hängt von der Körperform bzw. dem Anstellwinkel ab.
ϱ = Luftdichte [kg/m^3]
v = relative Geschwindigkeit des Gleitsegels gegenüber Luft [m/s^2]
$(\frac{\varrho}{2} \cdot v^2)$ = Staudruck [N/m^2 bzw. kp/m^2]
A = projizierte Fläche (in Richtung der Bewegung unter Berücksichtigung des Anstellwinkels) [m^2]

Aus der Formel läßt sich folgendes erlesen:

Um das Fallen eines Menschen zu verlangsamen, nutzte man zunächst die Möglichkeit, den Luftwiderstand zu vergrößern. Die einfachste Weise war, die Angriffsfläche für die Luft zu erweitern, etwa in Form eines Fallschirms. Bei einem Rundkappenfallschirm gleicht sich die Erdanziehung mit der Kraft des Luftwiderstandes schon bei einer Sinkgeschwindigkeit von 5 bis 7 m/s aus. Eine sichere Landung ist also allein unter Ausnutzung des Luftwiderstandes möglich. Entscheidend dafür ist auch die *Form* (hier die des Fallschirms) bzw. ihr c_W-**Wert (Widerstandsbeiwert),** der aus dem Automobilbau geläufig ist. Den höchsten Widerstandsbeiwert mit 1,35 besitzt eine halbierte Hohlkugel auf ihrer Öffnungsseite. Bei einer geschlossenen Kugel senkt sich der c_W-Wert schon auf 0,45 und erreicht bei einer Tropfen- bis Profilform Werte bis 0,06! Wassertropfen bilden eine Art Idealform, weil sie durch Selbstverformung den Luftwiderstand auf ein Minimum reduzieren. Bei der Profiloptimierung (Hochleistungsschirme) minimiert man den Widerstandsbeiwert, um eine höhere Horizontalgeschwindigkeit und mehr Leistung zu erhalten. So werden die Profile immer schlanker, und die Eintrittskanten nähern sich denen von Flügeln an. Beim Gleitschirm sind dieser Optimierung allerdings Grenzen gesetzt, weil der Pilot und die vielen Leinen eine erhebliche Angriffsfläche bieten, die nicht so leicht wie die der Kappe minimiert werden kann.

3.1.3 Das Profil

Das Profil ist eine trickreiche Körperform, mit der sich die Situation überlisten läßt, allein über den Luftwiderstand das Fallen zu kompensie-

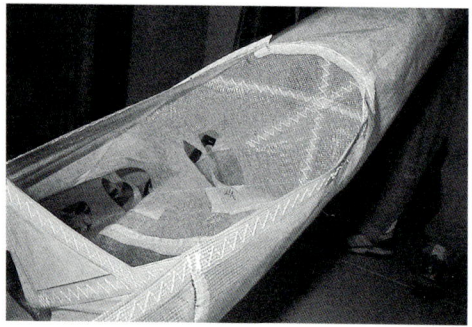

Gleitschirmprofil mit geschlossenzelligen Schirmteilen bei einem Hochleistungs-Prototypen in Konstruktion.

ren. Durch **Auftriebserzeugung** wirkt ein Profil viel effektiver der Erdanziehung entgegen. Allerdings muß es sich horizontal gegenüber der Luft bewegen. Das Profil erzeugt den Auftrieb durch seine Form bei der Vorwärtsbewegung.

Luft ist genauso wie Wasser ein *Fluid,* ein strömfähiges Medium, auf dem es sich quasi »schwimmen« läßt, nur daß seine Dichte (siehe Kap. 4.2.3) erheblich unter der des Wassers liegt. Die Dichte bezeichnet die Masse pro Volumeneinheit. Je größer sie ist, um so größer ist ihre Widerstandswirkung auf den fallenden Körper, desto langsamer fällt er. Man kann sich das Profil in umströmter Luft wie einen Wasserski vorstellen, der nur durch seine Geschwindigkeit nicht untergeht, die Fläche würde ihn nicht tragen.

Angeströmtes Profil:
Auf dem Obersegel haben Luftteilchen einen längeren Weg zurückzulegen, sie bewegen sich schneller, dünnen sich aus und verursachen einen Sog. Durch den Anstellwinkel verdichten sich die Teilchen am Untersegel, sie verursachen Druck von unten.

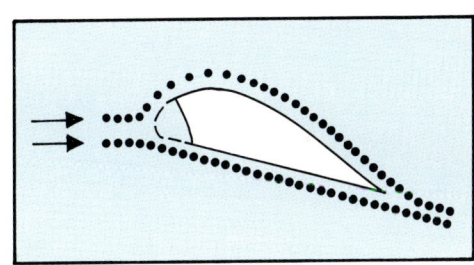

Die Kappe eines Gleitschirms stellt ein **asymmetrisches Profil** dar. Läßt man ein solches Profil von einer **laminaren,** das heißt nichtverwirbelten Strömung umfließen, beschreibt der Luftstrom an der Oberseite einen längeren Weg als der an der Unterseite. Da die Luftteilchen, die sich oben und unten am Profil vorbeibewegen, gleichzeitig am Profilende ankommen, erreichen die oberen zwangsläufig eine höhere Geschwindigkeit als die unteren. Nach der **Gesetzmäßigkeit von Bernoulli (p · v = konstant,** *Druck × Geschwindigkeit = konstant*) müssen sich aber entsprechend der Geschwindigkeitsänderung Konsequenzen für die Druckwerte ergeben:

● Nimmt die Geschwindigkeit zu, reduziert sich der Druck, also Sogwirkung am Obersegel.

● Nimmt die Geschwindigkeit ab, vergrößert sich der Druck, also Druckwirkung am Untersegel. Die Sogwirkung am Obersegel ist gewöhnlich doppelt so groß wie die Druckwirkung auf der Unterseite. Zusammen ergeben sie den *Auftrieb.*

● Zwei Drittel des Auftriebs werden am Obersegel, ein Drittel am Untersegel erzeugt.

Die Grafik auf S. 48 oben zeigt die idealisierte Auftriebsverteilung am Gleitsegel. Real hat sie jedoch niemals so gleichmäßigen Charakter

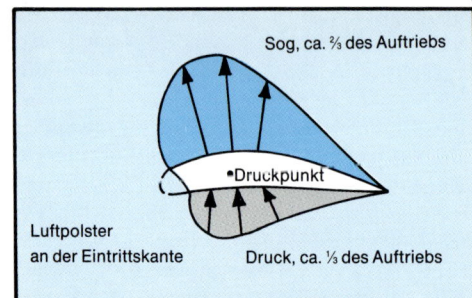

**Ideale Druck-
verteilung** *am Flügel:
Die Sogwirkung am
Obersegel ist ungefähr
doppelt so stark wie die
Druckwirkung am
Untersegel.*

Sog, ca. ⅔ des Auftriebs

•Druckpunkt

Luftpolster
an der Eintrittskante

Druck, ca. ⅓ des Auftriebs

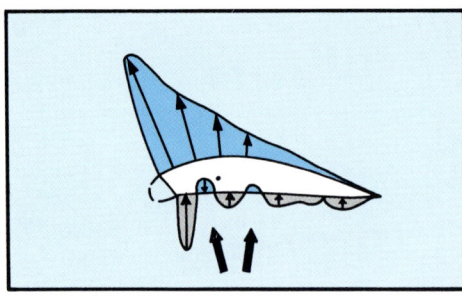

**Reale Druck-
verteilung am Flügel:**
*Die Profilteile mit der
größten Auftriebswir-
kung befinden sich
knapp hinter der Ein-
trittskante (ca. 5% der
Profiltiefe). Das Unter-
segel ist teilweise so
schlecht optimiert, daß
sogar Sogbereiche
Auftrieb vernichten.*

(Grafik darunter). Segel der ersten und zweiten Generation besitzen
noch Profile mit gerade geschnittenen Unterseiten. Neuere Untersuchungen am Gleitschirmprofil zeigen erhebliche aerodynamische Mängel solcher Schnittmuster: Am Untersegel liegen neben Druckbereichen
auch Bereiche ohne Druck, ja sogar Sogzonen! Dies wird durch zu starke Ablenkung des laminaren Luftstroms von der unteren Eintrittskante
verursacht und kostet erhebliche Leistung. Eine Gegenmaßnahme besteht darin, das Profil im vorderen Bereich seiner Unterseite schwach
auszubauchen, damit die Strömung möglichst über das ganze Profil an-
liegt. Eine weitere Erkenntnis ist, daß das Maximum des Auftriebs am
Obersegel bereits bei 5% der Profiltiefe erreicht ist. Darum bemühen
sich auch viele Hersteller, über extrem glatte Mylareintrittskanten (ähnlich der Entwicklung bei Drachen) oder mit stangenverstärkten Eintrittskanten die Leistung ihrer Segel zu erhöhen. Die konsequente Fortent-

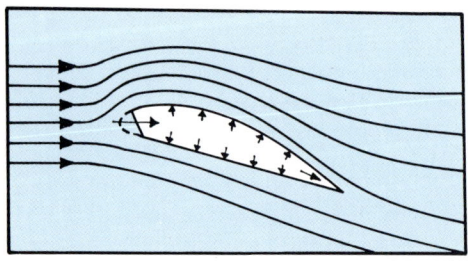

*Der **Staudruck**
formt das Profil des
Gleitschirms.
In der laminaren Strö-
mung wird er an-
nähernd wie ein
starrer Flügel um-
strömt.*

wicklung läuft auf die partielle Schließung oder Verkleinerung der Eintrittsöffnungen hinaus, um dem Profil eine optimale Nasenform zu geben.

Bei Gleitschirmen der ersten und zweiten Generation öffnen sich die Eintrittsöffnungen noch fast über die gesamte Profilhöhe, und die Luft bildet ein **Staudruckpolster** vor den Zellöffnungen. Dieses Staudruckpolster übernimmt die Aufgabe der *Profilnase* (»**ramair**« = Staudruckluft) und teilt den Luftstrom in zwei Ströme. Auf diese unsichtbare Profilnase läßt sich kaum Einfluß nehmen, und so erklärt sich der Trend zum geschlossenen Schirm, wenn sich auch vielerlei Folgeprobleme daraus ergeben. Für den Staudruck ($\frac{\varrho}{2} \cdot v^2$), der dem Profil die nötige Stabilität verleiht, ist nicht die Größe der Eintrittsöffnung maßgeblich, sondern die Fluggeschwindigkeit. Bewegt sich das Gleitsegel mit 30 km/h, ist der aufgebaute Staudruck mit ca. 4 kp/m² (N/m²) eigentlich sehr klein. Es entspricht einer Druckdifferenz von gerade 0,4 mbar oder einer Wassersäule von 4 mm. Ein Höhenunterschied von nur 10 m kann auch schon eine solche Druckdifferenz mit sich bringen. Die Isobarenabstände und Druckunterschiede auf Wetterkarten sind dagegen wahre Druckgiganten, die unseren Staudruck um das Fünfzigfache übertreffen können. Trotzdem reicht der geringe Überdruck aus, um der Tragfläche die nötige Steifheit zu verleihen und ein Fliegen zu ermöglichen.

3.1.4 Der Auftrieb

Auftrieb $F_A = c_A \cdot (\frac{\varrho}{2} \cdot v^2) \cdot A$

F_A = Kraftausübung durch Auftrieb [N, veraltet: kp]
c_A = Auftriebsbeiwert. Er hängt von der Profilform bzw. dem Anstellwinkel ab.
ϱ = Luftdichte [kg/m³]
v = relative Geschwindigkeit des Gleitsegels gegenüber Luft [m/s²]
$(\frac{\varrho}{2} \cdot v^2)$ = Staudruck [N/m² bzw. kp/m²]
A = projizierte Fläche (in Richtung der Bewegung unter Berücksichtigung des Anstellwinkels) [m²]

Die Auftriebsformel ist praktisch dieselbe Formel wie für den Widerstand. Auch der Auftrieb vergrößert sich linear zur Flächenzunahme, zur Dichteerhöhung und quadratisch zur Geschwindigkeit. Aus der Formel läßt sich z. B. der **Bodeneffekt** mit seiner auftriebsvergrößernden Wirkung in Bodennähe erklären: Die Luft wird zwischen dem Segel und dem Boden komprimiert, die Luftdichte steigt, und damit der Auftrieb.

Stellen wir den Schirm steiler an, wird die projizierte Fläche nach vorne größer und damit auch der Auftrieb, allerdings wird die projizierte Fläche auch für den Widerstand größer. Das Gleitsegel wird langsamer, was sich wiederum negativ auf den Auftrieb auswirkt. Mit Erhöhung des Anstellwinkels vergrößert sich zunächst der Auftrieb bis zum Maximum (geringstes Sinken, siehe Abschnitt 3.4.1), um dann wieder bis auf Null abzufallen.

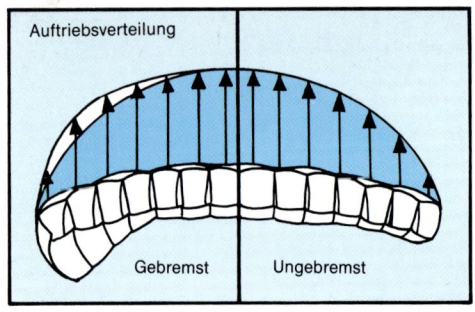

Die Auftriebs-verteilung *über dem Schirm ist bestenfalls ellipsoid. Im ange-bremsten Zustand wird vorzugsweise in den Außenbe-reichen der Auftrieb erhöht.*

Für die Leistungsfähigkeit eines Profils ist deshalb immer das Verhältnis von Auftrieb zu Widerstand ausschlaggebend (= Gleitzahl), d. h. eine Maximierung des Auftriebs bei einer Minimierung des Widerstands.

3.1.5 Der Flügel

Betrachten wir den dreidimensionalen Flügel, werden wir unvermeidlich mit weiteren Problemen konfrontiert. Der Überdruck unter der Gleit-schirmkappe hat das Bestreben, den Unterdruck auf der Oberseite aus-zugleichen. Am intensivsten findet dieser Ausgleich an den Flügelseiten statt. Die *Stabilos* versuchen diese Ausgleichsströmung abzuschwä-chen. Die Auftriebsverteilung nimmt aber zu den Flügelseiten immer ab und erreicht im Idealfall eine halbelliptische Verteilung über der Flügel-breite. Es gibt jedoch ein wirksames Mittel, den effektivsten Auftriebsbe-reich in der Mitte zu verbreitern, nämlich durch eine große **Streckung.** Die Streckung bezeichnet das Verhältnis der Flügelspannweite zur durchschnittlichen Profiltiefe.

$$\text{Streckung} = (\text{Spannweite})^2/\text{Fläche}$$

Die Streckung ist auch ein Maß für die aerodynamische Güte einer Trag-fläche: **je höher, desto leistungsfähiger.** Sie ist neben der Profilierung der wichtigste Parameter für eine gute Gleitzahl. Schirme der ersten Ge-neration brachten es auf eine Streckung von 2,1, die Hochleistungs-schirme von 1987 lagen um 3, die von 1988 weisen schon Werte um 4 auf! Doch die Streckung immer weiter heraufzusetzen, wird zunehmend schwieriger. Es kommen Probleme beim Startverhalten oder überhaupt bei der Stabilisierung einer so extrem gestreckten Fläche auf.
Der Auftrieb kann nur an den Rändern wesentlich vergrößert werden.

Der Rettungsschirm ist geworfen, der Pilot hat den Gleitschirm eingezogen, damit der Rettungsschirm voll zur Wirkung kommt und nicht pendelt. Der Pilot richtet sich auf, um sich auf den Landefall vorzubereiten.

Das Anbremsen ist z. B. mit einer fünfzigprozentigen Krümmungsverstärkung des Segels verbunden, die Krümmungsverstärkung aber erhöht den Auftrieb an den Segelaußenseiten.

3.1.6 Widerstandsarten

Der Gesamtwiderstand, den es bei der Optimierung von Gleitsegeln so niedrig wie möglich zu halten gilt, setzt sich aus zahlreichen Einzelgrößen zusammen:

● **Formwiderstand:** Wird verursacht durch auftrieberzeugende Teile, beim Gleitschirm die Kappe. Ausschlaggebend ist die projizierte Fläche in Strömungsrichtung und die Profilform.

● **Induzierter Widerstand (= Randwiderstand):** Der Druckausgleich vom Untersegel zum Obersegel verursacht nach der Hinterkante kreisförmige Luftbewegungen, sogenannte **Wirbelzöpfe.** Diese Turbulenzen sind außerordentlich energiereich – nachfliegende Piloten sollten sie tunlichst meiden. Ein Durchsacken bis zu 8 m kann vor allem im Landeanflug gefährlich werden. Für das Fluggerät bedeutet dies Energieverlust und damit Widerstand (siehe Abbildung unten).

● **Reibungswiderstand:** Energiezehrende Reibung tritt speziell an den Grenzflächen Gleitsegel – Luft auf.

● **Interferenzwiderstand:** Widerstandserscheinungen können sich überlagern und dadurch Widerstandswirkungen verstärken. Eine solche Überlagerung nennt man Interferenz.

● **Restwiderstand:** Alle Teile, die nicht an der Auftriebswirkung beteiligt sind, etwa der Pilot und die Fangleinen, erzeugen diesen Widerstand.

Induzierter Widerstand (Randwiderstand): An den Flügelrändern gleichen sich Druck und Sog aus und bilden kreisförmige Ausgleichsströmungen. Nach hinten pflanzen sie sich in Wirbelzöpfen fort.

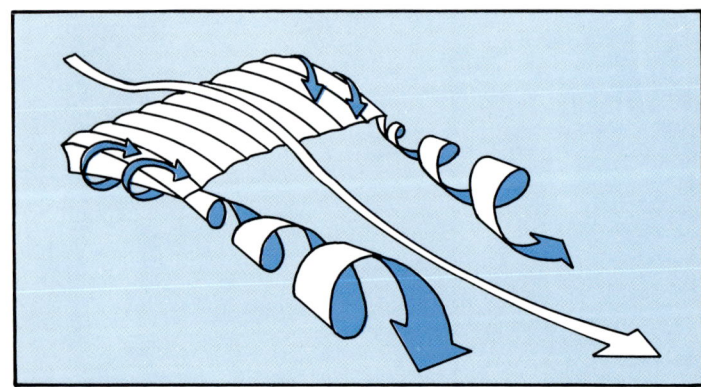

Gleitwinkel, Gleitzahl

Die **Gleitzahl** ist bauartspezifisch und gibt die Strecke an, die man bei einem bestimmten Höhenunterschied zurücklegen kann:

> Gleitzahl ε = Höhenunterschied/zurückgelegte Distanz

Die Reichweite exakt zu ermitteln und den Einfluß von vertikalen Luftbewegungen sicher auszuschalten, ist immer noch ein Problem. Darum kann man sich vielfach nicht auf Herstellerangaben verlassen!
Wie bereits erwähnt, bestimmt das Verhältnis von Auftrieb zu Widerstand die Güte bzw. Gleitfähigkeit eines Gleitschirms, wobei die Streckung eine maßgebliche Rolle spielt.

> Gleitzahl ε = F_A/F_W, Auftrieb/Widerstand.

Die Gleitzahl läßt sich also aus Auftrieb und Widerstand errechnen, oder man leitet das Auftriebs-/Widerstandsverhältnis aus einer bekannten Gleitzahl ab!
Eine Gleitzahl von 3 ergibt eine Reichweite von 3 km bei einem Höhenunterschied von 1000 m. Sie entspricht der von Bergsteigerschirmen.
Um GZ 4 liegen die Hochleistungsschirme von 1987, die von 1988 erreichen GZ 5, die von 1991 übersteigen bereits GZ 7.
Der Gleitschirm fliegt idealisiert auf einer schräg nach unten weisenden Flugbahn. Den Winkel, den diese Flugbahn gegenüber dem Boden einnimmt, nennt man **Gleitwinkel.**
Er beträgt für eine Gleitzahl von 4 ca. 14°.

> Gleitwinkel (α) = Tangens der Gleitzahl (ε), tan α = ε

▶ **Flugpraxis:**

● **Profil:**
– Dick, stark gekrümmt: gutmütige Flugeigenschaften, geringe Leistung, langsame Geschwindigkeit, leichter Start, selbst bei schwachem(!) Rückenwind.
– Schlank, flache Krümmung: schnelleres Ansprechverhalten in Kurven bis zu nervöser Reaktion, bessere Leistung, abrupte Stallgrenze (Strömungsabriß, siehe Kapitel 5, Abschnitt 5.4.6), schnellere Geschwindigkeit, leichterer Start bei Gegenwind, jedoch Gefahr, daß die Kappe den Piloten beim Start überholt: leicht anbremsen! Schwierigere Landung. Rückenwindlandungen kritischer!
● **Streckung:**
– Klein: Bei schnellen Schirmen ist der Staudruck bis in die äußeren Zellen höher. Besseres Verhalten in Turbulenzen. Geringe Leistung.
– Groß: Staudruckdifferenz zu den Enden hin größer, einklappgefährdeter, hohe Leistung.

● **Flächenbelastung:**
- Hoch: stabileres Flugverhalten, schnellere Vorwärts- und Sinkgeschwindigkeit.
- Gering: Vorsicht beim Unterschreiten gewisser typenabhängiger Mindestbelastungen: geringe Geschwindigkeit, geringerer Staudruck, geringere Stabilität und Einklappgefahr. Größere Sackflugneigung.

3.2 Flugmechanik

Wie die verschiedenen Kräfte im Flug zusammenwirken, damit unser Gleitschirm überhaupt fliegt, behandelt die Flugmechanik.

3.2.1 Der stationäre Geradeausflug

Die durch die Erdanziehung erzeugte **Gewichtskraft (F_G)** wirkt senkrecht nach unten. Sie umfaßt das gesamte Startgewicht, also das Gewicht des Piloten nebst Ausrüstung und Schirm. Da der Gleitschirm mit dem **Anstellwinkel** α gegenüber der Strömungsrichtung geneigt ist, bekommt die senkrechte Kraftkomponente durch das Gewicht eine Vorwärtskomponente, den **Vortrieb (F_V)**. Dieser Vortrieb ist in Richtung der schrägen Flugbahn geneigt und kann nur wirken, indem das Gleitsegel Höhe verliert. Dabei wird Höhe (potentielle Energie) in Bewegungsenergie (kinetische Energie) umgewandelt. Dem Vortrieb entgegen wirkt der **Widerstand (F_W)**. Er bremst das Gleitsegel ab und wirkt in Strömungsrichtung

Das Kräfteparallelogramm im stationären Geradeausflug:
α = Anstellwinkel, β = Gleitwinkel, F_V = Vortrieb, F_G = Gewichtskraft,
$F_{A'}$ = Auftriebsgegenkraft, F_A = Auftrieb, F_{Tl} = Totale Luftkraft, F_W = Widerstand

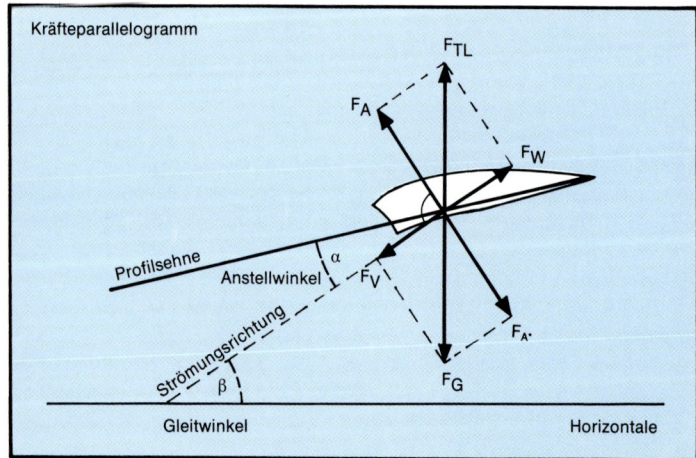

(den Vortrieb kompensierend). Durch die Profilierung wird senkrecht zur Strömungsrichtung der **Auftrieb (F$_A$)** erzeugt. Er wirkt hauptsächlich nach oben, leicht vorwärts gerichtet. Beide Komponenten, Auftrieb und Widerstand, bilden die senkrecht nach oben gerichtete **Totale Luftkraft (F$_{TL}$)**. Sie kompensiert die Gewichtskraft.

Im stationären Geradeausflug müssen sich alle Kräfte kompensieren, damit das Gleitsegel mit konstanter Geschwindigkeit fliegt. Andernfalls treten Beschleunigungen auf. Die abwärtsgerichteten Kräfte (Gewichtskraft mit Komponenten Vortrieb und **Auftriebsgegenkraft (F$_{A'}$)**) setzen im **Schwerpunkt** an. Die aufwärtsgerichteten Kräfte (Totale Luftkraft mit Komponenten Auftrieb und Widerstand) setzen im **Druckpunkt** an. Vereinfacht lassen wir hier für den stabilen Flug den Druckpunkt und Schwerpunkt zusammenfallen. (Normalerweise befindet sich der Schwerpunkt in Pilotennähe, ca. 5 m unter dem Segel und dem Druckpunkt.)

Verkleinert man den Anstellwinkel, kann der Druckpunkt hinter den Schwerpunkt wandern. Das bedeutet ein Drehmoment, damit Vortrieb und unter Umständen Unterschneidung der Strömung mit Einklappen der Eintrittskante als Folge. Vergrößert man den Anstellwinkel, wandert der Druckpunkt vor den Schwerpunkt. Dabei wird das Segel leicht deformiert, und man kommt in den Sackflug. Ideal wäre ein druckpunktstabiles Profil.

3.2.2 Kurvenflug

Beim Kurvenflug wird die Gewichtskraft durch die **Zentrifugalkraft (F$_Z$)** erheblich verstärkt. Aus den beiden Komponenten Gewicht (F$_G$) und Zentrifugalkraft (F$_Z$) ergibt sich die **Kurvengewichtskraft (F$_{KG}$)**.

$$F_Z = m \cdot v^2/r$$
F_Z = Zentrifugalkraft [N]
m = Masse [kg]
v = Geschwindigkeit [m/s]
r = Kurvenradius [m]

Die Formel sagt aus:

- Je kleiner der Kurvenradius, desto größer die Zentrifugalkraft.
- Je höher die Masse, desto größer die Zentrifugalkraft.
- Die Zentrifugalkraft steigt quadratisch zur Geschwindigkeit.

Das Kurvengewicht ist also größer als die normale Gewichtskraft. Damit die Totale Luftkraft dieses Mehr an Gewicht kompensieren kann, müssen der Auftrieb und der Widerstand in der Kurve zunehmen. Dies kann aber nur unter Energieverlust geschehen. Da das Gleitsegel nur Energie aus Höhenverlust beziehen kann, baut es speziell in Kurven vermehrt Höhe ab. Auf der gebremsten Seite des Schirms wird etwas mehr Auftrieb und viel mehr Widerstand erzeugt. Als Folge verlangsamt sich dort

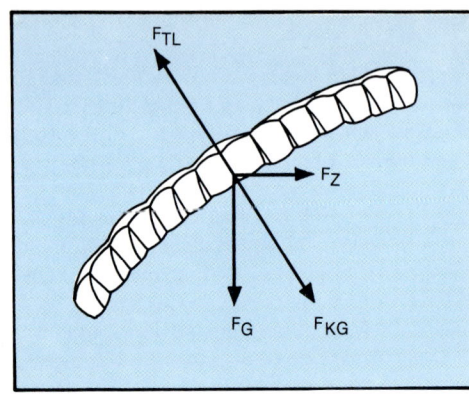

Das Kräfteparallelogramm im stationären Kurvenflug:
F_{TL} = Totale Luftkraft,
F_G = Gewichtskraft,
F_{KG} = Kurvengewichtskraft,
F_Z = Zentrifugalkraft

die Geschwindigkeit gegenüber der ungebremsten oder weniger gebremsten Seite. Die gebremste Seite senkt sich ab und bleibt zurück, wobei der Pilot nach außen schwenkt und eine Kurve beschreibt.

Die Zentrifugalkräfte setzen die Segelbelastung so stark herauf, daß schon bei einer Steillage von 60° die Belastung gegenüber dem Geradeausflug auf das Doppelte anwächst.

3.3 Geschwindigkeitspolare

Wie sich die beiden Geschwindigkeiten, *Fluggeschwindigkeit* und *Sinkgeschwindigkeit*, zueinander verhalten, darüber gibt die **Geschwindig-**

*Geschwindigkeitspolare: Die Geschwindigkeitspolare entsteht aus der Paarung Horizontalgeschwindigkeit – Sinkgeschwindigkeit. Die waagrechte Tangente gibt den Punkt des **geringsten Sinkens,** die Tangente durch den Ursprung das **beste Gleiten** an.*

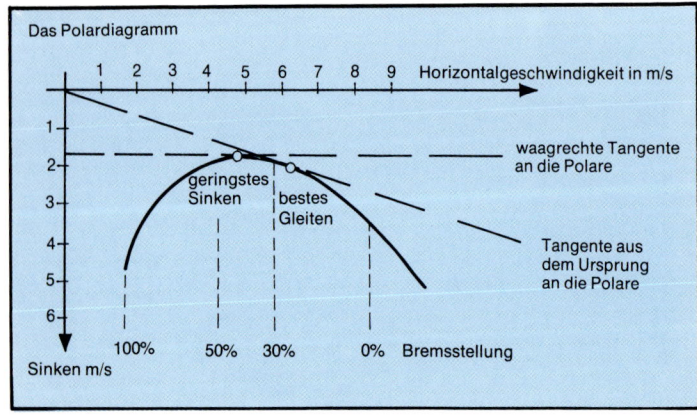

keitspolare Auskunft. Sie ist für den Piloten ein wichtiges Hilfsmittel, die *Flugcharakteristik* seines Geräts zu ermitteln und optimal auszunutzen. Sie ist einerseits vom Schirmtyp abhängig, andererseits vom Pilotengewicht. Polarenangaben von Händlern sind oft geschönt, und deshalb ist jeder gut beraten, sich seine eigene, individuelle Polare selbst aufzustellen. Man benötigt lediglich zwei Instrumente, einen Fahrtmesser und ein Variometer.

Synchron werden die Werte für verschiedene Bremsstellungen aufgezeichnet und in ein Koordinatensystem eingetragen. Die Punkte werden zu einer Kurve, der eigentlichen Polare, verbunden. Am oberen Scheitelpunkt der Kurve läßt sich die Geschwindigkeit des **geringsten Sinkens** ablesen. Für den Punkt des **besten Gleitens** zieht man eine Gerade durch den Nullpunkt, die die Polare berührt. Dieser Berührungspunkt stellt das beste Gleiten dar. Die Polare wird zum wertvollen Hinweis, um die schirmspezifischen Bremsstellungen mit den jeweiligen Leistungen zu paaren. Damit läßt sich das Gleitsegel optimal ausfliegen, insbesondere, wenn man an Wettbewerben teilnehmen will. Allen Punkten läßt sich nämlich die **Gleitzahl** zuordnen. Die Gleitzahl erhalten wir auch, indem wir die Fluggeschwindigkeit durch die zugehörige Sinkgeschwindigkeit teilen.

Selbst bei Abwind, Gegenwind, Aufwind und Rückenwind kann die Polare nützlich sein. Um das beste Gleiten zu ermitteln, wird einfach die Polare mit der Windrichtung verschoben. Der Berührungspunkt der

*Gleitzahlmaximierung unter Windeinfluß: Das beste Gleiten verändert sich unter Windeinfluß. Es läßt sich aus der Polare auch bei Gegenwind, Rückenwind, Abwind oder Aufwind ermitteln, indem man den Pol (durch den die Tangente läuft) auf den Koordinaten entgegen dem Wind verschiebt. Beispielsweise verschieben wir den Gegenwind auf der y-Achse (waagrechte Achse) um seinen Betrag nach rechts, der Abwind wird auf der x-Achse (senkrechte Achse) nach oben verschoben. Die neuen Berührungspunkte zeigen uns das beste Gleiten unter den jeweiligen Bedingungen an. Bei **Gegen-/Abwind** wird **relativ schneller geflogen,** bei **Rücken-/Aufwind langsamer.***

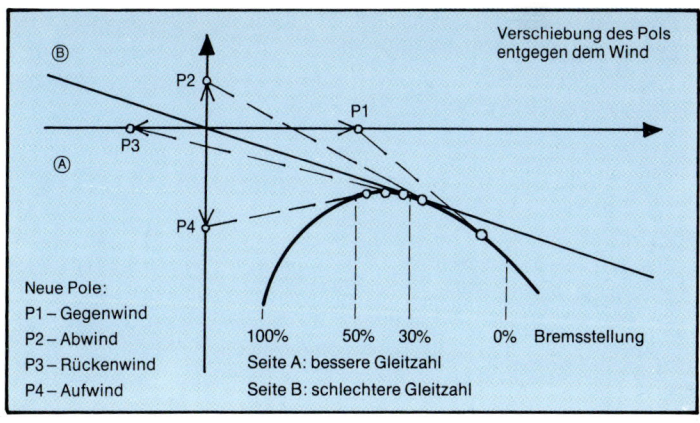

Neue Pole:
P1 – Gegenwind
P2 – Abwind
P3 – Rückenwind
P4 – Aufwind

Verschiebung des Pols entgegen dem Wind

100%   50%   30%   0%   Bremsstellung
Seite A: bessere Gleitzahl
Seite B: schlechtere Gleitzahl

Tangente wird sich damit verändern und sich so die neue optimale Geschwindigkeit bzw. Bremsstellung ermitteln lassen. Statt die Polare zu verschieben, läßt sich auch die Tangente vom Nullpunkt verschieben. Sie wird entgegen der jeweiligen Windrichtung auf der zugehörigen Ordinate um den Betrag der Windstärke verschoben. Beispielsweise wird bei einem 2-m-Abwind vom Nullpunkt auf die 2-m/s-Marke hochgegangen und von diesem Punkt aus die Tangente an die Polare gelegt.

In Kurven trifft unsere Polare nicht mehr zu, weil sich durch die Zentrifugalkraft das Gewicht erhöht!

3.4 Flugverhalten

Viele Eigenheiten des Gleitschirms während des Flugs sind physikalisch kaum untersucht und relativ komplex. Phänomene wie die Aeroelastizität des Gleitschirmflügels sind für vielerlei unbekannte Größen und gleitschirmspezifische Flugeigenschaften verantwortlich.

Vereinfacht werden hier noch die Phänomene **Stall** und **Pendelstabilität** betrachtet. Es ist zu bedenken, daß zur Betrachtung ein Profil herausgegriffen wird. Der Schirm kann aber aus verschiedenen Profilen aufgebaut sein und sich nach außen hin ändern. Auch bezüglich der jeweiligen Anstellung und Druckpunkt-/Schwerpunktlage unterscheiden sich diese Einzelprofile. Betrachten wir die Umströmung eines Profils, fallen zwei wichtige Punkte auf:

- Der **Tote Punkt (Stagnationspunkt)** befindet sich auf der Profilnase im Schnittpunkt mit der *Profilsehne*. Es ist der Punkt, an dem sich die Strömung teilt. An diesem Punkt ist die Strömungsgeschwindigkeit Null. Beim offenen Gleitsegel befindet sich dieser Punkt imaginär auf der Staudrucknase.

- Der **Umschlagpunkt** bezeichnet den Punkt am Profil, ab dem die laminar anliegende Strömung turbulent, also verwirbelt wird. Ab diesem Punkt wird kein Auftrieb mehr erzeugt. Beim Gleitschirm liegt dieser Umschlagpunkt sehr weit vorne, und die turbulente Schicht nimmt zum Profilende beachtliche Dicke an. Dies erklärt, warum der Auftrieb relativ weit vorne erzeugt wird und der hintere Flügelteil kaum zur Auftriebserzeugung beiträgt.

3.4.1 Bremsen bis zum Strömungsabriß (Stall)

Die Bremsen des Gleitschirms wirken ziemlich komplex – sie verändern nach außen zunehmend den Anstellwinkel der einzelnen Zellen, verändern zugleich das Profil und auch die Segelkrümmung und bewirken kurzfristige Staudruckänderungen. Aufgrund der aeroelastischen Segelstruktur hat dies auch wieder Folgen für das Profil.

Bleiben die Steuerleinen locker, gleitet das Segel mit Höchstgeschwindigkeit. Der Anstellwinkel α ist relativ klein. Die Strömung liegt bis zu einer großen Profiltiefe an, und der Umschlagpunkt befindet sich verhältnismäßig weit hinten. Bremst man das Gleitsegel an, vergrößert sich der Anstellwinkel α, und das Profil verstärkt seine Krümmung. Die Totale Luftkraft bleibt dabei immer dieselbe, nur das Verhältnis Auftrieb zu Widerstand verändert sich.

Bei leichtem Anbremsen nähert man sich zunächst der Idealkombination von Auftrieb zu Widerstand für das **beste Gleiten** an. Geringfügig mehr Bremse erhöht den Widerstand weiter zu Lasten des Auftriebs, und man erreicht den Punkt des **geringsten Sinkens.** Hier liegt die Strömung noch weitgehend am Segel an, obwohl der Umschlagpunkt schon etwas weiter nach vorne gerückt ist. Bei weiterem Anbremsen wird das Verhältnis immer krasser zugunsten des Widerstands verschoben. Der Anstellwinkel α wird immer steiler, und der Umkehrpunkt wandert zunehmend nach vorne. Der Auftriebsbereich wird immer schmaler, bis

*Normal angestelltes Profil: Der **Umschlagpunkt,** an dem die laminare Strömung in Turbulenz übergeht, befindet sich relativ weit hinten. Davor befindet sich ein breiter auftriebswirksamer Bereich.*

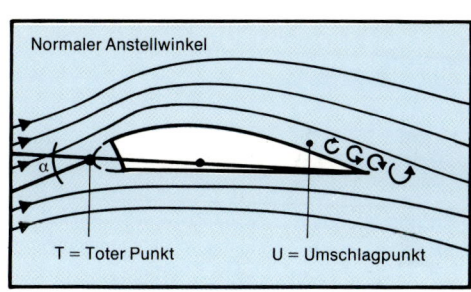

Normaler Anstellwinkel

T = Toter Punkt   U = Umschlagpunkt

*Angebremster Schirm mit großem Anstellwinkel: Der **Umschlagpunkt** wandert weiter nach vorne. Der auftriebswirksame Bereich verschmälert sich.*

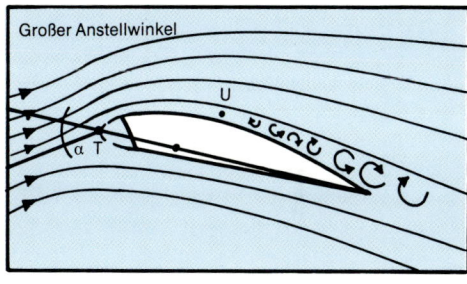

Großer Anstellwinkel

Überzogener Flugzustand: Der Umschlagpunkt ist an die vordere Profilkante gewandert. Am gesamten Obersegelbereich und auch am Untersegel liegt turbulente Strömung an.

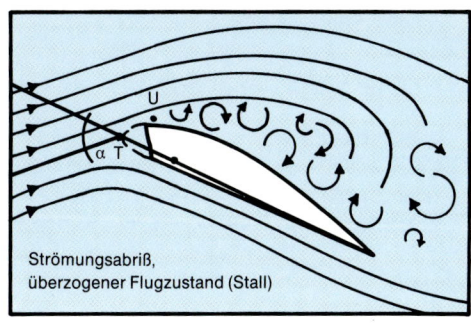

Strömungsabriß, überzogener Flugzustand (Stall)

kein Auftrieb mehr vorhanden ist. Dann hat man seinen Flugzustand überzogen und einen **Strömungsabriß** (oder **Stall**) herbeigeführt. Die Vorwärtsgeschwindigkeit ist jetzt Null, bei extremem Sinken.

Löst man daraufhin schlagartig die Steuerleinen, kommt es zu schnellem Vorschießen der Kappe und raschen Druckwechseln. Ruckartige Bremsbetätigung kann das Segel zudem leicht aufschaukeln.

Die **Flügelschränkung,** eine Verdrehung des Flügels in sich zu einem kleineren Anstellwinkel nach außen, bringt bei Flugzeugen eine bessere Querstabilität und gutmütigeres Flugverhalten. Die Strömung kann dann nicht mehr auf der gesamten Flügelbreite gleichzeig abreißen, sondern reißt verlangsamt von innen nach außen ab. Beim Gleitschirm läuft die Schränkung in die andere Richtung, seine Außenzellen sind eher steil angestellt. Die Schränkung ist auch nicht von gleicher Bedeutung für die Querstabilität, weil der Schirm durch seinen extrem tiefliegenden Schwerpunkt gut stabilisiert ist. Aber sie ist die Ursache, warum die Strömung *von außen nach innen* abreißt und die Seiten stärker einklappgefährdet sind. Vor allem bei langsam geflogenen Manövern sind diese Eigenheiten zu beachten.

3.4.2 **Pendelstabilität**

Aerodynamisch stellt der Gleitschirm einen instabilen Flügel dar. Auf ein stabilisierendes Leitwerk wird verzichtet. Er wäre flugunfähig, wäre er nicht durch einen derart tiefliegenden Schwerpunkt stabilisiert. Eilt das Segel voraus, wird es durch den nach vorne pendelnden Piloten sofort wieder »eingeholt«. Sowohl der Pilot wie auch das Segel pendeln stetig um einen gemeinsamen Schwerpunkt, der nahe beim Piloten liegt. Sobald sich beide aus ihrer Ausgangslage herausbewegt haben, wirken rückstellende Drehmomente. Diese Form der Stabilisierung bringt allerdings die Möglichkeit und das Problem des Aufschaukelns mit sich. Bei starken Bremsmanövern aus voller Fahrt kippt das Segel schlagartig nach hinten ab. Dabei kann sich kurzzeitig sogar eine Strömungsumkehr ergeben, die Kappe ist versucht, rückwärts zu fliegen. Auch diese Situation, der **dynamische Stall,** wird durch den zurückfallenden Piloten wieder »aufgefangen«. Doch bei der modernen, schnellen Schirmgeneration ist die Gefahr groß, daß die Kappe unter den Piloten schießt und dieser in die Kappe fällt. Der dynamische Stall bleibt ein gefährliches Manöver, und doch wird seine Variante als **Landebremsung** genutzt.

Die Drehachsen:
Querachse: der Schirm nickt, Pilotenpendeln vor und zurück
Längsachse: der Schirm rollt, Pilotenpendeln seitlich
Hochachse: der Schirm giert, Pilotendrehung.

Alle ruckartigen Steuerbewegungen können starkes Pendeln bis zum dynamischen Stall verursachen!

4.1 Die Atmosphäre

Die Erdatmosphäre ist die durch die Schwerkraft festgehaltene Lufthülle der Erde. Neben zahlreichen Gasen (78% Stickstoff, 21% Sauerstoff, 1% Edelgase und Kohlendioxid) enthält sie bis 4% Wasserdampf. Genau diese 4% Wasserdampf wirken aber als Motor und Energieträger für unser Wettergeschehen. Denn die Sonne schickt täglich die gigantische Energie von 4000 Billionen Kilowattstunden auf die Erde, wirft gleichsam jeden Sommertag die Energie eines Briketts auf einen Quadratmeter. So werden in der Atmosphäre riesige Energiemengen verschoben oder im Wasser gespeichert. Allein die Verwandlung von Wasser in Wasserdampf schluckt fünfmal mehr Energie als nötig wäre, um dieselbe Menge Wasser von 0 auf 100° C zu erhitzen. Freilich wird diese Energie beim Kondensieren wieder frei, und dabei vermag ein einziges Gramm Wasser ganze 2,2 kg Luft um ein Grad zu erwärmen. Bei Wassermassen, die bei Gewittern in die Größenordnung von Millionen Tonnen (bei Orkanen sind dies zwölfstellige Größenordnungen) gehen, grenzen die Energieinhalte ans Unvorstellbare.

In ihrer extremen Ausdünnung reicht die Atmosphäre bis 1000 km ins All. Sie ist keineswegs gleichförmig aufgebaut, sondern zeigt ganz charakteristische Schichtungen. Den untersten Teil, in dem sich das Wettergeschehen abspielt, nennt man **Troposphäre.** In dieser befindet sich auch praktisch der gesamte Wassergehalt der Atmosphäre. Ihre Höhe nimmt vom Äquator zu den Polen hin von 18 km auf 6 km Höhe ab und erreicht in unseren Breiten um 11 km. Nach oben hin wird sie durch eine wirksame Sperrschicht, die **Tropopause,** begrenzt. Sie kann von Wolken nicht passiert werden, und oberhalb existieren auch keine vertikalen Luftströmungen mehr. In dieser übergeordneten **Stratosphäre** existieren nur noch Horizontalströmungen, die **Strahlströme (Jets)** mit über-

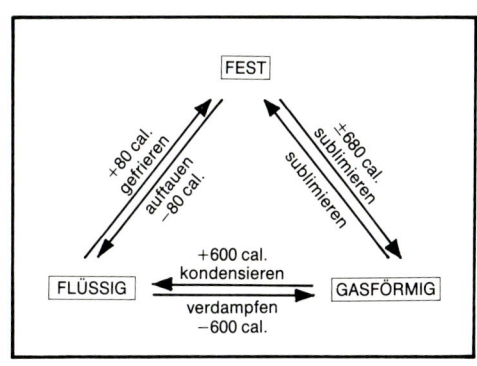

Energiemengen für den Wechsel von Aggregatzuständen.

aus großen Windgeschwindigkeiten. Sie spielen allenfalls bei der Geburt der Tiefdrucksysteme eine Rolle und beeinflussen somit wiederum troposphärische Prozesse. Mit ihrer oberen *Ozonschicht* reicht die Stratosphäre bis in 50 km Höhe.

4.2 Physikalische Parameter

4.2.1 Der Luftdruck

$$p = \frac{F}{A} \qquad \text{Druck [Pa]} = \frac{\text{Kraft [N]}}{\text{Fläche [m}^2\text{]}}$$

Der Luftdruck bezeichnet den Druck, den das Gewicht der Lufthülle auf die Erdoberfläche ausübt. Gemessen wird der Druck der kilometerhohen Luftschicht durch die Länge einer Quecksilbersäule, deren (auf die Flächeneinheit bezogenes) Gewicht dem Luftdruck das Gleichgewicht hält. Eine Quecksilbersäule von 760 mm Höhe (auf Meeresniveau) übt einen Druck von 1013,2 Millibar (mbar) aus. Die Maßeinheit wird heute allgemein mit Hektopascal (hPa) bezeichnet.

> Der Luftdruck nimmt mit der Höhe progressiv ab und halbiert sich alle 5500 m.

Entsprechend verhalten sich die **barometrischen Höhenstufen:** Ändert sich der Luftdruck bei Meereshöhe bereits bei acht Höhenmetern um ein Hektopascal, so benötigt man bei 5500 m eine 16-m-Höhenstufe für die gleiche Änderung, in 11 km 32 m, in 16,5 km Höhe gar 64 m. Relevanz hat diese Tatsache in der barometrischen Höhenmessung, denn Geräte müssen diesen nachlassenden Druck in ihre Messung miteinbeziehen, also höhenkompensiert sein (siehe Kapitel 2, Absatz 2.6.2, Höhenmesser).

4.2.2 Die Temperatur

Die Temperatur ist ein Maß für den Wärmeenergieinhalt. Maßeinheit ist Grad Celsius (° C) oder Kelvin (K) als absolute Temperatur (° C + 273).

> Die Lufttemperatur nimmt mit der Höhe im Mittel um = 0,65° C pro 100 m ab.

Die Temperaturabnahme in der Höhe bezeichnet man als **Temperaturgradient**. Mit *Radio-Ballonsonden* läßt sich dieser Temperaturverlauf aufzeichnen, darüber hinaus werden die Windgeschwindigkeiten und der Luftdruck erfaßt. Häufig ergibt sich jedoch nicht der gleichmäßige Temperaturabfall, den man theoretisch erwarten würde.

So kann die Temperatur in bestimmten Höhenstufen konstant bleiben = **Isothermie;** oder sogar mit der Höhe ansteigen. Es liegt dann eine Temperaturumkehrung = **Inversion** vor. Sie wirkt für aufsteigende Luftmassen wie ein Sperrfilter und ist Auslöser von Smoglagen. Steigt die Temperatur vom Boden her an, um in einer bestimmten Höhe wieder abzufallen, liegt *Bodeninversion* vor.

4.2.3 Die Dichte

$$\varrho = \frac{m}{V} \qquad \text{Dichte} = \frac{\text{Masse [kg]}}{\text{Volumen [m}^3]}$$

Die Dichte ist die Masse der Teilchen in einer bestimmten Volumeneinheit. Die Dichte **verringert** sich bei **höherer Temperatur** und **vergrößert** sich bei **tieferer Temperatur,** d. h. die gleiche Masse nimmt bei höherer Temperatur größeres Volumen ein. Jeder kennt dieses Phänomen,

Der Temperaturverlauf bei verschiedenen Luftschichtungen.
Normal fällt die Temperatur mit der Höhe, bleibt sie gleich, spricht man von
Isothermie, *steigt sie an, von* ***Inversion.***

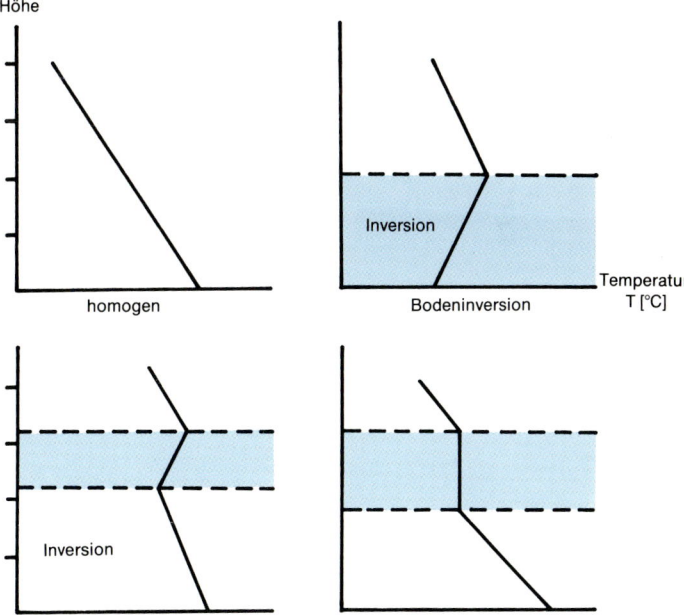

63

wenn z. B. Autoreifen in Frostperioden scheinbar zu wenig Luft enthalten, sich die Luft also zusammenzieht. Luftsäulen unterschiedlicher Temperatur sind unter gleichem Druck unterschiedlich hoch. Dies ist auch der Grund für die unterschiedliche Ausdehnung der Troposphäre an Äquator und Polen bzw. im Sommer und Winter.

> Abkühlende Luft zieht sich zusammen (= hohe Dichte) →schwerer
> Erwärmende Luft dehnt sich aus (= geringere Dichte) →leichter

Folglich ergibt sich für die Luftdruckverteilung in der Höhe:

> Bei kalter Luft fällt der Luftdruck in der Höhe schneller ab,
> bei warmer Luft langsamer.

Die Dichte ist auch *abhängig von der Luftfeuchtigkeit:* Eigentlich sollte man erwarten, daß feuchte Luft schwerer als trockene ist, doch das Gegenteil ist der Fall. Wasser (H_2O) ist gegenüber Stickstoff (N_2) oder Sauerstoff (O_2) ein relativ leichtes Molekül. Bei gleichem Druck bzw. gleicher Teilchenanzahl heißt das, ein feuchtes Luftpaket muß leichter als ein trockenes sein.

> Feuchte Luft ist leichter als trockene Luft.

Wäre dies nicht so, würde die feuchte Luft am Boden bleiben und auch dort Wolken bilden, wir müßten also in ständigem Nebel leben.

4.2.4 Die Luftfeuchtigkeit

Wie eingangs erwähnt, spielt das Wasser eine wesentliche wetterwirksame Rolle und kann in allen drei Aggregatzuständen in der Luft vorliegen: *fest, flüssig und gasförmig.*
Die Luftfeuchtigkeit bezieht sich nur auf den *gasförmigen Wassergehalt* der Luft. Sobald bei einer bestimmten Temperatur das Fassungsvermögen für Wasserdampf in der Luft erreicht ist, spricht man von **Sättigung.** Dies entspricht 100% Luftfeuchtigkeit. Ungesättigt ist die Luft bei Feuchtigkeitswerten unter 100%, wenn noch Wasserdampf aufgenommen werden kann. Wird die 100%-Marke überschritten, kondensiert der Wasserdampf in winzigen Tröpfchen und wird als Nebel, Wolke oder Regen sichtbar.

$$\text{Relative Feuchte} = \frac{\text{Absolute Feuchte}}{\text{Maximale Feuchte}} \times 100$$

Die **relative Luftfeuchte** wird als Feuchtigkeitswert gemessen, bezogen auf die maximal mögliche Feuchte beim jeweiligen Druck und Temperatur. Denn das Fassungsvermögen für Wasserdampf ändert sich mit dem Druck und der Temperatur. Bildlich gesprochen vergrößern sich die Zwischenräume zwischen den Luftteilchen mit steigender Temperatur und Druckerniedrigung. Um so mehr Wasserdampf kann aufgenommen werden.

Als **Taupunkt** bezeichnet man den Temperaturwert, bei dem (bei gleichbleibender Feuchtigkeit) der erste Tropfen kondensiert bzw. Sättigung eintritt. Der »Abstand« zum realen Temperaturwert wird **Taupunktdifferenz** genannt. Sie ist damit ein Maß für die Wahrscheinlichkeit von Wolken- und Nebelbildung. Je kleiner die Taupunktdifferenz, desto näher befindet sich die Luft an der Kondensationsgrenze.

4.2.5 Adiabatik

Betrachtet man ein aufsteigendes Luftpaket, so »entspannt« es sich bei geringerem Druck mit zunehmender Höhe. Wie bei einem Gaskocher, dessen Kartusche sich bei Druckverlust abkühlt, kühlt sich auch das Luftpaket bei der Expansion ab. Analog dazu bewirkt die Kompression Erwärmung, wie man es von einer Fahrradpumpe her kennt. Die durch Druckwechsel bedingten Temperaturänderungen bezeichnet man als **adiabatischen Temperaturgradient.**

Wie wir gesehen haben, sind hohe Wärmemengen nötig, um Wasser zu verdampfen oder Eis zu schmelzen. Dies ist nicht ohne Einfluß auf den Wärmehaushalt der Atmosphäre, denn über diese Prozesse lassen sich große Energiemengen speichern. Umgekehrt werden sie wieder bei der Kondensation und beim Gefrieren frei. Insofern ist es von entscheidendem Einfluß, ob Luft bei ihrer Erwärmung bzw. Abkühlung feucht oder trocken ist. Trockene Luft kühlt sich beim Aufsteigen von 100 m um 1° C ab. Erreicht die Luft aber ihren Sättigungspunkt, so wird *Kondensationswärme* frei. Ergebnis: die Luft bleibt beim Aufsteigen etwas wärmer und kühlt sich nur um 0,65° C bei 100 Höhenmetern ab.

> Trockenadiabatischer Temperaturgradient: **1° C/100 m**
> Feuchtadiabatischer Temperaturgradient: **0,65° C/100 m**

4.2.6 Gleichgewichtszustand der Atmosphäre

Je nach Schichtung der Atmosphäre kann sich ein gedachtes Luftpaket unterschiedlich verhalten.

Ist die Schichtung **stabil,** so wird das Luftpaket nach einer Verschiebung in seine Ausgangslage zurückgedrängt.
Beispiel: Bei Inversion hindern höher gelegene wärmere Luftschichten eine kälteres Luftpaket am Aufsteigen (Smoglage).

Ist die Schichtung **labil,** so wird ein einmalig aus seiner Ausgangslage gebrachtes Luftpaket weiter von dieser entfernt.

Beispiel: Bei starkem Temperaturabfall in der Höhe bleibt ein einmal aufsteigendes Luftpaket wärmer als die Umgebungsluft und wird damit immer weiter nach oben getrieben (»Überentwicklung«, z. B. hochaufschießende Gewitterwolken).

Ist die Schichtung **indifferent,** bleibt das Luftpaket in seiner verschobenen Lage, da die Umgebungsluft die gleiche Dichte und Temperatur aufweist.

Labilisierung: Kaltluft wird in der Höhe zugeführt
Stabilisierung: Warmluftzufuhr in der Höhe

4.2.7 Standardatmosphäre

Wegen der stark schwankenden atmosphärischen Bedingungen hat man eine einheitliche Basis geschaffen, auf die man Meßwerte bezieht – die **Standardatmosphäre.**
Folgende Bedingungen und Durchschnittswerte wurden festgelegt:
Höhe = Meeresniveau = 0 m,   Luftfeuchtigkeit = 0%,
Druck = 1013,2 hPa,   Luftdichte = 1,225 kg/m³,
Temperatur = 15° C,   Temperaturgradient = 0,65° C.

4.3 Die Winde

4.3.1 Globale Luftströmungen

4.3.1.1 Dynamische Winde – Druckwinde

Die Struktur der Erdoberfläche ist sehr uneinheitlich, angefangen von der Land-Wasser-Verteilung bis hin zu Gebirgszügen, die sich als Bar-

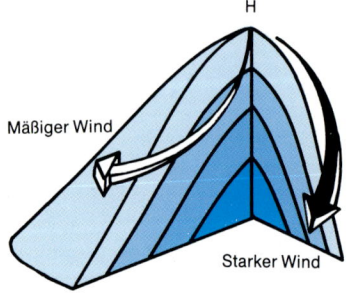

H

Mäßiger Wind

Starker Wind

*Hoch: Ähnlich einem Schichtkuchen nimmt der Druck in einem Hochdruckgebiet von unten nach oben ab, ebenso vom Zentrum zu den Rändern. Das Hoch bildet einen »Berg« dichterer Luft. Je steiler er ist (je enger die **Isobarenabstände** auf der Wetterkarte), um so heftigere Winde wehen. Je flacher er ist (je weiter die Isobarenabstände), um so mehr schläft der Wind ein.*

Windrose: *Der Wind wird nach der Richtung benannt, aus der er weht. Zur exakten Beschreibung wird er in Grad angegeben: Nord (0°, 360°), Ost (90°), Süd (180°), West (270°).*

rieren aufbauen. Allein der Bewölkungsgrad oder der breitenabhängige Einstrahlungswinkel der Sonne bewirken, daß sich großräumig Luftmassen unterschiedlich aufheizen. Dies hat unmittelbare Auswirkung auf die jeweilige Luftdichte bzw. den Luftdruck. Es bilden sich Zonen unterschiedlichen Luftdrucks, sogenannte **Hochdruck-** und **Tiefdruckgebiete** aus. Zwischen diesen herrscht ein *Druckgefälle,* und solche Gefälle haben immer die Bestrebung, sich auszugleichen. Es stellen sich also Strömungen vom Hoch zum Tief ein.

Es entstehen Winde. Die Windrichtung ist die Richtung, aus der der Wind weht. Sie wird in der Fliegerei in Grad angegeben.

> Winde wehen vom Hoch zum Tief.
> Die Richtungsangabe ist diejenige, aus der der Wind weht.

Leider sind die Verhältnisse nicht so einfach, daß diese Strömungen gradlinig verlaufen.

● **Corioliskraft**

Neben dem *Druckgradienten* wirken noch die *Kreiselkräfte* der Erddrehung ein und bestimmen die großräumige Windrichtung.

Ursache für diese **Corioliskraft** ist die äußerst hohe Geschwindigkeit der Erdumdrehung. Sie beträgt am Äquator 1670 km/h(!) und reduziert sich zu den Polen hin bis auf Null.

Betrachtet man ein Luftpaket auf der Erde am Äquator, so wird es mit der hohen Geschwindigkeit von 1670 km/h Richtung Osten mitgerissen. Dennoch oder gerade deshalb empfinden wir an diesem Punkt Windstille. Lassen wir nun unser Luftpaket von einem Wind in *Polrichtung* tragen, nimmt die Umdrehungsgeschwindigkeit der Erde rapide ab, schneller noch, als das Luftpaket seine Ostgeschwindigkeit verlangsamen kann. Also eilt unser Luftpaket zu den Polen bzw. in höheren Brei-

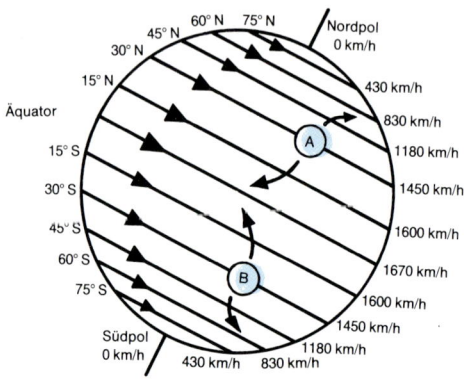

Die breitenab-
hängige Geschwindig-
keit der Erddrehung.
Weil die Erddrehungs-
geschwindigkeit zu
den Polen hin stark ab-
nimmt, erfahren Luft-
massen, die sich nörd-
lich oder südlich bewe-
gen, eine Ablenkung
(»*Corioliskraft*«). Dies
führt zu einer Rechts-
ablenkung auf der
Nordhalbkugel und zur
Linksablenkung auf
der Südhalbkugel.

ten Richtung *Osten voraus*. Umgekehrt hinkt es der Erddrehung nach,
wenn es sich von den Polen *zum Äquator* bewegt. Es beschreibt also
eine *relative Westbewegung*.

**Auf der Nordhalbkugel erfahren Winde deshalb eine Rechts-
ablenkung, auf der Südhalbkugel eine Linksablenkung.**

Je höher die Windgeschwindigkeit, desto stärker ist die Windablenkung
durch die Corioliskraft.

● **Reibung**

Bezieht man diese Gesetzmäßigkeit ein, wird plötzlich die Reibung zu
einem ausschlaggebenden Faktor. Denn sie nimmt zum *Boden hin stark*
zu und bremst die Winde in Bodennähe. In 500 m Höhe verdoppelt sich
ungefähr die Windgeschwindigkeit, und die Windrichtung erfährt durch
die Corioliskraft eine Rechtsablenkung um 15°. In 1500 m Höhe hat sich
die Windgeschwindigkeit schon verdreifacht und ihre Rechtsablenkung
auf 30° erhöht. Ab 1500 m Höhe wird der Einfluß der Reibung allmählich
unmerklich. Trägt man diese Werte grafisch auf, erhält man das **Wind-
profil.** Es kann tageszeitlich stark schwanken, je nachdem, ob stabile
oder labile Schichtungen vorherrschen.

Bei stabiler Schichtung werden die Windgegensätze größer,
bei labiler Schichtung kleiner.

500 Höhenmeter: Verdoppelung der Windgeschwindigkeit,
Rechtsdrehung um 15°.
1500 Höhenmeter: Verdreifachung der Windgeschwindigkeit,
Rechtsdrehung um 30°.

Für Luftteilchen, die aus einem Hochdruckgebiet ausströmen, gelten
nun folgende Gesetzmäßigkeiten: Die Corioliskraft lenkt sie *nach rechts*

ab (Nordhalbkugel) und veranlaßt die Teilchen, das Hoch **im Uhrzeigersinn** zu umkreisen. In Bodennähe werden sie gebremst und der Einfluß der Corioliskraft so gemindert, daß die Teilchen seitlich ausbrechen. Sie werden von den Tiefdruckgebieten »angesaugt« und zeigen dort komplementäres Verhalten. Die Teilchen erfahren *auch hier eine Rechtsablenkung* und werden in der Höhe auf eine Umlaufbahn **gegen den Uhrzeigersinn** veranlaßt. In Bodennähe (bei geringerem Corioliseinfluß) laufen sie in leichten Spiralbahnen zum Zentrum des Tiefs. Der Druckausgleich zwischen Hoch und Tief spielt sich folglich vorwiegend in Bodennähe ab. Die Windrichtung beschreibt beim Übergang vom Hoch ins Tief eine leichte, spiegelverkehrte S-Kurve (auf der Südhalbkugel eine echte S-Kurve).

Als Faustformel gilt für die **Nordhalbkugel:**

Rücken zum Wind – vorne links das Tief, hinten rechts das Hoch.

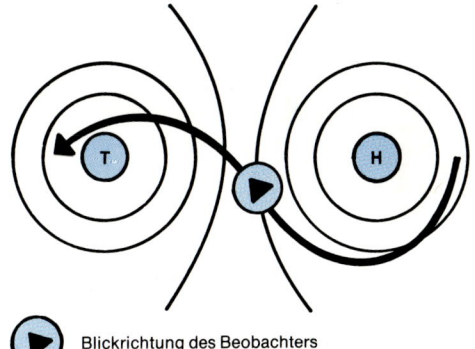

Hoch-Tief-Lage:
Stellt man sich mit dem Rücken zum Wind, befindet sich vorne links das Tief, rechts hinten das Hoch.

Blickrichtung des Beobachters

Beachte: In Bodennähe fälschen Hindernisse die Windrichtung ab bzw. drehen sie total. Zur Hoch-Tief-Orientierung eignen sich deshalb nur ebenes Gelände oder Punkte, an denen das Gelände kaum Einfluß auf die Windrichtung ausübt.

4.3.1.2 Klimazonen der Erde

Die Erde ist »unterteilt« in verschiedene Klimazonen, die sich unmittelbar als Folge der atmosphärischen Zirkulation ergeben. Ursache ist die Erddrehung, die schräggestellte Achse und damit verbunden die mit der geographischen Höhe abnehmende Sonneneinstrahlung. Am Äquator herrscht ein stabiler Tiefdruckgürtel **(äquatoriale Tiefdruckrinne).** Als Folge der starken Einstrahlung gibt es dort fast nur aufsteigende Luftmassen und auch eine höhere Ausdehnung der Troposphäre. Diese Luftmassen sinken auf der Höhe der Roßbreiten (z. B. Sahara) in stabi-

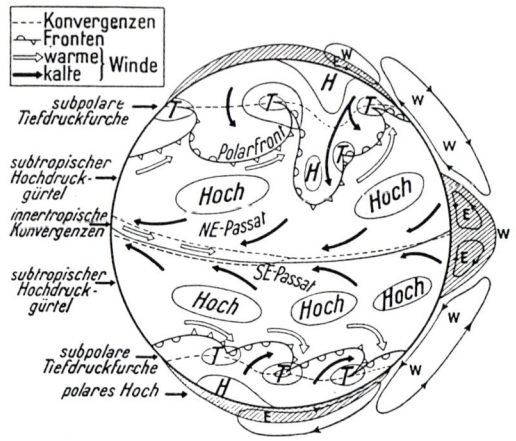

Legende:
- ---- Konvergenzen
- ⌒▿ Fronten
- ⇒ warme ⎫
- ➝ kalte ⎭ Winde

subpolare Tiefdruckfurche

subtropischer Hochdruckgürtel

innertropische Konvergenzen

subtropischer Hochdruckgürtel

subpolare Tiefdruckfurche

polares Hoch

Polarfront

Hoch

NE-Passat

SE-Passat

Hoch

Hoch

Hoch

Globales Zirkulationsmuster: In der ITC (Innertropische Konvergenzzone) steigt die Luft auf, um auf den Roßbreiten wieder abzusinken (subtropischer Hochdruckgürtel). Ständig wechselhafte Bedingungen herrschen entlang der Polarfront in den gemäßigten Breiten.

len Hochdruckgürteln wieder herab. Weil sie mit ihrem Absinken alle Luftfeuchtigkeit »aufzehren«, verursachen sie einen weltumspannenden Trockengürtel. Als Ausgleichsströmungen über dem Boden ergeben sich die Passatwinde aus östlichen Richtungen (SO- bzw. NO-Passat), weil sie der Erddrehung etwas hinterherhinken. Sie treffen in der **innertropischen Konvergenzzone (ITC)** in Äquatornähe wieder zusammen, steigen auf (Tiefdruckgürtel), beladen sich mit Wasserdampf aus dem Meer und regnen sich über dem Tropengürtel wieder ab. Der Kreislauf schließt sich. An den Polkappen verursachen die niedrigen Temperaturverhältnisse ein **polares Hoch.** Nur in den gemäßigten Breiten stellt sich ein äußerst komplexes Zusammenspiel aus Hoch- und Tiefdruckgebieten ein. Hier werden nämlich die Tropen von den Polen meteorologisch abgeschnürt und bilden die **Polarfront.** Es etabliert sich ein globaler Westwindgürtel, der wechselweise Hoch- und Tiefdruckgebiete verlagert. Dabei driften aus aerodynamischen Gründen die Hochdruckgebiete eher äquatorwärts, die Tiefdruckgebiete eher polwärts ab.

4.3.2 Lokale Luftzirkulationen

Die Aerodynamik hat uns schon den Unterschied zwischen laminarer und turbulenter Strömung gezeigt. Gleiche Effekte ergeben sich, wenn Wind über eine Geländeoberfläche streicht. Wenn deren Struktur und Formen sanft gewellt sind, können sich die Strömungslinien des Windes in mehr oder weniger parallelen Bahnen dem Untergrund angleichen, ohne zu verwirbeln. Dann ist die Strömung laminar. Kanten, Erhebungen, Abbrüche und Einschnitte stören die Luft in ihrem gleichförmigen Strömungsfluß. Es entstehen Turbulenzen, kreisförmige Verwirbelungen der Luft, ähnlich den Wasserwirbeln in einem Fluß. Die Windrichtung in einer turbulenten Zone kann jedoch vollkommen unberechenbar

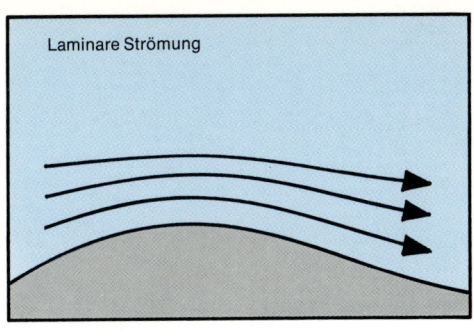

Laminare Strömung:
Strömungsbänder verlaufen in mehr oder weniger parallelen Bahnen, ohne miteinander zu verwirbeln. Die Luft befindet sich in einem gleichmäßigen Strömungsfluß.

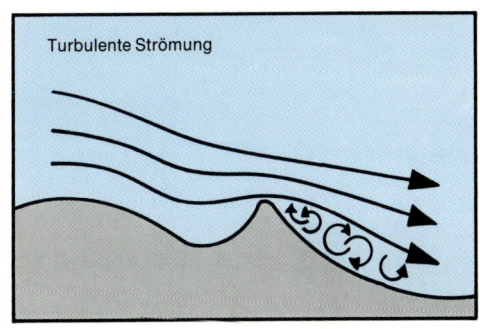

Turbulente Strömung:
Die gleichmäßige Strömung wird gestört und in sich verwirbelt. Solch eine Turbulenz wird meist durch Hindernisse ausgelöst (Leeturbulenz) und ist in ihrer Richtung völlig unberechenbar.

sein. Mit der Windgeschwindigkeit steigt sowohl die Heftigkeit einer Turbulenz wie auch ihre räumliche Ausdehnung. Turbulenzen bergen für den Gleitschirmflieger ernstzunehmende Gefahren, die bis hin zum Absturz führen können. Oft treten scharf begrenzte Strömungen **(Scherwinde)** auf, die Teile des Schirms zum Einfallen bringen können, etwa die Vorderkante oder seitliches Einklappen.

● Bodenturbulenz:

Infolge wachsender Reibung und größerer Windgegensätze werden Turbulenzen zum Boden hin stärker. Sie stellen vorzugsweise bei Start und Landung eine Gefahr dar.
Diese potentiellen Gefahren sind zu beachten, und bei der Flugplanung sind stets die Geländeform und Windrichtung mit einzubeziehen!

Luv = windzugewandte Seite
Lee = windabgewandte Seite

● Leeturbulenz:

Hindernisse bilden auf der windabgewandten Seite (= Lee) Leeturbulenzen. Sie können schon bei Bäumen und Häusern auftreten, und sie wachsen bei Bergen um so mehr, je schroffer sie auf der Leeseite abfallen, oder je stärker die Windgeschwindigkeit ist. Bei starkem Wind können nen **Wirbelschleppen** mehrere hundert Meter lang werden!

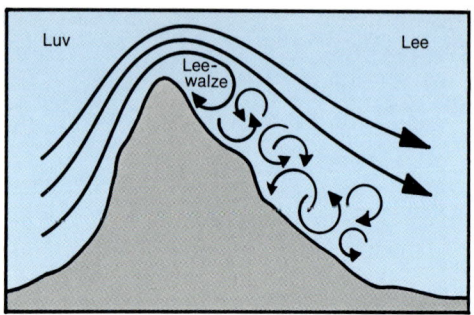

Luv   Lee

Leewalze

Luv – Lee:
Das Luv ist die windangeströmte Bergflanke, das Lee beschreibt die windabgewandte Bergseite. Während sich luvseitig meist laminare Aufwindbänder bilden, können leeseitig heftige Turbulenzen entstehen oder großräumige Leerotoren oder Leewalzen bilden.

Sie können derartig umgelenkt sein, daß sie am Startplatz einen Hangaufwind vortäuschen! In den Abwindbereichen kann der Pilot in hoher Sinkrate zu Boden gedrückt werden. Daher stets luvseitige Starts!

- Generell die Luvseite von Hindernissen anfliegen.
- Luvseitig von Bergen starten.
- Leeseite meiden **(Lebensgefahr!).**

 Leeseitig können im Gebirge so starke Abwindkomponenten auftreten, daß ein Start in Leerichtung einem »Herunterfallen« gleichkäme. Nicht immer ist die Leeseite einfach zu erkennen. So können sich **Leerotoren** bzw. **Leewalzen** ausbilden, die einen Aufwind verblüffend vortäuschen! Die beste Versicherung gegen eine Täuschung ist:

- auf die Zugrichtung von Wolken achten oder
- den Berggrat bzw. -gipfel besteigen und sich ein Bild von den rückseitigen Windverhältnissen machen.

Kein Start bei zweifelhaften Verhältnissen!

Walzen müssen nicht nur horizontal sein, sondern können verschieden geneigt sein, ja sogar vertikal verlaufen (= **Seitenwalze).** Ihre Neigung

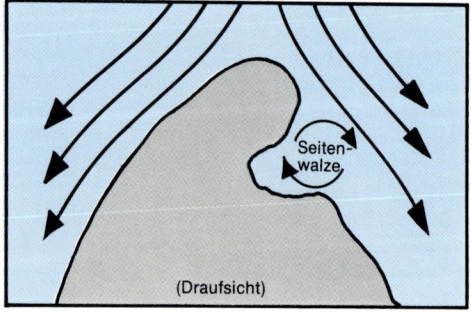

Seitenwalze

(Draufsicht)

Seitenwalze:
Je nach Geländeform und Orientierung können Walzen nicht nur horizontal auftreten, sondern alle Neigungen bis zur Vertikalen einnehmen. Man schätzt ihre Lage aus der Windrichtung und der Geländeform ein.

richtet sich nach der Hangneigung von Bergflanken bis zur Senkrechten bei Klippen. Die Möglichkeit zur Walzenbildung läßt sich aus der Geländeform schließen. Bei Schluchteinschnitten von steilen Berghängen oder rippenförmigen Klippen muß mit Seitenwalzen gerechnet werden.

● **Aus Geländemerkmalen nicht erkennbare Turbulenzen:**

Windscherungen: Bewegen sich Luftmassen gegenläufig, treten Windscherungen auf. Zwischen beiden Windkomponenten kommt es zu oft recht heftigen Turbulenzen. Deren Stärke und Gefährlichkeit hängt ab vom Geschwindigkeits- und Richtungsunterschied beider Winde. Windscherungen treten vertikal wie horizontal auf.

> Beispiel: − Auf- und Abwinde bei Thermik.
> − Unterschiedlich gerichtete Horizontalströmungen über bzw. unter einer Inversionsschicht.

Föhnrotoren: Sie können von außerordentlicher Heftigkeit sein und sind ebenso unabhängig von der Geländeform (siehe Kapitel 4.7, Föhn).
Düsenwirkung: Verengt man ein Bachbett, so wird man feststellen, daß das Wasser an der Engstelle schneller fließt. Analog verhalten sich Luftströmungen. Verengen sich schroffe Gebirgstäler in Windrichtung, kann man an der Engstelle erheblich höhere Windgeschwindigkeiten feststellen *(Paßwind)*. Unter Umständen wird dabei sogar die Eigengeschwindigkeit des Gleitsegels überschritten, so daß man dort gegenüber dem Erdboden rückwärts fliegt. Auch wenn die Vorwärtsbewegung des Gleitsegels verlangsamt wird, kann man sich in Gleitwinkelberechnungen erheblich verschätzen. Auch Baumreihen, Häuserfronten etc. können ähnliche Effekte haben. Selbst einseitige Engstellen, etwa Berggrate, erhöhen die Windgeschwindigkeit und vergrößern mögliche Turbulenzwirkungen. Selbstverständlich gilt auch die Umkehrung: bei Talerweiterung mit dem Wind läßt die Windgeschwindigkeit nach.

Windgeschwindigkeit: Sie wird gemessen mit Windmessern (Anemometern) und wird in der Fliegerei häufig in Knoten ausgedrückt, ferner in m/s oder km/h.
Als Faustformel für die Umrechnung dient:

$$(km/h : 2) + 10\% \rightarrow kts$$
$$(km/h : 4) + 10\% \rightarrow m/s$$

● **Flugpraxis: Winderkennung aus dem Flug**

Stärkere Winde machen sich beim Gegenanflug in der Landevolte ausreichend bemerkbar. Leichte Winde, die dennoch zu stark für eine Rückenwindlandung sind, sind im Flug schwierig auszumachen. Wir müssen gezielt nach Anzeichen suchen:

Windstärke in Beaufort	Bezeichnung	Windgeschwindigkeit m/s	km/h	kn	Beschreibung	Staudruck in kg/m²
0	Stille	unter 0,3	unter 1	0–1	Windstille, Rauch steigt senkrecht empor	0
1	leiser Zug	0,3–1,5	1–5	2	Kaum spürbar auf der Haut, Rauch treibt in Richtung des Windes. Windflügel stehen noch still	0–0,1
2	leichte Brise	1,6–3,3	6–11	5	Bewegt Laub, gute Windfahnen zeigen die Richtung an, Luftzug deutlich im Gesicht spürbar	0,2–0,6
3	schwache Brise	3,4–5,4	12–19	9	Blätter und dünne Zweige bewegen sich, Wind streckt einen Wimpel	0,7–1,8
4	mäßige Brise	5,5–7,9	20–28	13	Hebt Staub und loses Papier, bewegt Zweige und kleine Äste	1,9–3,9
5	frischer Wind	8,0–10,7	29–38	18	Kleine Laubbäume beginnen zu schwanken, Schaumkämme auf Binnenseen, Wind im Gesicht unangenehm	4,0–7,2
6	starker Wind	10,8–13,8	39–49	24	Starke Äste in Bewegung, Wind pfeift in Telegraphenleitungen, aufgespannte Regenschirme bereiten Probleme	7,3–11,9
7	steifer Wind	13,9–17,1	50–61	30	Ganze Bäume in Bewegung, beim Gehen erhebliche Behinderung	12,0–18,3
8	stürmischer Wind	17,2–20,7	62–74	37	Bricht Zweige von Bäumen, erhebliche Behinderung beim Gehen im Freien	18,4–26,8
9	Sturm	20,8–24,4	75–88	44	Kleinere Schäden an Häusern, Rauchkappen und Dachziegel werden herabgeweht	26,9–37,3
10	schwerer Sturm	24,5–28,4	89–102	52	Bäume werden entwurzelt, bedeutende Schäden an Gebäuden	37,4–50,5
11	orkanartiger Sturm	28,5–32,6	103–117	60	Sehr selten im Binnenland, schwere Sturmschäden	50,6–66,5
12	Orkan	32,7 und mehr	118 und mehr	60 und mehr	Schwerste Verwüstungen, auf See, an der Küste und auf Bergstationen, sehr selten im Binnenland	66,6 und mehr
17	Wirbelstürme	> 56	200 und mehr	108 und mehr	Schwerste Verwüstungen, auf See, an der Küste und auf Bergstationen, sehr selten im Binnenland	66,6 und mehr

Beaufortskala der Windgeschwindigkeiten.
Weiße Fläche (Windstärke 0 bis 3): optimale Verhältnisse; hellblaue Fläche (Windstärke 4): bei laminaren Verhältnissen für den Geübten geeignet; blaue Fläche (Windstärke 5 bis 17): zu starker Wind.

- Vögel und deren Flugverhalten können schon vor einem Flug Auskunft über Turbulenz, Böigkeit und Windgeschwindigkeit geben.
- Rauch von Feuern, Grasverbrennung, aus Kaminen.
- Wasseroberflächen von Seen etc. (glatt = Windstärke 0, kleine Kräuselwellen = 1, kleine Wellen = 2, weiße Schaumkronen = 4, brechende Wellen = 6).
  Auch die Windrichtung und Böigkeit lassen sich ablesen.
- Wolken können auch Aufwärts- und Abwärtskomponenten anzeigen.
- Staub, Pollen: Staub an Baustellen, Steinbrüchen, Feldwegen oder Pisten; Pollenflug kann durch Wind so stark ausgelöst werden, daß er als feine Wolke sichtbar wird! (Bei Windbestäubern, z. B. bei Nadelbäumen.)
- Fahnen, Wäsche etc.: Vorsicht! Wäsche kann im Windschatten oder im Turbulenzbereich von Häusern hängen.

4.3.2.1 Dynamische Winde

Berge, Gebirge oder Erhebungen lenken horizontal verlaufende Winde ab. Dabei entstehen luvseitig, also auf der windzugewandten Seite, Aufwinde, leeseitig, auf der windabgewandten Seite, Abwinde und Turbulenzen. Diese dynamischen Hangaufwinde lassen sich mit dem Gleitsegel für das Hangsegeln **(Soaring)** ausnutzen. Die besten Hangaufwinde bilden sich bei gleichmäßig ansteigendem Gelände mit möglichst großem Höhenunterschied. Je breiter die Massive sind, desto besser. Kegelförmige Berge veranlassen Luftströmungen, seitlich auszuweichen und sich zu teilen. Sie bilden so gut wie keine nutzbaren Aufwindkomponenten. Je steiler die Hangneigung, desto stärker sind die Aufwinde, aber um so enger sind auch die **Aufwindbänder** (siehe oben »Düsenwirkung«).
Analog der Hangneigung nimmt die Vertikalwindkomponente gegenüber der Horizontalwindkomponente stark zu. Bei starken Winden kann

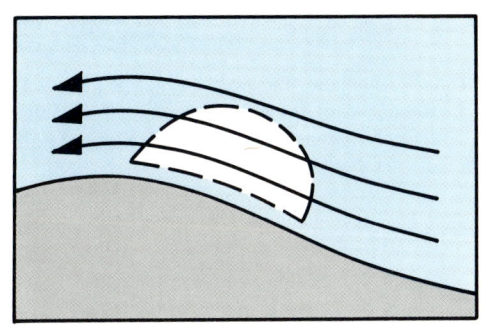

*Ein breites, aber schwaches **Aufwindband** bildet sich luvseitig bei Bergen mit geringer Neigung aus. Je gleichmäßiger und flacher das vorgelagerte Gelände ist, desto besser kann sich das Aufwindband ausbilden.*

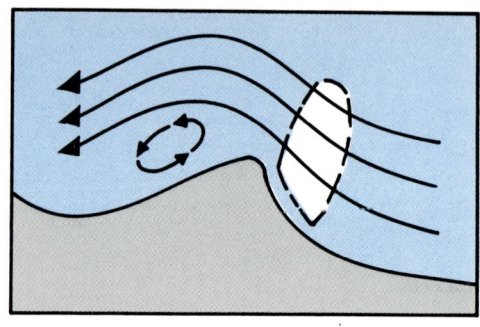

*Ein schmales, aber starkes **Aufwindband** bildet sich bei steilen Hängen aus. Zu beachten ist der Rotor hinter der Hangkante, besonders zu berücksichtigen beim Klippenstart.*

die Aufwärtsbewegung so stark sein, daß sie der Sinkgeschwindigkeit des Gleitsegels entspricht oder sie sogar übersteigt. Dann ist Soaren ohne Höhenverlust bzw. mit Höhengewinn möglich. Hier läßt sich noch gute Vorwärtsgeschwindigkeit machen, doch im offenen Gelände können die in die Vertikale umgelenkten Winde als entsprechend starke, reine Horizontalströmungen erhebliche Probleme bereiten. Sie können Gleitwinkelschätzungen erheblich abfälschen!

Bei laminarer Anströmung und gleichmäßig geformter Oberfläche können wir von einem relativ »ruhigen« Aufwindband ohne größere Turbulenzen ausgehen. Auch das vorgelagerte Gelände entscheidet über die Laminarität der Anströmung. Am günstigsten sind Ebenen, beispielsweise das Meer. Wegen der optimalen Verhältnisse wurden die ersten Rekorde oft an Steilküsten aufgestellt. Jede Verwirbelung wirkt sich negativ auf nutzbare Aufwinde aus. So beeinflußt auch der Grad der Zerklüftung und die Abwechslung im Vegetationsbild die Qualität des Aufwindbandes.

In Hangnähe bildet sich genauso wie am Boden infolge der Reibung eine Turbulenzschicht. Gefährlich kann sie werden, wenn man sich beim Soaren zu sehr dem Hang annähert. Es kann am hangseitigen Flügel ein Bremseffekt auftreten und ein Drehmoment in Richtung Hang verursachen.

> Vorsicht: Bei zu starker Hangannäherung gefährliche Drehneigung des Schirms zum Hang!

 Nützt man die Steigwerte eines Aufwindbandes, indem man bis zum Grat aufsteigt, ist zu bedenken, daß über dem Grat die Horizontalwindkomponente stark zunimmt! Hier besteht die Gefahr, ins Lee abgetrieben zu werden.

4.3.2.2 Thermische Winde

So wie sich großräumig Hoch- und Tiefdruckgebiete bilden, entstehen lokal thermische Winde: Über warmen Oberflächen entstehen durch aufsteigende Luft »Miniaturtiefs« und »saugen« Luft aus dem kälteren Umfeld an.

Der thermische Wind weht in Bodennähe von Kalt nach Warm.

Zusammen mit den dynamischen Windsystemen ergeben sich zahlreiche Überlagerungsmöglichkeiten. Im Extremfall können sich sogar beide Windsysteme gegenseitig unterdrücken.

● See- und Landwind

Größte Unterschiede in Wärmespeicher- und Wärmeleitfähigkeit herrschen zwischen Wasser und Land. Dies hat zwangsläufig starke Auswirkungen auf die Luftzirkulation. Auf der Wasserfläche wird einerseits

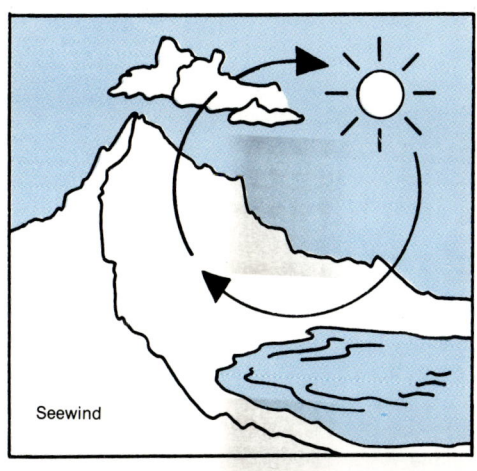

Seewind
herrscht tagsüber, weil
die Sonne das Land
stärker erhitzt als das
Wasser. Ein Hitzetief
über dem Land bedeu-
tet, daß die Luftmassen
aufsteigen. Abkühlung
über Wasser bewirkt,
daß sie absinken. Aus-
gleichsströmungen
lassen in Bodennähe
Seewind, in der
Höhe Landwind
entstehen.

Seewind

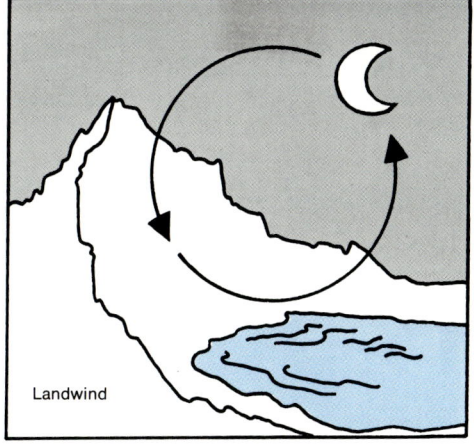

Landwind
herrscht nachts, weil
das Land schneller
auskühlt als das Was-
ser. Das bedeutet Ab-
sinken der Luftmassen
über dem Land. Erwär-
mung über dem Was-
ser bewirkt ihr Aufstei-
gen. In Bodennähe ent-
steht Landwind, in der
Höhe Seewind. Die
Windstärken sind aber
geringer als tagsüber.

Landwind

Wärmeenergie zur Verdunstung verbraucht, andererseits viel davon weitergeleitet. Wasser wirkt als Wärmespeicher, während sich das Land schnell aufheizt, aber ebenso schnell wieder abkühlt. Tagsüber steigt die aufgeheizte Luft über dem Land auf, über dem Wasser kühlt sie dagegen ab und sinkt auf Grund der höheren Dichte hinunter. Parallel dazu stellen sich Ausgleichsströmungen ein: in Bodennähe weht der **Seewind** (vom See zum Land), in der Höhe herrscht Landwind, um den Kreislauf zu schließen. In der Nacht kehren sich die Strömungen um, denn jetzt ist auf Grund der Wärmespeicherung das Wasser wärmer als das Land. Die Luft steigt, freilich in schwächerem Maße, über dem Wasser auf und sinkt über dem Land ab. In Bodennähe stellt sich damit **Landwind** ein, in der Höhe Seewind.

> Tag: Seewind
> Nacht: Landwind

Nicht nur das Meer, sondern auch Seen, selbst kleinere, können für entsprechende Lokaleffekte sorgen.

● **Gebirgswindzirkulation**

Auch das Gebirge verursacht lokale, thermische Zirkulationen. Hier gibt es ebenso den Gegensatz trocken/feucht, denn die Hänge werden stets gut entwässert, sind also trockener als die Täler, in denen sich das Wasser sammelt. Des weiteren sind die Hänge durch ihre Neigung besser der Sonne ausgesetzt: Sie können sich schneller und extremer aufheizen. Hinzu kommt die intensivere Einstrahlung in der Höhe, weil hier die Luft klarer ist. Streuende Teilchen verdichten sich zunehmend zum Boden hin. Das Licht wird zum Boden hin schwächer, die Luft erscheint dunstiger. Es sind also mehrere Faktoren, die im Gebirge zu Temperaturgegensätzen mit den entsprechenden Ausgleichsströmungen führen. Im idealisierten Fall sieht die Luftzirkulation in einem Gebirgstal folgendermaßen aus: Tagsüber heizen sich die Hänge und Talflanken auf, es entsteht **Hangaufwind.** Über dem kälteren Tal sinkt die Luft wieder ab. Es ergibt sich der Kreislauf vom Tal zum Hang, dann aufwärts, in der Höhe wieder zum Tal und dort abfallend.

Werden die Hänge nach Sonnenuntergang nicht mehr beschienen, kühlen sie schneller aus als der Talgrund. Daraufhin kehren sich die Strömungsmuster gegenläufig um: Über dem wärmeren Tal steigt die Luft auf, strömt in der Höhe zu den Berggraten, um als **Hangabwind** ins Tal herabzuströmen.

Man nennt dieses Phänomen **Abend-** oder **Umkehrthermik.** Sie ist in der Zeitplanung von Bergbesteigungen stets mit einzukalkulieren. Die Umkehrthermik kann schon am Nachmittag einsetzen und durch zu starken Rückenwind den Start vereiteln!

Lokal gibt es erhebliche Abweichungen von diesem Schema. Wichtig ist die Talorientierung, ob es sich in West-Ost- oder Nord-Süd-Richtung erstreckt. Obiges Zirkulationsmuster gilt am ehesten für das West-Ost-Tal,

Berg- und Talwindsystem im Nord-Süd-Tal:

9.00 Uhr:
Oft Bodeninversion mit **Kaltluftsee,** talauswärtiger Wind. Die Osthänge erwärmen sich immer mehr, es entsteht ostseitiger Hangaufwind. Westseitig infolge Abschattung noch Hangabwind. Über der Inversion stellt sich eine West-Ost-Strömung ein und schürft zunehmend den Kaltluftsee aus.

12.00 Uhr:
Auch die Westhänge werden nun erwärmt. Die Bodeninversion hat sich aufgelöst. Allseits thermische Aufwinde. **Talwind** zum Druckausgleich.

17.00 Uhr:
An den beschatteten Osthängen stellt sich Abwind ein, während an den Westhängen noch Aufwind herrscht. Dies führt zur Ost-West-Strömung, der Talwind schwächt ab und wird überlagert.

Nach Sonnenuntergang und **nachts:**
Über der feuchten Talmitte läßt sich noch **Abend-/Umkehrthermik** finden, während sich an allen Hängen Abwinde eingestellt haben. Sie vereinigen sich mehr und mehr zum talauswärtigen Bergwind. Er weht die ganze Nacht.

doch der Südhang ist in der Einstrahlungsintensität dem Nordhang immer überlegen. So kommt es zu Verschiebungen im Zirkulationsmuster, die jahreszeitlich schwanken. Auch eine einfache Zirkulation kann das Ergebnis sein – Aufstieg am Südhang und Absinken über dem Nordhang.

Der Tagesgang im **Nord-Süd-Tal** verläuft dagegen folgendermaßen: Durch die nächtliche Ausstrahlung kann sich am Talgrund ein »Kaltluftsee« bilden. Über diesem verhindert eine Inversionsschicht am Morgen das Durchgreifen der lokalen Zirkulationen auf den Talgrund. Diese lokalen Zirkulationen oberhalb des Inversionsniveaus stellen sich ein, sobald die Osthänge von der aufgehenden Sonne erwärmt werden, während der Westhang noch im Schatten liegt. Schaut man in den Norden, stellt sich ein Strömungskreislauf im Uhrzeigersinn ein.

Die Aufheizung des Bodens bleibt noch schwach, so daß der Wind innerhalb des Kaltluftsees wie in der Nacht talauswärts strömt **(= Bergwind).** Zunehmend hobeln aber die in Ost-West streichenden Winde den Kaltluftsee aus und bringen ihn im Laufe des Vormittags zum Verschwinden. Bis zum Mittag haben sich auch die Westhänge so aufgeheizt, daß die thermischen Aufwinde an allen Flanken stark zugenommen haben und eine Sogwirkung talaufwärts einsetzt **(= Talwind).** Nachmittags schattet sich die Ostseite mehr und mehr ab, so daß sich dort leichte Abwinde einstellen. Auch der Talwind schwächt sich wieder ab und wird zunehmend von einer West-Ost-Strömung überlagert. An den Westhängen und Südwestflanken findet sich jetzt noch die beste Thermik. Nach Sonnenuntergang kühlen die Flanken erheblich schneller aus als der Talgrund. Über der Talmitte lassen sich dann in der Abendthermik die minimalen Sinkraten erfliegen. Mit weiterer Abkühlung verstärkt sich der Bergwind, also Strömung talauswärts, während alle Flanken von Hangabwind beherrscht werden.

Um einen kegelförmigen Berg kann es auch horizontale Ausgleichsströmungen von der Schattenseite zur Sonnenseite geben. **Gratwind** entsteht durch solche »Kalt-zu-Warm«-Strömung über Bergkanten.

Man bedenke, daß alle diese Verhältnisse idealisiert sind und daß lokale Besonderheiten und die Orographie erheblichen Einfluß auf die Zirkulationsmuster nehmen. Beispielsweise herrschen über Gletschern und Schneefeldern durch deren Kühlwirkung ganztägige Abwindfelder. Abwinde erreichen dort 2–3 m/s, bei Talmündungen sogar fünf bis acht! Über diesen **Gletscherwinden** kann aber wieder der normale Talwind wehen. Diese aufwärts strömenden Luftmassen bilden mit den Gletscherwinden Windscherungen und gefährliche Turbulenzen!

4.4 **Hoch – Tief**

Um das mitteleuropäische Wettergeschehen mit seinen schnellen Wechseln von durchlaufenden Hoch- und Tiefdruckgebieten zu verste-

***Entstehung
eines Tiefs***

*Die **Polarfront**
bezeichnet die Grenz-
fläche zwischen feuch-
ter Warmluft äquatoria-
len Ursprungs und po-
larer Kaltluft. Sie ver-
läuft erdumspannend
in den gemäßigten*

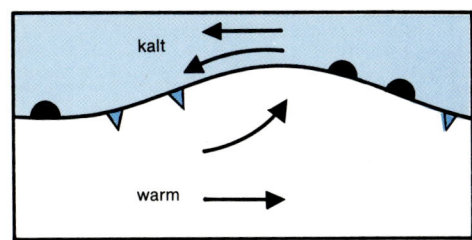

*Breiten, und weil beide Luftmassen gegenläufig aneinander vorbeistreichen,
kommt es immer wieder zu gegenseitigem Eindringen und Überlagerungen mit
großräumigen Wirbelbildungen **(Zyklonen = Tiefs).***

*Warme Luft hat
die Tendenz, auf die
Kaltluft aufzulaufen und
sie zu überschichten.
Im Gegenzug unter-
wandert die Kaltluft die
äquatoriale Warmluft.
Es kommt zu leichten
Störungen und Aus-
bauchungen an der
Polarfront.*

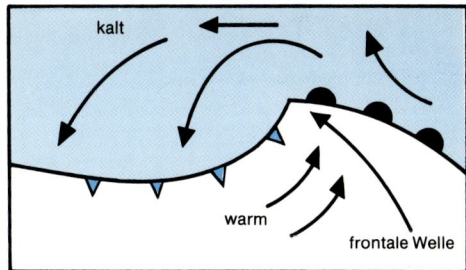

*Ausbildung von
Warmfront (Halbkreis-
symbol) und **Kaltfront**
(Keile). Die Luftströ-
mungen schließen sich
zu einem großräumi-
gen Wirbel (Zyklon).*

hen, müssen wir wieder einmal das Wetter global betrachten. Erdweit
haben sich nämlich drei großräumige »Luftkörper« voneinander abge-
grenzt: zwei Kaltluftgebiete um die Polkappen und ein Warmluftgebiet,
das den Äquator bis hin zu den mittleren Breiten umfaßt. Warm- und
Kaltluft grenzen in der **Polarfront** aneinander. Diese Polarfront erkannte
der norwegische Geophysiker Vilhelm Bjerknes als die Geburtsstätte
der **Tiefs** bzw. **Zyklone.** Dauerhaft bestehen kann die Polarfront nur,
weil die unterschiedlich temperierten Luftmassen nicht frontal aufein-
anderstoßen, sondern mehr oder weniger parallel aneinander vorbei-
gleiten, da sie jeweils durch die Corioliskraft abgelenkt werden. Die Po-
larluft bewegt sich an der Polarfront nach Westen, die Warmluft nach
Osten. Es bildet sich eine globusumspannende Scherfläche zwischen
Warm- und Kaltluft aus. Sie gerät auf ihrer großen Länge leicht in
Schwingungen, so daß es zu Einbauchungen kommen kann. Dabei pas-

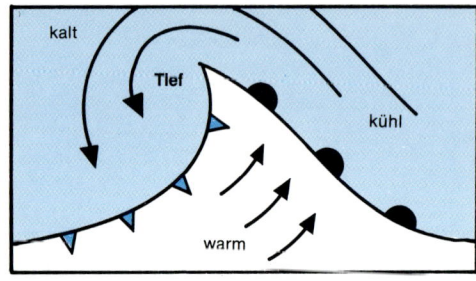

*Die Kaltfront läuft deutlich schneller als die Warmfront und engt den zwischenliegenden **Warmluftkeil** zunehmend ein.*

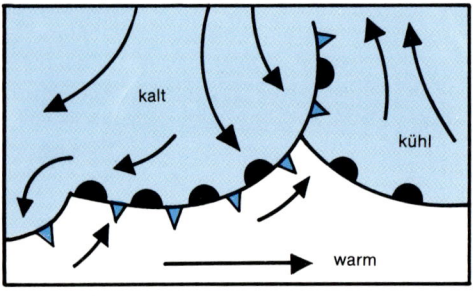

Okklusionsfront:
Vom Kern des Tiefs beginnend schließt sich zunehmend der Warmluftkeil, d. h., die Kaltfront hat die gesamte Warmluft über die vor ihr liegende Kaltluft aufgescho-

ben. Die Warmluft wird nunmehr durch beide Kaltluftmassen vom Boden abgehoben und immer mehr in die Höhe verfrachtet.

siert es, daß sich die wärmere Luft über die kältere schiebt, bzw. die kältere die wärmere unterwandert. Steigt Luft auf, bilden sich Druckinstabilitäten, die zu großräumigen Wirbeln führen können. Eben diese Wirbel sind die Geburtsstätten unserer Tiefdruckgebiete, mit Durchmessern von mehreren hundert bis zu über 3000 km. Der sich ankündigende Wirbel ist charakterisiert durch die Ausbildung zweier **Fronten.** Östlich des Zentrums schiebt sich immer die **Warmfront** in flachem Winkel über die polaren Kaltluftmassen. Westlich unterwandert im Gegenzug die Kaltluft als **Kaltfront** die Warmluft. Die Kaltfront bewegt sich allerdings schneller als die Warmluft und engt damit den Warmluftsektor zunehmend ein. Schließlich gewinnt sie das Rennen, wenn sich beide Fronten in der **Okklusionsfront** vereinigen. Das Tief verliert in der Folge mehr und mehr an Intensität, und nach zwei bis fünf Tagen sind die Gegensätze von Warm und Kalt wieder weitgehend ausgeglichen.

4.4.1 Das Tief

4.4.1.1 Die Warmfront

Eigentlich entsteht durch das Aufgleiten der Warmluft auf die Kaltluft eine **Warmfrontfläche,** an der sich verschiedene Wolken- und Wetterphänomene abspielen. Nur die Schnittlinie mit dem Erdboden wird aber als Warmfront bezeichnet! Die Warmluft gleitet äußerst flach auf (mit einer Gleitzahl von 1:100). Wird die Warmluft angehoben, kühlt sie sich gleichzeitig ab und kondensiert. Sie bildet reichlich Wolken, in großer Höhe als Eiswolken (= **Cirren**, in 8000 bis 11 000 m Höhe). Diese sind Vorboten einer Warmfront, und wegen des niedrigen Aufgleitwinkels tauchen sie schon 800 bis 1000 km vor der Bodenfront auf. Zudem bewegt sich die Warmfront nur äußerst langsam diesen »flachen Kälteberg« hoch – die Front schafft höchstens 15 bis 40 km/h. Das heißt, daß man bereits ein bis zwei Tage im voraus eine herannahende Warmfront erkennen kann. Mit dem weiteren Voranschreiten der Front verdichten sich die Cirren mehr und mehr zu **Cirrostratus,** einem hochliegenden Wolkenschleier. Auch sie bestehen aus Eiskristallen. Durch Lichtbrechung entsteht der sogenannte **Halo,** ein Ring um Sonne oder Mond. Weil die Warmfrontfläche fast waagerecht liegt, bildet sich hauptsächlich Schichtbewölkung **(Stratus)** aus, deren Wolkenbasis mit der Annäherung der Bodenfront zunehmend absinkt. Die Wolken »wachsen« immer mehr nach unten. Zunächst herrscht noch **Altostratus,** also Schichtwolken in mittleren Höhen vor, die dann immer mehr in **Nimbo-**

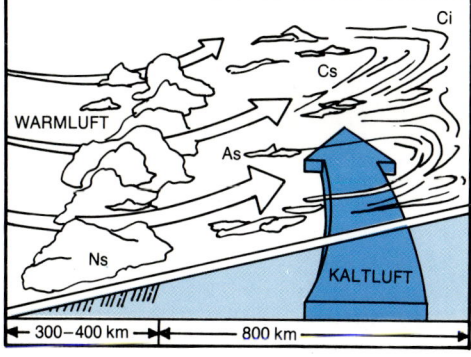

Warmfront:
In einem sehr flachen Neigungswinkel gleitet die Warmluft auf die Kaltluft auf. Die Warmfront kündigt sich durch Cirren an. Diese verdichten sich mehr und mehr zu Schichtbewölkung. Sie sinkt zunehemend ab und geht in bis zu mehrtägigen Regen über.

stratus übergehen (flächendeckende Bewölkung mit Dauerregen). Auch der Niederschlagsbereich der Warmfrontfläche erstreckt sich auf eine große Distanz (300 bis 400 km). Bei der langsamen Geschwindigkeit bedeutet das ein bis drei Tage Schlechtwetter mit Dauerregen.
Luftdruck: Je näher die Warmfront heranschreitet, desto weniger Kaltluft und um so mehr Warmluft befindet sich in einer gedachten Luftsäule. Um so leichter wird sie aber auch, also *Abnahme des Luftdrucks.* Dieser bleibt erst konstant, wenn die Warmfront durchschreitet.
Temperatur: Sie bleibt konstant, erst beim Durchzug der Warmfront rascher Anstieg.

Flugpraxis: Vor dem Herannahen einer Warmfront lassen sich durchaus Flüge durchführen. Sie werden erst durch die sinkende Wolkenbasis und Niederschläge eingeschränkt. Keine thermische Aktivität.

4.4.1.2 Die Kaltfront

Weit stürmischer schiebt sich die Kaltfront in den Warmluftsektor (30 bis 60 km/h). Keilartig wird die Warmluft »unterminiert«, aber auch in größeren Höhen kann die Kaltluft auf Grund der höheren Windgeschwindigkeiten in die Warmluft »einbrechen«. Man bezeichnet deshalb die Kaltfront auch als **Einbruchsfläche,** die eine Art »Kaltluftkopf« voranschiebt. Sie verläuft wesentlich steiler als die Warmfront, starke vertikale Umschichtungen sind die Folge. Charakteristische Vorboten der Kaltfront sind Haufenwolken **(Cumulus).** Sie befinden sich jedoch unmittelbar vor der Front, so daß man leicht von ihr überrascht werden kann. Die Kaltfront ist für den Gleitschirmpiloten überaus gefährlich, weil sich die Quellwolken zu hohen Gewitterwolken auftürmen. Plötzlich springt der mäßige Südwestwind des Warmluftsektors auf Nordwest um und wird sehr böig. Den Frontgewittern eilen heftige Böenwalzen bis zu 20 km voraus! Diese Entfernung ist immerhin so groß, daß man die herannahende Front oft nicht erkennen kann, aber die Auswirkungen starker Turbulenzen schon voll zu spüren bekommt.

> Einzige Maßnahme: So schnell wie möglich landen.
> Sich vom Schirm trennen und ihn verstauen!

Früher versuchten manche Drachenflieger im schmalen, aber sehr kräftigen Aufwindband vor Gewitterfronten lange Streckenflüge zu machen. Durch schwere Unfälle, Erfrierungen und Verbrennungen zugleich, wurde man auf die außergewöhnliche Gewalt dieser Gewitter aufmerksam, und Vernunftüberlegungen kehrten diese Praxis wieder in ein Tabu um. Gleitschirmflieger, die nicht einmal die Spitzengeschwindigkeiten mancher Drachen von 100 km/h erreichen, sind in Frontgewittern praktisch chancenlos (siehe Gewitter)!

Das Wetterband ist mit 80 bis 150 km Breite sehr schmal, und bei den hohen Geschwindigkeiten dauern Frontgewitter maximal nur wenige Stunden. Kurzer, aber schwerer Regen und auch Hagel setzen ein (**Cumulonimbus** = Gewitterwolken). Hinter der Kaltfront klingt die Schauertätigkeit ab, und die Quellwolken verflachen. Man spricht vom »**Rückseitenwetter**«. Es gestaltet sich wechselhaft: Schauer lösen sonnige Abschnitte ab, die kräftigen Winde bleiben noch böig.

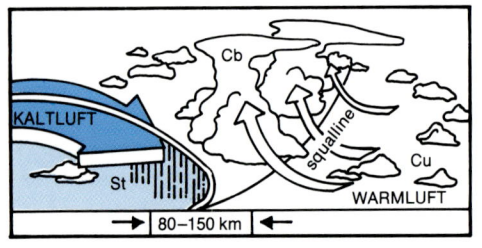

Kaltfront:
Ein Kaltluftkopf dringt in Warmluftmassen ein. Die Schichtung wird labilisiert, heftige Frontgewitter sind die Folge (Cu = Cumulus, Cb = Cumulonimbus).

84

Ein Tief (Zyklon) mit Warmfront (rechts) und Kaltfront (links). Beide schließen ein Zwischenhoch ein. Hinter der Kaltfront kommt Rückseitenwetter auf.

● **Luftdruck:** Mit der Kaltfront erfolgt starker Druckanstieg, der anschließend wieder abrupt abnimmt.

● **Temperatur:** Sprunghafter Temperaturrückgang, dann gleichbleibend niedrige Temperatur. Beim Rückseitenwetter durch sonnige Abschnitte Temperaturunruhen.

▶ **Flugpraxis:** Absolutes Flugverbot vor der Front! Rückseitenwetter ist gut fliegbar, mitunter Thermik.

4.4.1.3 Die Okklusionsfront

Die schnell wandernde Kaltfront engt den Warmluftsektor zunehmend ein und unterwandert ihn. Schließlich läuft die Kaltfront auf den Kaltluftkeil auf, über den sich normalerweise die Warmluft mit der Warmfront schiebt. Die Kaltfront vereinigt sich mit der Warmfront. Jetzt sind drei verschieden temperierte Luftmassen an der Front beteiligt – Warmluft, die Kaltluft der Kaltfront und der Kaltluftkeil. Der Warmluftsektor ist von Kaltluftmassen vollständig unterwandert, er befindet sich in der Höhe. Bestimmend für die Art und Charakteristik der Okklusionsfront ist der Temperaturunterschied der beiden Kaltluftmassen. Ist die Kaltfront *wärmer* als der Kaltluftkeil, so verhält sie sich wie die Warmfront und gleitet auf den Kaltluftkeil auf. Die **Warmfrontokklusion** geht über in Quellbewölkung, die gelegentlichen Schauer klingen schnell ab. Bei der **Kaltfrontokklusion** ist die Kaltfront *kälter* als der Kaltluftkeil. So unterwandert die Kaltfront den Kaltluftkeil. Die Folge ist starke Quellbewölkung, teils mit Schauern.

Thermik

Unter Thermik versteht man eine aufsteigende Luftbewegung infolge Erwärmung. Sobald sich eine Luftmasse um 2° C gegenüber der Umgebungsluft aufheizt, sind die Voraussetzungen für Thermik geschaffen. Denn dann ist der Dichteunterschied so groß, daß die wärmere Luft die kältere durchdringen kann. Die Sonnenstrahlen erwärmen aber nicht direkt die Luft, sondern indirekt über die Aufheizung des Erdbodens. Je nachdem, wie der Untergrund Wärme abstrahlt, erwärmen sich die bodennahen Luftschichten unterschiedlich. Diese Unterschiede können regional erheblich differieren, je nach Bewuchs und Bodenbeschaffenheit.

4.5.1 Entstehung einer Thermikblase (Konvektion)

Aufgeheizter Boden bildet zunächst eine bodennahe, flache »Heiß«luftschicht aus *(superadiabatische Schicht).* Die Dicke dieser Schicht und damit die Möglichkeit, aufsteigende Blasen auszulösen, hängt vor allem von drei Faktoren ab:

- Einstrahlungsintensität
- Art des Untergrundes
- Turbulenz

Mit dem Temperaturvorsprung der Heißluftschicht sinkt zunehmend die Dichte, damit steigt ihr Auftrieb. Gleich einem sich aufblasenden Schwimmkörper baucht sich die Warmluft nach oben auf. Zunächst bleibt diese Beule infolge Reibung wie eine Seifenblase am Boden haften. Erst durch einen *Impuls* löst sie sich vorzeitig ab: dafür können Schallwellen ausreichen oder ein Windstoß oder weitere Aufheizung, bis der Auftrieb auch die Reibungskräfte überwindet. Je mehr sich die Blase nach oben ausdehnt, um so mehr Kaltluft wird sie verdrängen. Die Kaltluft sinkt dabei an den Blasenrändern ab. Von den Seiten her unterwandert sie die Blase, bildet Miniatur-Kaltluftkeile aus und »hebelt« sie ab. Die losgelöste Thermikblase gleicht einem Wirbelring, ähnlich wie ihn manche Raucher erzeugen können. In einer schmalen Region um das Zentrum konzentriert sich der Aufwind und bewegt sich bis zu doppelt so schnell, wie die gesamte Thermikblase steigt. In solchen **Thermikkernen** kann man also unter Umständen schneller steigen als die gesamte Blase. An den Rändern von Thermikblasen findet man schwache, aber großflächige Abwindzonen. Überhaupt halten sich Aufwärts- wie Abwärtsbewegungen ungefähr die Waage. Es liegt also alleine an der Erfahrung des Piloten, möglichst nur die Aufwindkomponenten zu nutzen.

An ihrer Basis saugt die Thermikblase Umgebungsluft an und durchmischt sich auch von oben her. Unter dem Zentrum sinkt deshalb die Temperatur mit geringerem Steigen als Folge. So bildet sich die

Entstehung
einer Thermikblase
(von unten nach oben):

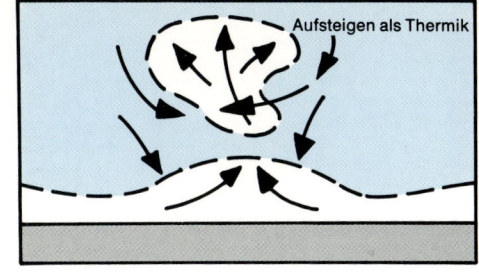

Aufsteigen als Thermik

Entweder
schnüren die vordrin-
genden Kaltluftkeile
die Thermikblase ab,
oder Erschütterungen
und Windstöße verhel-
fen ihr zur Ablösung.

*Durch Ansaugen von umgebender Kaltluft zieht sie eine mindertemperierte Schleppe nach sich. Unter Umständen kann auch aus der umliegenden Heißluft-schicht soviel Warmluft nachgesogen werden, daß der aufsteigende Strom nicht mehr abreißt. Es entsteht ein **Thermikbart.***

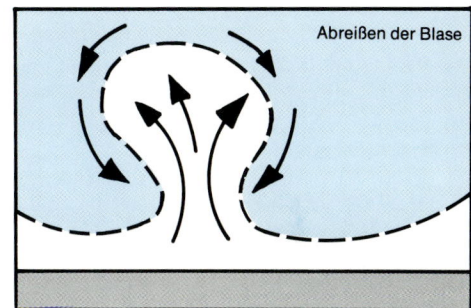

Abreißen der Blase

Der Auftrieb
nimmt bei weiterer Er-
wärmung zu, und in
einer starken Ausbau-
chung zieht die Heiß-
luftschicht nach oben.
Kaltluftkeile *unterwan-*
dern die Thermikblase
seitlich.

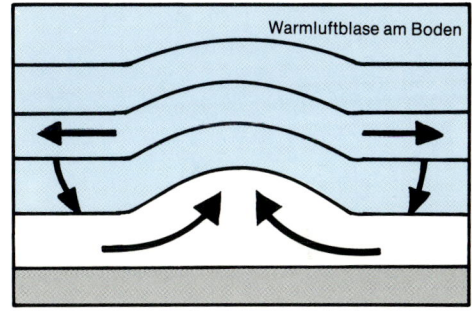

Warmluftblase am Boden

Die bodenna-
he Heißluftschicht ver-
ringert mit der Erwär-
mung zunehmend ihre
Dichte und beult sich
nach oben aus. Diese
Beulen können zu-
nächst infolge Reibung
seifenblasenartig am
Boden haften bleiben.

»Schleppe« aus. Die Temperatur der gesamten Blase fällt mit zuneh-mender Höhe, und durch die aufgenommene Luft vergrößert sie sich ständig. In 300 bis 600 m Höhe über Grund kann die Thermikblase schon einen Durchmesser von 200 bis 600 m haben. Gleichen sich die Tempe-raturen der Thermikblase und der Umgebungsluft zu sehr an, kommt die Aufwärtsbewegung zum Erliegen (bei zu schwacher Thermik oder stabi-ler Schichtung). Fällt die Temperatur der Umgebungsluft mit der Höhe so stark ab (labile Schichtung), daß die Blase weiter wärmer und damit spezifisch leichter bleibt, setzt sie ihren Aufstieg fort.

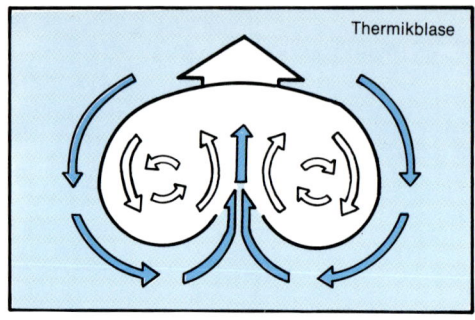

In einer bestimmten Höhe erreicht die Thermikblase die Taupunkttemperatur, die gesättigte Luft beginnt allmählich zu kondensieren. Wattebauschähnliche Quellwolken entstehen, zusätzlich wird *Kondensationswärme* frei. Diese sorgt für weiteren Auftrieb. Erst Sperrschichten (Inversionen) oder Isothermien können einem weiteren Aufsteigen entgegenwirken.

4.5.2 Thermikbart

Hat eine Thermikblase erst einmal die über ihr liegenden Luftschichten durchstoßen, wird weiteren Blasen ein Nachfolgen in der Bahn der ersten erleichtert. Bei gutausgebildeten, bodennahen Heißluftschichten und optimalen Thermikvoraussetzungen kann wie durch einen Kamin ständig Heißluft aus der Umgebung angesogen werden. Die Aufwärtsbewegung reißt nicht mehr ab, es entsteht ein **Thermikbart.** Auch dieser nimmt in seiner Ausdehnung von unten nach oben hin zu. So verdoppelt sich der Durchmesser, der im unteren Bereich durchschnittlich 400 m beträgt, auf 800 m im oberen Niveau. Auf den Thermikkern entfallen lediglich 50 m bis 100 m Durchmesser. Es können sich auch mehrere Bärte zu Aufwindgebieten zusammenschließen, die auch mehrere Thermikkerne beinhalten.

4.5.3 Thermik – Special

Thermik ist, vor allem wenn man sie fliegerisch nutzen will, ein äußerst komplexes System, in dem eine Vielfalt von Faktoren miteinander verzahnt sind. Es ist praktisch unmöglich, mehrmals hintereinander exakt die gleichen Situationen anzutreffen. Schon allein der tageszeitliche Verlauf, die Alterung von Hochdruckgebieten und Schwankungen im Windsystem verändern stetig die Bedingungen. Deshalb werden hier die Einflußgrößen gesondert analysiert und spezifisch Hinweise gegeben, die auf das Gesamtsystem zu extrapolieren sind. Die nachfolgenden Informationen über Boden, Orographie, Wind, Bewölkung und zeitliche Abläufe ändern aber nichts an der Tatsache, daß man sich die jeweilige Tagessituation immer wieder neu »erfliegen« muß.

▶ Boden/Untergrund

Die Geländeoberfläche hat maßgeblichen Einfluß auf die Thermikbildung. Diese Tatsache kann man aber nicht so pauschal abhandeln, wie es manche Lehrbücher tun, daß z. B. Felder Aufwindzonen und Wälder Abwindzonen bewirken. Verschiedene Charakteristika wie Oberflächenbeschaffenheit, Bodenbedeckung und Unterlage wirken unter Umständen gegenläufig zusammen. Die zwei wesentlichen Größen für die Aufheizung des Bodens sind:

- Absorption bzw. Reflexion (auch als **Albedo** bezeichnet)
- **Wärmeleitfähigkeit, spezifische Wärmekapazität**

Je mehr eine Fläche absorbiert, also verschluckt, um so mehr Strahlung vermag sie in Wärme umzuwandeln. Wird eine hohe Albedo (= Reflexion) gemessen, erwärmt sich der Boden nicht so stark, weil viel Strahlung reflektiert wird. Um so weniger steht für die Absorption und Erwärmung zur Verfügung.

Ein Boden mit hoher Wärmeleitfähigkeit wirkt wie ein Verzögerer in der Landschaft – hier dauert es länger, bis eine bestimmte Oberflächentemperatur erreicht ist. Thermik kann, wenn überhaupt, zeitlich verzögert einsetzen, aber auch länger anhalten.

Wärmeleitfähigkeit und Albedo sind immer zusammen zu sehen!

Nachstehend einige Albedowerte (Reflexion) in der Reihenfolge vom Optimum abfallend:

Asphalt	5–10%	Nasser Sand	20–30%
Nadelwald	5–15%	Trockener	
Laubwald	10–20%	Sand	35–45%
Gras	10–20%	Altschnee	40–70%
Getreide	15–25%	Neuschnee	75–95%

Dabei gilt:
Je dunkler, um so größer die Absorption; je heller, um so größer die Reflexion.
Je rauher, um so größer die Streuung und Absorption; je glatter, um so größer die Reflexion.

Die Albedowerte allein haben wenig Aussagekraft über die zu erwartende Bodenaufheizung. Sonst müßten Wälder ideal für die Bildung von Thermikblasen sein. Wälder sind aber gewöhnlich feucht, und Wasser ist ein besonders guter Wärmeleiter. Die Wärme wird »abgeleitet«, die Oberflächentemperatur bleibt gegenüber trockenen Flächen zurück. Hinzu kommt, daß lebende Pflanzen, gerade so große wie Bäume, durch Assimilation erhebliche Mengen an Wasser verdunsten. Ein Laubbaum mit ausladender Krone verdunstet pro Tag um die drei Tonnen Wasser. Diese Verdunstung entzieht der Luft zusätzlich Wärme, so daß über Wäldern nur in Ausnahmefällen Thermik zu erwarten ist.

> **Wasser übertrifft die Luft in ihrer Wärmeleitfähigkeit um das Zwanzigfache!**

Deshalb macht es massive Unterschiede, ob eine Fläche feucht oder trocken ist. Eine Wiese kann frischgemäht noch eine hohe Verdunstungsrate aufweisen. Bereits einen Tag später, mit einer isolierenden trockenen Heuschicht obenauf und zahlreichen eingeschlossenen Luftschichten, kann sie zu einem wahren Thermikofen werden. Selbst die Pflanzenart kann Unterschiede in der Aufheizung bewirken: Messungen der Luft über einem Getreidefeld ergaben $3°$ C Temperaturüberhöhung, über einem Kartoffelfeld dagegen $5°$ C.

Nachfolgend einige Kurzhinweise zu den wichtigsten Oberflächenformen:

Einfluß der Bodenoberfläche auf die Thermik

- –– **Wasser:** stark verzögerte Erwärmung, hohe Wärmeleitfähigkeit, unterbindet Thermik weitgehend. Auch Seen beeinflussen das Lokalklima in Richtung Ausgeglichenheit.
- –– **Schnee, Gletscher, Firn:** extrem hohe Albedo, besonders von Neuschnee; äußerst wenig Strahlung kann sich in Wärme umwandeln, dazu tiefe Eigentemperatur und Verdunstung. Altschnee und schmelzender Schnee: etwas verringerter Negativeinfluß.
- –/+ **Moor:** da Feuchtgebiet, gewöhnlich hohe Verdunstungsraten. Hochmoore können jedoch vollkommen trockene Torfböden mit Heidevegetation besitzen: eine geringe Albedo fördert zusätzlich gute Erwärmung.
- – **Wald:** Laubwald wegen höherer Verdunstungsrate nachteiliger als Nadelwald. Leicht wärmespeichernde Wirkung, insbesondere von feuchten Talauen: Abendthermik. Sonst Abwindbereiche. Lichte Kiefernwälder auf sandigem Grund: oft gute Thermik. Wälder lassen sich auch im Spätwinter thermisch nutzen: Die Stämme und dunklen Baumkronen absorbieren reichlich Strahlung und können die Umgebungsluft soweit erwärmen, daß leichte Thermik einsetzt. Lichtungen sind oft sichere Thermikauslöser!
- + **Niederwald, Buschvegetation:** trockener als Wälder. Strahlung kann oft bis auf den Boden durchdringen, aufgeheizte Luftschicht wird zunächst festgehalten und kann sich kompakt ablösen. Mitunter gute Thermik.
- + **Felder:** gewöhnlich gute Thermikaussichten, je reifer die Feldfrucht, um so weniger Verdunstung, um so größere Aufheizung. Trockener, gepflügter Acker ist wegen der guten Durchlüftung

und Lufteinschlüsse gut isolierend, daher Aufheizung. Wird frisch gepflügt oder bewässert, entsteht Verdunstungskälte.

++/– **Wiesen:** sehr unterschiedlich, je nach Vegetationsform sei es Ried, Sumpfwiese oder trockener Magerrasen. Je trockener, je »magerer«, um so besser. Je mehr Kraut, desto größere Assimilationsfläche, desto größere Verdunstung: gemähte Wiesen sind besser als ungemähte. Besonders gut isolierend ist trockenes Heu nach der Mahd.

+/– **Fels, Asphalt, Beton:** Gestein besitzt eine relativ hohe Wärmeleitfähigkeit, jedoch geringer als Wasser. Deshalb setzt die Erwärmung von Gestein mit einiger Verzögerung ein (erst später anfliegen), dafür wegen geringer Albedo oft gute Aufheizung und lohnender Thermikauslöser. Strahlt Wärme dafür länger ab. Nach sonst abklingender Thermik kann man hier noch fündig werden.

▶ Orographie (Geländeform)

Da sich der Einfallswinkel der Sonne sowohl tages- wie jahreszeitlich ändert, spielt die Geländeeignung und **Exposition** für die Erwärmung eine wesentliche Rolle. Im Jahresmittel sind die Süd-, Südwest- und Westhänge die wärmsten. Im Sommer heizen sich sogar die Südosthänge mehr als die Südhänge auf, weil letztere im Tagesverlauf zunehmend durch aufkommende Quellbewölkung abgeschattet werden.

> Bezogen auf den Nordhang ist ein Osthang um 20%
> ein Südhang um 40%
> ein Westhang um 30%
> im Jahresmittel wärmer.

Für das *Streckenfliegen* ergeben sich aus der optimalen Exposition wichtige Taktiken: Vormittags ist es am ergiebigsten, die Südhänge der Längstäler (West-Ost) in Westrichtung zu befliegen. Am Nachmittag eignen sich Quertäler (Nord-Süd) besser, doch lassen sich vielfach zu breite Täler mit dem Gleitschirm noch nicht überbrücken. Dann ist es ratsam, dieselbe Strecke entlang dem Südhang wieder zurückzufliegen.

> Die optimale Bodenerwärmung ergibt sich immer aus einer senkrechten Einstrahlung, der geschulte Pilot sucht sich deshalb möglichst eine Hangneigung, die zum Einfallswinkel senkrecht steht!

Morgens und abends deshalb steilere Hänge mit der jeweils günstigsten Exposition anfliegen, zu Mittag dürfen die Flanken flacher geneigt sein. Kare und Bergeinschnitte, die sich nach oben hin verjüngen, können Thermik regelrecht bündeln. Dieser Düseneffekt kann in Verbindung mit dynamischen Hangaufwinden auch bei schwacher Thermik ausreichend sein, um zu steigen. Entsprechend zu meiden sind solche Verengungen bei stark thermischen Verhältnissen.

Die Geländeform, ob *konkav* oder *konvex*, wirkt sich ebenso auf die Erwärmung aus: Rücken (konvex) erwärmen sich im Schnitt um 10% mehr als ein flaches Feld, während eine Mulde (konkav) um 10 bis 30% kühler als die Ebene bleibt.

Wichtige Thermikbarrieren stellen Flüsse und Gewässer dar. Ihre Wirkung ist vor allem bei vorhergehender kühler Witterung massiv. Zumindest im näheren Leebereich des Gewässers (Windrichtung vom Gewässer abgewandt) ist keinerlei Thermik zu erwarten. Besonders zu berücksichtigen ist dies, wenn das Gewässer gegen den Wind überflogen werden soll. Man sollte überproportional viel Höhe aufgebaut haben, um auch mit großem Sinken sicher auf die andere Seite zu gelangen. Andernfalls lieber eine Notlandung vor dem Fluß.

Wasserlandungen im Fluß sind ausgesprochen gefährlich für Gleitschirmflieger!
Nicht versuchen, leeseitig Gewässer zu queren!

Luvseitig können Gewässer durch einen Kältekeil sogar thermikauslösend wirken. Hier sollte man die Thermik für eine sichere Überflughöhe nutzen. Nach einer warmen Witterungsperiode bei entsprechender Wassertemperatur müssen diese Effekte nicht mehr, zumindest nicht mehr so stark auftreten.

Bezüglich der Thermik gibt es auch Unterschiede zwischen Gebirge und Flachland. Während im Gebirge eine Art Kamineffekt vorherrscht, der sich durch ständige Strömung auszeichnet, trifft man im Flachland eher »pulsierende« Thermik an. Zudem sind die Gebirge dunst- und staubfreier als das Flachland. Es kann sich auf Grund der höheren Einstrahlung besser Thermik entwickeln, dafür ist sie meist enger und bildet schmälere Schläuche aus als im Flachland.

▶ Windeinfluß

Stärkerer Wind wirkt negativ auf die Thermik. Die Bodenwärme wird auf eine größere Schicht verwirbelt. Blasen werden vom Boden abgerissen, bevor sie den optimalen Auftrieb entwickeln können. Es kommt zu sehr ruppiger, »**zerrissener**« **Thermik.** Ihre Quellwolke (Cumulus) kann sich nicht optimal ausbilden, so daß diese Thermik auch nur von kurzer Dauer ist.

Im Flachland (Windenstarter!), wo der Wind im allgemeinen viel laminarer weht, lassen sich Bärte noch bei höheren Geschwindigkeiten als im Bergland ausfliegen. Im Gebirge müssen sich die Aufwinde entsprechend stärker durchsetzen und benötigen ausgedehntere Wärmequellen. Auch der Windzuwachs in der Höhe, also der **Windgradient,** ist von maßgeblichem Einfluß. Die Windscherung, Zu- oder Abnahme in der Höhe sollte drei Stundenkilometer pro 100 Höhenmeter nicht überschreiten, um den Thermikfluß nicht zu unterbrechen.

Nur bei schwachen Winden (Windscherungen <3km/h auf 100 Höhenmetern) kann sich optimale Thermik ausbilden.

Ein Thermikbart wird entsprechend dem Windgradient verlagert: Nimmt die Geschwindigkeit in der Höhe zu, so driftet er leeseitig, also mit dem Wind, in der Höhe ab. Steigt man tiefer ein, muß man ihn luvseitig der Wolke vorgelagert anfliegen! Wandert die Thermikquelle mit dem Wind, werden gerne kleinere Thermikkörper aufgesogen. Geschwindigkeitssteigerungen in der Höhe können auch zu **Cumuluswellen** führen. Die Wolke wirkt wie ein Hindernis, und ähnlich dem Hangaufwind bildet sich luvseitig ein »Wolkenaufwind« (= Cumuluswelle) aus. Die Wolke kann eine regelrechte Abrollbewegung ausführen, so daß der Thermikschlauch luvseitig bis zur Wolkenobergrenze reicht.

Wird ein Sonnenhang direkt vom Wind angeströmt, entwickelt sich **Luvthermik.** Dynamische Aufwinde können sie zwar zerreißen; gewöhnlich führt sie aber zur Verstärkung des Hangaufwinds. Liegt die Sonnenseite im Windschatten, spricht man von **Leethermik.** Sie kann sich ungestört entfalten und stark entwickeln. In Verbindung mit Leewirbeln und Windscherungen können aber heftige Turbulenzen den Schirm zum Einklappen bringen. Von einer Befliegung ist abzuraten.

▶ Auslösung

Der Impuls zum Ablösen von Thermikblasen kann sehr verschieden sein:

- durch Schall (Lufterschütterung),
- durch Temperaturgegensätze, wie sie an Flüssen, Schneegrenzen oder Wolkenschatten etc. herrschen,
- durch Bewegungen, etwa von Fahrzeugen, Windenstart, Luftbewegungen,
- durch Abscherung an Kanten, wenn leichter Wind Warmluft über Bergkanten, Waldränder drückt.

▶ Bewölkung

● Bewölkungsdichte:

Zu große Wolkenfelder können den Boden reichlich abschatten, so daß thermische Entwicklungen nicht mehr möglich sind. Die Oberflächentemperatur sinkt bei Abschattung äußerst schnell ab. Deshalb vermögen auch einzelne Wolken Thermikblasen loszulösen, weil sie sehr schnell lokale kleine Kaltluftkeile ausbilden. Mit dem Vorrücken des Schattens mähen sie quasi vor sich die Heißluftschicht ab. Leider bewegen sich die Wolken meist so schnell, daß ein Verfolgen der Schattengrenze mit dem Gleitschirm unmöglich ist.

Überschreitet die Gesamtbewölkung den Deckungsgrad von 5/8, wenn also der Himmel etwas über die Hälfte bewölkt ist, schwächt die Thermik zunehmend ab bzw. wird ganz unterdrückt. Sobald sich aber einzelne Wolken zu **Wolkenstraßen** formieren, bilden sich stabilere Aufwindzonen, die auch noch bei höheren Bedeckungsgraden wirksam bleiben. Sie erfahren nur eine Abschwächung, weil sich immer mehr »Wolkenleichen« am Himmel befinden. Die Schwierigkeit besteht dann darin, die aufwindwirksamen von den »toten« Wolken zu unterscheiden.

Liegt eine diffuse Schicht von Cirruswolken hoch in der Luft, muß die Thermik nicht unterbunden werden, wird aber abgeschwächt, so daß sie auch später einsetzt und früher endet. Eine Schichtbewölkung in mittleren Höhen bringt die Thermik dagegen zum Erliegen. Setzt vormittags starke thermische Entwicklung ein, kann zu Mittag das 5/8-Deckungsniveau erreicht sein. Dann stellt sich eine **Mittagsflaute** ein.

Optimal ist ein Bewölkungsgrad von 1/8 bis 3/8 Cumuluswolken.

Die Strahlung wird noch wenig behindert, und alle Wolken sind Indikatoren für brauchbare Aufwinde. Allerdings liegen sie weit auseinander, meist außer Gleitschirmreichweite. Hier kommt es wesentlich auf die Basishöhe der Quellwolken an. Je höher sie reicht, desto größer ist die Chance, in den nächsten Bart einzusteigen. Zur Überbrückung der Distanz eignen sich schnelle Schirme hoher Gleitleistung.

Maximales Steigen findet man im unteren Drittel der Konvektionssäule (Thermikbart) und knapp unterhalb der Cumulusbasis. Dies beruht auf der zusätzlichen Sogwirkung durch die frei werdende Kondensationswärme. Die Lage des maximalen Steigens ist meist unter dem dunkelsten Punkt der Wolkenbasis auszumachen, nur ist er durch Licht-/Schattenwirkungen nicht immer klar zu erkennen.

Generell kann man sagen:

Je höher die Wolkenbasis, desto größeres Steigen.
Je größer die Wolke, desto größeres Steigen.

Großes Steigen kann die Gefahr bedeuten, in die Wolke eingesaugt zu werden!
Schon bei mittelgroßen Cumuluswolken kann das Einsaugen Lebensgefahr bedeuten (Gewitter)!
Großes Steigen beinhaltet starke vertikale Windscherungen! Heftige Turbulenzen!

Die Rate des mittleren Steigens verhält sich annähernd linear zur jeweiligen Basishöhe der Wolke. Ob sich die Basis auf 1000 m oder 2000 m befindet, macht sich in der doppelten Steigrate bemerkbar, bei 3000 m gar in der dreifachen! Im Segelflugwetterbericht werden diese Basishöhen bekanntgegeben. Sie lassen sich auch vom Boden aus bestimmen, wenn die Taupunkttemperatur (bzw. Taupunktdifferenz) bekannt ist:

$$\text{Basishöhe über Grund} = \left\{ \begin{array}{l} \text{Temperatur minus Taupunkt} \\ \,\hat{=}\, \text{Taupunktdifferenz} \end{array} \right\} \times 125\,\text{m}$$

Flug vom Herzogstand, Oberbayern.
Ausgeprägte Cirren kündigen einen Wetterumschlag an.

● Wolkenaufbau:

Bei sehr feuchtem Boden kann nutzbare Thermik fehlen, obwohl sauber geformte Cumuluswolken in optimaler Deckung am Himmel stehen. Normalerweise sind aber symmetrisch geformte, scharf umrissene, blumenkohlartige Cumuluswolken optimale Thermikzeiger. Mächtige Quellwolken entwickeln immer stärkere Bärte als flach ausgebildete Cumuli oder **Blauthermik.**

Bei Blauthermik fehlen die Wolken gänzlich. Entweder ist die aufsteigende Luft zu trocken oder sie erreicht nicht ihren Taupunkt. Die Kondensation bleibt aus, keinerlei Wolken stehen an der Obergrenze des Barts.

Die Wolkenform (siehe Abschnitt 4.8) sagt viel über die in der Höhe herrschenden Winde, über die Thermikstärke und ihre Ausdehnung aus. Die exakte Geschwindigkeit der Wolken läßt sich leicht aus der Schattenwanderung über dem Grund ermitteln. Wie der Wind dann in der Höhe zu- oder abnimmt, läßt sich aus der Wolkenform interpretieren. Bilden sich kippende Türme, Neigungen und Asymmetrien aus, so nimmt der Wind in der Abkipprichtung zu. Je größer die Windscherungen sind, desto ungünstiger wirken sie sich auf die Thermik aus. Ähnlich der Wolkencharakteristik mag auch unterhalb der Thermikbart abdriften. Er ist entsprechend luvseitig vorgelagert aufzusuchen. Eine symmetrisch ausgebildete Cumuluswolke kündet von relativ geringen Windgeschwindigkeiten. Je höher sie sich aufbauscht, desto stärker sind die Aufwinde. Flachere Cumuluswolken sind meistens das Folgeprodukt einer Inversionsschicht an der Wolkenoberseite.

Ein grobes Maß für die Abschätzung der Aufwindstärke sind die Bewegungsvorgänge an den Wolkenrändern und vor allem an der Oberseite. Pulsieren, Expansion und Auflösung verraten auch, in welchem Bereich die Wolke am optimalsten anzufliegen wäre. Blumenkohlartige Expansionen zeigen aktiven Thermikbereich an, während bei Zerfaserung und Zerfall der Wolken(teil)struktur schon Abwinde einsetzen. Die Wolkengebilde halten sich auch noch lange nach Thermikende, unterscheiden sich aber wie gesagt in der Struktur.

● Zeitliches Optimum:

Die Wahrscheinlichkeit für einen guten Thermiktag hängt stark von der meteorologischen Vorgeschichte ab. Am Folgetag von Witterungen mit starkem Niederschlag ist noch keine Thermik zu erwarten, da viel Strahlungsenergie allein für die Abtrocknung des Bodens benötigt wird.

Trotzdem muß dies nicht unbedingt heißen, daß bei Rückseitenwetter oder Zwischenhochs niemals Thermik auftritt. Mitunter beim Zusammentreffen günstiger Bedingungen und wenn am Vortag weniger als fünf Liter Niederschlag pro Quadratmeter niedergingen, kann selbst im Zwischenhoch und besonders auf der Rückseite der Kaltfront gut fliegbare Thermik auftreten.

Bei einer langandauernden Hochdrucklage verschlechtern sich die Bedingungen für Thermik eher. Mit der Alterung der Luftmasse vergrößert sich die Neigung zu einer Inversion oder verstärkt sie zunehmend. Als Faustregel gilt:

> Pro Hochdrucktag beginnt die Thermik eine Stunde später.
> Je später die Thermik beginnt, desto früher endet sie auch!

● Tagesverlauf:

Vormittags herrschen noch »enge« Thermiken vor. Sie können mit einem durchschnittlichen Durchmesser von 75 m mit einem Gleitschirm gut ausgenutzt werden, nur muß wesentlich genauer zentriert werden als zu einem späteren Zeitpunkt. Denn zum Nachmittag hin weiten sich die Bärte auf, wobei auch ihre Steigrate zunimmt.

Auch die Basishöhe der Quellwolken verändert sich im Tagesverlauf. Durch die zunehmende Erwärmung nimmt ihr Niveau zu – die Wolken steigen zum Nachmittag hin höher. Für die Streckenflugplanung ist es von entscheidender Bedeutung, daß man zum günstigsten Zeitpunkt startet. Die Wolkenbasis muß für Gleitschirmflieger verhältnismäßig hoch liegen, mittags um ca. 3000 m. Und selbst dann ist es fraglich, ob der Einstieg in den benachbarten Bart geschafft werden kann. Günstig ist es, die Flugstrecke entlang von Bergzügen zu legen und Wolken bei der Überquerung von Tälern anzufliegen.

Zeitverschiebungen in der Thermikauslösung ergeben sich auch durch die Art des Untergrunds (**thermische Totzeit**). Je nach Wärmeleitfähigkeit verschiebt sich die thermische Entwicklung bis zu mehreren Stunden, hält dafür aber auch entsprechend länger an. Totzeit bei

durchlüfteten, trockenen Böden	0–15 Minuten
Beton, Asphalt (Gebäude etc.)	1–2 Std.
Fels, Stein	1,5–2,5 Std.
niedrigen Pflanzenbeständen	2,5–3 Std.

4.6 Gewitter

Bei starker Thermikentwicklung und labiler Schichtung können aus kleinen Schönwettercumuli rasch voluminöse Haufenwolken heranwachsen. Deren hoher Energieinhalt läßt die kondensierten Tröpfchen vor allem vertikal nach oben schießen. Blumenkohlartige Türme entstehen, und bald durchdringen die Wolkentröpfchen die Null-Grad-Grenze. Sie werden immer kälter. Bei Mangel an Kristallisationskeimen kann diese Unterkühlung sehr weit gehen.

 Bis zu –15° C unterkühltes Wasser in einer Gewitterwolke kann beim Einfliegen zur schlagartigen Vereisung führen.

Erst bei –10°C, manchmal sogar erst bei –15°C, verwandeln sich die Tröpfchen in Eiskristalle. Dies geschieht ungefähr in 5000 m Höhe. Sobald sich eine solche Mischwolke aus Tröpfchen und Eiskristallen formiert hat, spricht man von **Cumulonimbus** (Gewitterwolke). Noch befindet sich die Wolke im sogenannten **Cumulusstadium** – sie ist sehr im Wachsen begriffen, saugt von überall Luft an (bereits extreme Sogwirkung) und »frißt« umliegende Wolken auf. Im Inneren der Wolke gibt es praktisch nur starke Aufwinde. Zunehmend vereist die Oberwolke, vor allem in Höhen, in denen die Temperatur –20°C unterschreitet.

1. Cumulusstadium (Jugendstadium: Entwicklung bis zur Vereisung).
2. Reifestadium (Entladung).
3. Auflösestadium (Wolken verschwinden allmählich).

Dann erreicht die Wolke ihr **Reifestadium.** Der Wolkenturm kann jetzt schon an der Grenzschicht zur Stratosphäre (Tropopause) angestoßen sein und sich in die Breite ausdehnen. Die Obergrenze der Wolke »fasert« aus und nimmt ein streifiges Aussehen an. Es bildet sich der Amboß, dessen Zerfaserung vor allem leeseitig ausgeprägt ist. Zu den Aufwinden setzen sich Abwinde durch. Diese Vertikalbewegungen besitzen nicht selten Geschwindigkeiten von 20 bis 40 m/s, die Extremwerte liegen sogar bei 80 bis 85 m/s! Nicht auszumalen sind die Scherwirkungen an den Grenzflächen von Auf- und Abwindzonen. Die Wassertropfen wachsen im Aufwind heran, fallen wieder herunter und zerplatzen im Luftwiderstand. Dieser Prozeß wiederholt sich, und es kommt zu einem Aufschaukeln.

Auf dieselbe Art entsteht Hagel, indem immer wieder Hagelkörner durch die starken Aufwinde nach oben »geschossen« und jedes Mal von einer neuen Vereisungsschicht überzogen werden. Binnen Sekunden können sich dann die Abwinde durchsetzen, es kommt zum **Wolkenbruch,** und großtropfiger Niederschlag oder Hagel fällt aus. Die großen Regentropfen sind meist geschmolzene Hagelkörner. Praktisch jede Gewitterwolke besitzt in der Wolke Hagelkörner, auch wenn sie sich nur ausregnet. Auch ihre Durchmesser sind in der Wolke größer. Sie liegen um 2 bis 5 cm, können aber auch leicht 10 cm Durchmesser erreichen. Dieser Hagel fällt nicht unbedingt am unteren Teil der Wolke aus, sondern wird auch im Oberteil seitlich ausgeschossen.

Im Wolkeninneren kommt es zu starken elektrostatischen Aufladungen, in 3 bis 4 km Höhe zu einem negativen Ladezentrum, in 6 km Höhe zu einem positiven. Gerade im mittleren Niveau herrscht heftiger Ladungsausgleich durch Blitze mit starker Blendwirkung. Die heftigen, wolkenbruchartigen Niederschläge lassen einen Kaltluftkeil aus der Wolke ausschießen. Er rast als sogenannte **Böenwalze** der Gewitterfront voraus (oft 20–30 km vor dem Gewitter). Mit 60 bis 70 km/h, in Ausnahmefällen sogar bis 100 km/h, sind sie für Gleitschirmpiloten eine ernstzunehmende Gefahr. Vor allem eilen sie 10 bis 30 km dem Gewitter voraus. Das

Gewitter muß also noch gar nicht sichtbar sein, und trotzdem gehen Gefahren von ihm aus. Über dem Kaltluftkeil der Böenwalze bewegt sich Warmluft zum Gewitter hin. Es kommt also in einem Bereich von 300 Höhenmetern zu extremen Windscherungen (bis 180 km/h!) und entsprechenden Turbulenzen. Im **Auflösestadium** greifen großflächige Abwinde von oben her durch, die Wolke regnet sich vollends ab. Binnen 20 Minuten sinkt ihr Wassergehalt bis auf 10% ab. Die Wolken zerfallen mehr und mehr – Überbleibsel der Wolkenleiche bleiben in der Höhe Cirruswolken und in den mittleren Bereichen Altocumulus.

Für Gleitschirmflieger können Gewitter in vielerlei Hinsicht gefährlich werden. Es kommt zu

- Erfrierungen
- Verbrennungen
- Ersticken
- Blitzschlag
- Blendwirkung
- Hagelschlag

Bei Drachenfliegern, die in eine Gewitterwolke geraten waren, kamen zweit- bis drittgradige Erfrierungen und Verbrennungen zugleich vor. Speziell die extrem unterkühlten Wassertröpfchen können schlagartig an allen Festkörpern (Segel, Fangleinen, Kleidung) zu Vereisungen führen. Die Aufwinde sind auch in großen Höhen noch überaus stark, so daß selbst Ersticken in zu dünner Luft möglich wird.

Gewitterarten

Wärmegewitter: Sie bilden sich vorwiegend bei sich abschwächenden Hochdrucklagen aus. Die im Hoch absinkenden Luftmassen verhindern zunehmend das Aufsteigen von Warmluft. Die Inversion verlagert sich immer mehr nach unten **(Absinkinversion),** bis sie sich in Bodennähe befindet. Dann kann es zum thermischen Durchbruch kommen, da die vorausgegangene gute Witterung den Boden erwärmt hat. Besonders die hohe Luftfeuchtigkeit über wärmespeichernden Nadelwäldern und Mooren löst Überentwicklung aus, wenn in der Höhe Kaltluft zugeführt wird **(Kaltluftadvektion)** und die Schichtung labilisiert wird. Auch bei einer Strömungsverteilung, die aufsteigende Luft begünstigt (bei *lokalen Hitzetiefs*), ist die Gewitterneigung groß.

Kaltfrontgewitter (siehe Kapitel 4.4.1.2): Ein »Kaltluftkopf« dringt in Warmluftmassen ein und kann höhere Schichten labilisieren. Es entwickeln sich sehr heftige Gewitter mit ausgeprägten Böenwalzen. Sie können sich zu Fronten mit einer Breitenausdehnung von mehreren hundert Kilometern formieren. Nachts oder in den frühen Morgenstunden treten nur Kaltfrontgewitter auf.

Orographische Gewitter: Wo an Bergflanken Luftmassen angehoben werden, kann dieser zusätzliche Hebungsantrieb wie eine Labilisierung wirken. Denn warme feuchte Luftmassen können auf diese Weise schnell in höhere, kalte Regionen verfrachtet werden und vermehrt an solchen Stellen Gewitter auslösen.

Auf den ersten Blick ist der Föhn ein recht eigenartiges Phänomen: Während wir in Bozen z. B. eine Lufttemperatur von +10° C vorfinden, kommt die Luft nach der Überquerung der Alpen viel wärmer bei uns an. Obwohl München 300 m höher als Bozen liegt (die Temperatur müßte dann eigentlich tiefer sein), bläst uns 20° C warme Luft entgegen.

Wie kommt es dazu? Ein Tief über der Biskaya bis zu den britischen Inseln saugt Luft über den Alpenkamm, aus einem Hochdruckgebiet über dem Balkan. Sie muß auf der Alpensüdseite aufsteigen und wird erst *trockenadiabatisch* angehoben. Das heißt, die Luftmasse erfährt eine Abkühlung um 1° C pro hundert Höhenmetern. In einer bestimmten Höhe erreicht die Luft ihre Taupunkttemperatur und fängt an zu kondensieren. Es entstehen reichlich Wolken, die sogenannte **Föhnmauer**. Sie regnet sich südseitig ab. Föhn ist also immer luvseitig mit Schlechtwetter verbunden!

Zur Überwindung der Alpen muß die Luft noch weiter ansteigen, die freiwerdende Kondensationswärme dämpft aber die Temperaturabnahme auf nur 0,6° C/100 m *(feuchtadiabatischer Aufstieg)*. Am Kulminationspunkt, auf Kammhöhe, erreicht die Luftmasse eine Temperatur von −10° C. Da die Feuchtigkeit weitgehend abgeregnet ist und die Luft sich beim Herunterfallen auf der Nordseite erwärmt, sinkt die Luftfeuchte. Hier lassen sich öfter »Wolkenwasserfälle« beobachten. Man spricht von »föhngetrockneter Luft«, die sich nun trockenadiabatisch, also um 1° C/100 m erwärmt. Die nordseitige Temperaturzunahme eilt der südseitigen Temperaturabnahme derart voraus, daß der Höhenunterschied Bozen−München nicht einmal mehr zum Tragen kommt.

Für das Föhnphänomen sind aber noch Winde über 50 km/h im Alpengipfelbereich nötig und eine stabile Schichtung mit Inversion in 3 bis 4 km Höhe. Denn eine wesentliche Eigenschaft vom Föhn ist, daß diese

*Südföhn: Von Süden steigen Luftmassen auf und bilden eine **Staubewölkung**. Beim Absinken auf der Nordseite wird die **Luft abgetrocknet**. Die Wolken lösen sich auf.*

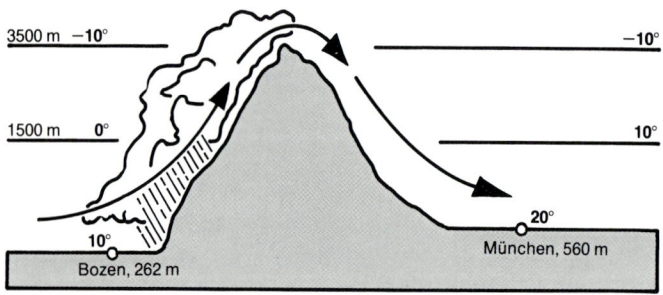

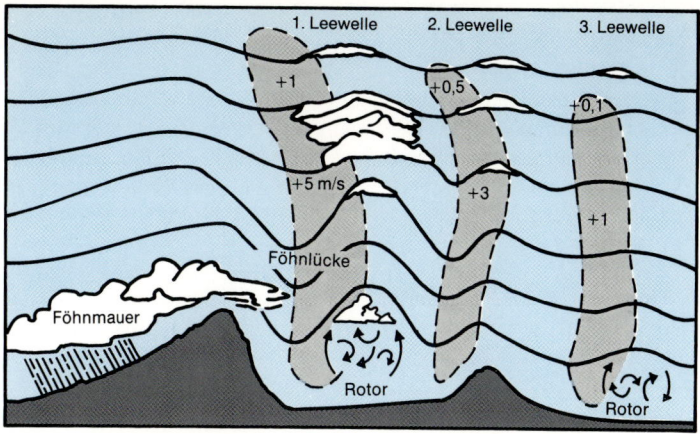

Föhn: *Für Föhn sind hohe Windgeschwindigkeiten in der Höhe nötig. Dabei geraten die bewegenden Luftmassen leeseitig in Schwingungen und bilden Wellen. In den Wellenbergen können föhntypische **Lenticulariswolken (Föhnfische)** entstehen. In Bodennähe bilden sich unberechenbare starke Rotoren.*

Schichten zu Schwingungen angeregt werden. Die Luftströmung beschleunigt sich auf dem Weg in die Wellentäler und verlangsamt sich dort, in den sogenannten **Föhnlücken,** wieder. Die Schwingungen übertragen sich auch auf höher liegende Luftschichten, bis zum Fünffachen der Berghöhe. Die laminar schießenden Strömungen können sich zudem in Phase zu gewissen Bergen einstellen, die Situation kann sich stark aufschaukeln. Sehr heftige Föhnstürme sind die Folge. Sie decken sogar Häuser ab oder entwurzeln Bäume. Das eigentlich Gefährliche am Föhn sind weniger diese laminar schießenden Strömungen, obwohl auch sie hohe Geschwindigkeiten erreichen, sondern extrem heftige **Föhnrotoren** unterhalb der Wellenberge. Sie sind vollkommen unberechenbar, ihre Lage ist vom Gelände unabhängig. Ihr Auftreten ist praktisch nicht abzuschätzen. Deshalb:

Bei Föhn absolutes Flugverbot!

Die Wucht solcher Rotoren drückte schon Kleinflugzeuge auf den Boden (Belastungen von 5- bis 10facher Erdbeschleunigung sind möglich!). Luvseitig bilden die Föhnwellen gute Steigwerte aus. Deshalb besteht die Möglichkeit, mit den typischen »Föhnfischen«, den Linsenwolken **(Lenticularis),** in Berührung zu kommen. Sie sind gefährlich, weil sie aus bis zu −20° C unterkühltem Wasser bestehen! Schlagartige Vereisung ist die Folge!

Neben dem Südföhn, wie wir ihn im Alpenvorland kennen, gibt es auch den Nordföhn. Nur ist seine Temperatursteigerung nicht so auffällig, weil die Starttemperaturen der Luftmassen erheblich tiefer liegen.

Wolkenformen

Wolken werden in ihrer Klassifikation in drei Stockwerke aufgeteilt. Dies hängt mit ihrem Zustand zusammen, ob es reine **Wasserwolken, Misch-wolken** oder **Eiswolken** sind. Wasserwolken finden sich im untersten Stockwerk. Im mittleren Stockwerk treten die Mischformen aus Wasser-tröpfchen und Eiskristallen auf. Im oberen Stockwerk sind die Wolken dann voll vereist.

> Oberes Stockwerk: über 6000 m, Eiswolken.
> Mittleres Stockwerk: ab 2500 m bis ca. 6000 m, Mischwolken.
> Unteres Stockwerk: bis ca. 2500 m Höhe, Wasserwolken.

Nomenklatur:

Alto-: Wolke, die dem mittleren Stockwerk angehört.
Stratus, Strato-: Schichtförmiges Aussehen.
Nimbus, Nimbo-: Wolke, die sich abregnet.
Cumulus, Cumulo-: Wolke mit haufenförmigem Aussehen.

▶ **Oberes Stockwerk:**

● **Cirrus (Ci):** Feder- bis büschelförmiges Aussehen, aber auch hakenför-mig, sehr dünn. Scheinbar stehend, real aber die schnellsten Wolken (>100 km/h), in 8000–12 000 m Höhe, aus feinsten Eiskristallen.
 – Bei fallendem Luftdruck und zunehmender Feuchtigkeit, aus SW bis NW: Warmfront binnen maximal zwei Tagen.
 – In Schönwetterlage unregelmäßig verteilt: keine Änderung.
 – Aus O, kaum bewegend oder auflösend: Wetterbesserung.
● **Cirrocumulus (Cc):** Federwolken, die zu leichten Haufen akkumuliert sind. Kleine weiße Flocken oder Bällchen aus feinsten Eiskristallen. In 6000–10 000 m Höhe.
 – Aus W, schnell aufziehend: schlechtes Wetter.
 – Im Sommer vor Gewittern, am häufigsten bei Föhn.
● **Cirrostratus (Cs):** Milchiger Eisschleier, wie leichter Nebel. Haloerschei-nungen: kreisförmiger, leicht gefärbter Beugungs- und Brechungsring um die Sonne oder den Mond, 6000–8000 m Höhe.
 – *Klassischer Schlechtwetteranzeiger.*
● **Kondensstreifen:** Eine Art künstliche Cirruswolke aus feinen Eiskristal-len in 7000–9000 m Höhe.
 – Schnelle Auflösung im Hoch: keine Wetteränderung.
 – Verzögerte Auflösung, ausbleibende Auflösung unter Verbreiterung, schnelle Abdrift: starker Höhenwind NW bis SW. Wetteränderung.

▶ **Mittleres Stockwerk:**

● **Altocumulus (Ac):** Grobe Schäfchen, manchmal walzen- bis schuppen-

Schema der Wolkengattungen

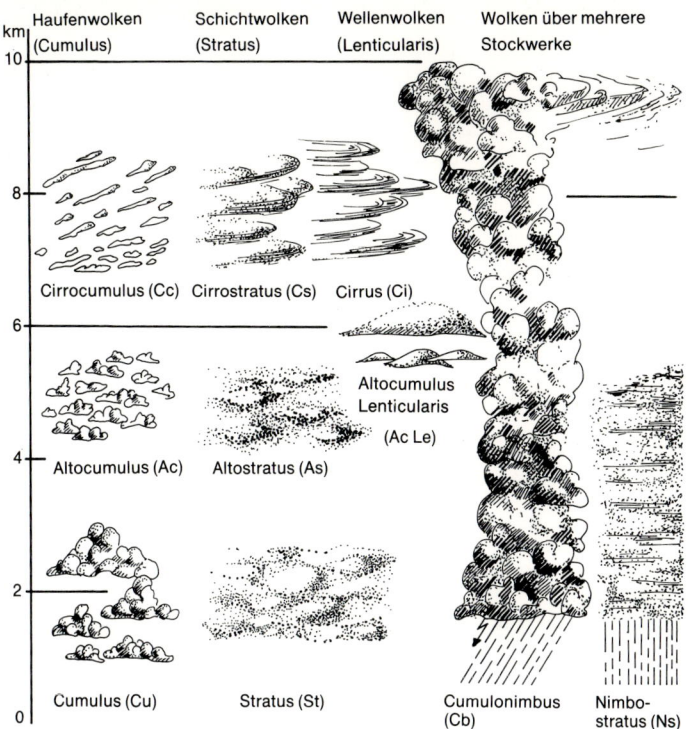

Wolkenarten und ihre Höhenzuordnung.

förmig angeordnet. Wasserwolken, bisweilen Mischwolken. 3000 bis 6000 m Höhe.

– Nur wenn wellenförmig angeordnet: *sichere Gewitterwarnung.*

● **Altostratus (As):** Graublaue konturlose Schicht. Läßt Sonne noch schwach durchdringen. 3000–6000 m Höhe.

– Sonne zunehmend verhüllend: anrückende Warmfront.

● **Nimbostratus (Ns):** Mächtige Schlechtwetterwolke. Einförmige graue bis weißliche Färbung. 2000–5000 m Höhe.

– Lange Regen- und Schneefälle.

▶ **Unteres Stockwerk:**

● **Stratus (St):** Hochnebel, maximal feintropfiger Sprühregen. Oft tagelang. Wenige Meter bis 2000 m Höhe.

● **Stratocumulus (Sc):** Niedrige Schichthaufenwolke, eine der häufigsten Wolken. In dicken Walzen oder Ballen mit dunkler Basis. 500–2000 m Höhe.

- Stabiles, trübes Wetter ohne große Niederschlagsneigung.

● **Cumulus (Cu):** Niedrige Quellwolke 500–6000 m (siehe Kapitel 4.5.3, Bewölkung)

▶ **Stockwerkübergreifend:**

● **Cumulonimbus (Cb):** Gewitterwolke 500–15000 m (siehe Kapitel 4.6, Gewitter)

4.9 Wetterkarte

Die Erstellung von Wetterkarten ist heute noch mit großem Aufwand verbunden: Hochgeschwindigkeitsrechner sind zu einem Verbundnetz zusammengeschaltet und werden erdumspannend von 9000 meteorologischen Stationen gefüttert. Selbst extraterrestrische Beobachtungen von Meteosat 2 münden ins Netz. Vor allem interessieren Daten über Luftdruck, Temperatur, Taupunkt, Windrichtung und -stärke, Sichtweite, auch Bewölkung und Niederschläge werden erfaßt und bei der Erstellung von Wetterkarten miteinbezogen. Daten aus höheren Schichten werden über Radioballonsonden zur Erde gefunkt. Trotzdem sind Prognosen unerhört schwierig, vor allem für längere Zeiträume, weil sich dann kleine Ausgangsfehler immer schwerwiegender auswirken.

> Gewöhnlich werden Boden- und Höhenwetterkarten entworfen.

Bei den Bodenkarten werden die Meßwerte auf Meereshöhe umgerechnet. Vor allem die Isobaren, Linien gleichen Luftdrucks, charakterisieren eine Wetterkarte. Aus ihrem Verlauf läßt sich die Windstärke und die Windrichtung entnehmen.

> Je enger die Isobarenabstände, um so größer das Druckfälle
> → desto stärker der Wind.
> Je weiter die Isobarenabstände, um so geringer das Druckfälle
> → desto ausgeglichener.

Der Kaltfrontverlauf ist in der Wetterkarte blau gekennzeichnet; ihre Bewegungsrichtung wird mit Keilen angezeigt. Die Warmfront ist dagegen rot mit Halbkreissymbolen in Vorrückrichtung, während die Okklusionsfront mit beiden Symbolen versehen in der Mischfarbe violett eingetragen wird. Fronten rücken entlang der Isobaren voran.

Wolkenbilder: 1 Cumuluswolken, Quell- oder Haufenwolken, 2 Cumulonimbus, Gewitterwolke im Aufbaustadium – Lebensgefahr! 3 Kaltfront, 4 Cirruswolken, 5 Altocumulus lenticularis, Föhnwolken, Föhnfische, 6 Cirrocumulus.

1 △

2 △

3 △   5 ▽

4 △   6 ▽

● **Hochdrucklage:**

Situation: Mitteleuropa im Zentrum eines Hochs.
Wetter: schön.
Wind: kaum Wind, thermische Aktivität, mit der Alterung der Hochdruckluftmassen abnehmend.
Gefahren: häufig dunstig, Bodennebel, eventuell Wärmegewitter bei Abschwächung.

● **Föhnlage (Südföhn)**

Situation: Tief über NW-Europa (England), Hoch über SO-Europa, Voraussetzung S- bis SW-Höhenströmung.
Wetter: Alpensüdseite regnerisch, Alpennordseite schön.
Wind: südliche Richtungen, extrem turbulent auf der Alpennordseite.
Gefahren: Startverbot auf der Alpennordseite, starke Turbulenzen, abrupte Windscherungen; Alpensüdseite: tiefe Wolkenbasis, schlechte Sicht.

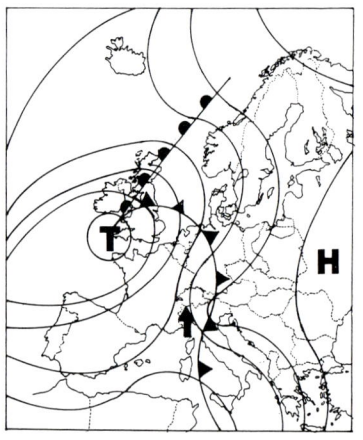

● **Staulage (Nordföhn)**

Situation: komplementäre Lage zum Südföhn, Hoch über NW-Europa, Tief in SO-Europa, feuchte Luft aus dem Nordseeraum fließt gegen die Alpen.
Wetter: nördlich der Alpen Staubewölkung mit nach O absinkender Wolkenbasis, Regen; südlich der Alpen schön.
Wind: nördliche Richtungen, auf der Alpensüdseite starke Turbulenz.
Gefahren: Startverbot auf der Alpensüdseite, starke Turbulenzen, auf der Alpennordseite nach O schlechtere Sicht.

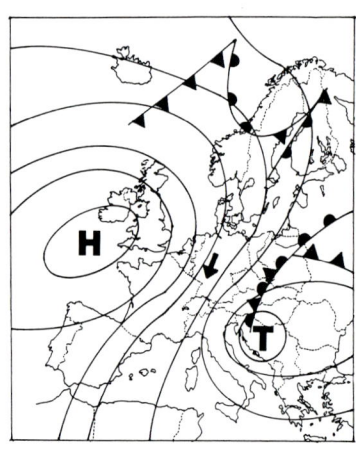

Westwindlage

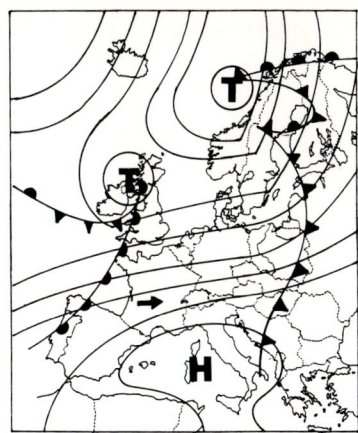

Situation: eine voll entwickelte Polarfrontwelle zieht mit Tiefdruckgebieten über Mitteleuropa; häufig; mehrere Tage bis zu einer Woche anhaltend; feuchte Atlantikluft fließt nach Mitteleuropa.

Wetter: wechselhaft.

Wind: westliche Richtungen, bei Frontendurchlauf böig.

Gefahren: starke Böen bei Kaltfrontdurchgang, im Frontenbereich tiefe Wolkenbasis, schlechte Sicht, auf Rückseite gute Flugbedingungen.

Bisenlage

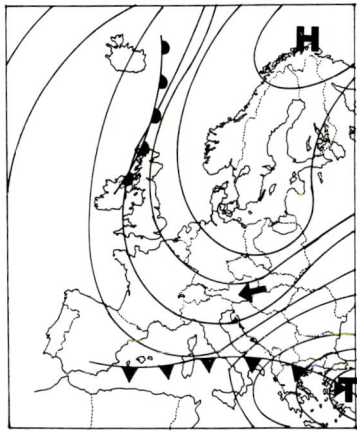

Situation: über dem Mittelmeer liegt eine Tiefdruckzone, über dem nördlichen Europa ein Hoch; nördlich ziehen die Polarfronten an diesem Hoch vorbei, ohne Mitteleuropa zu berühren; mit der Ostströmung wird Kontinentalluft herangetragen.

Wetter: Sommer: trockenes, schönes Wetter; Winter: warme, trockene Luft ist durch eine Inversionsschicht von einer sehr feuchten getrennt – geschlossene Hochnebeldecke über der Inversion.

Wind: O- bis NO-Strömung, starker Wind in Bodennähe, besonders in der Westschweiz an Heftigkeit zunehmend – Turbulenzen!

Gefahren: Turbulenzen, besonders in der Westschweiz! Hochnebel mit teilweise schlechter Sicht.

Flachdrucklage:

Situation: geringe Druckgegensätze in Mitteleuropa, weite Isobarenabstände in der Wetterkarte.

Wetter: Schönwetter mit Quellwolkenbildung, ideale Thermikbedingungen, Gewitterneigung!

Wind: fast kein Wind; nur in Nähe von Wärmegewittern Böen.

Gefahren: jäh einsetzende Böen in Gewitternähe, Blitzschlag.

5.1 Flugpraxis für Anfänger

Dieses Kapitel soll nicht die eigentliche Praxisausbildung in einer anerkannten Flugschule ersetzen. Jedoch werden wichtige Hinweise gegeben, die helfen, gemachte Fehler zu lokalisieren und zu verhindern. Bevor es zu den eigentlichen Praxisübungen kommt, sollte jeder Pilot mit seiner Ausrüstung vertraut sein. Dies vermeidet Ärger und Unsicherheit beim Start. Am besten ist es, schon zu Hause den Gurt anzupassen und den Gleitschirm zu überprüfen.

● **Anfängerausrüstung:**
- Gutmütiger, einfach zu startender Gleitschirm, der von einem Lehrer oder Könner auf Flugtauglichkeit überprüft wurde, auf Gütesiegelplakette achten!
- Einfach zu bedienendes Gurtzeug.
- Stabile, knöchelhohe Schuhe und Gleitschirmhelm.

● **Startvorbereitungen:**
- Zuerst wird der Helm aufgesetzt.
- Der Gleitschirm wird so ausgelegt, daß die Kammeröffnungen (in Laufrichtung gesehen) hinten sind und das Segel mit der Oberseite auf dem Boden liegt.
- Dann werden die Leinen entwirrt. Alle Leinen müssen frei sein. Um dies schnell und sicher zu erreichen, werden zuerst die Haupttragegurte in die Hand genommen und so getrennt, daß zu den einzelnen Tragegurten jeweils die Leinengruppen laufen. Die **Steuerleinen** (Bremsleinen) werden **im Bogen frei sichtbar** nach außen gelegt.

> Keine Leine darf unter dem Schirm liegen, da sonst das Segel nicht richtig geöffnet werden kann. Das gilt besonders für die äußeren Leinen am Stabilisator.

Für den Start ist es wichtig, daß sich das Segel von den mittleren Zellen her füllen kann, damit das Segel nicht seitlich ausbricht. Deswegen ist es ratsam, die Hinterkante an den Seiten so zu raffen, daß das **Segel einen Viertelkreis** beschreibt.

Ein sorgfältig ausgelegtes Segel verhindert meistens einen Fehlstart und gibt Sicherheit, da die Kappe von der Mitte her gleichmäßig gefüllt wird und nicht so leicht seitlich ausbricht.

1. Schirm auslegen	3. Segel raffen
2. Leinen entwirren	4. Gurtzeug anlegen

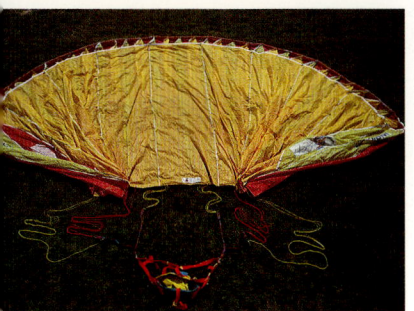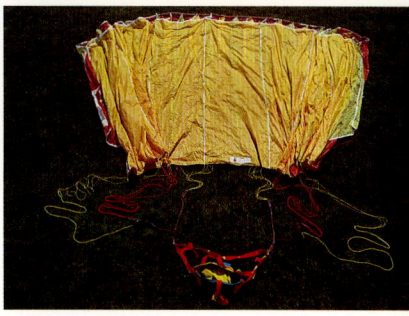

Auslegemethode 1 *bewährt*
sich bei fast allen Gleitsegeln.

Auslegemethode 2 *ist bei*
engen Startplätzen von Vorteil.

Zur besseren Übersicht wurden hier die Leinengruppen wellenförmig getrennt
ausgelegt. In der Praxis genügt es, wenn die Fangleinen vorher entwirrt werden
und lose übereinander liegen.

● Schirm auslegen

- **Methode 1:** Gleitsegel als Viertelkreis ausgelegt. Ausgehend vom
  rechteckig ausgelegten Schirm wird die Hinterkante an den Seiten
  gerafft. Die Hinterkante der inneren 2 bis 4 Zellen bleibt gerade.
- **Methode 2:** Besonders bei kleinen Platzverhältnissen oder neueren
  Schirmtypen angebracht, die exakt von der Mitte her gefüllt werden
  müssen. Nur die äußeren Zellen werden an Eintritt und Hinterkante
  gerafft.

Da es Unterschiede im Startverhalten von Gleitsegeln gibt, kann keine
allgemein verbindliche Auslegeform angegeben werden. Je nach Segeltyp kann Methode 1 oder 2 von Vorteil sein. Am Übungshang ist dies
jedoch leicht festzustellen.

Falls das Gurtzeug noch nicht mit dem Gleitschirm verbunden ist, wird
das Gurtzeug so an die Haupttragegurte montiert, daß **der vordere Tragegurt oben** ist. Die Tragegurte dürfen nicht in sich und mit der Steuerleine verdreht sein. Die Sicherungsschraube des Karabiners ist zu
schließen. Beim Anlegen des Gurtzeuges stellt sich der Pilot dicht an die
Schirmhinterkante. Erst die Beinschlaufen schließen, dann die Brust-
schließe. Die Haupttragegurte werden nun genommen und über die
Schulter gelegt. Die Steuerschlaufen von den hinteren Tragegurten lösen und in die Hand nehmen. Die vorderen Tragegurte ergreifen und die
Arme nach oben strecken. Dadurch liegen nur die hinteren Tragegurte
auf den Schultern. Die Steuerleine muß jetzt frei laufen.

● **Startposition:** Die Arme werden leicht seitlich nach hinten oben gestreckt. Die vorderen Tragegurte sind mit der Steuerschlaufe fest gefaßt.
Die vorderen Leinen (A-Leinen) werden leicht vorgespannt. Wir können
nun das Segel aufziehen und starten. Zur Sicherheit machen wir vor
jedem Start einen **Start-Check.** Der Check muß immer gleich ablaufen,
um nichts zu vergessen.

Handhaltung: Man schlüpft mit der Hand in die Steuerleinenschlaufen und hält die Fangleinenschlösser der vorderen Tragegurte. Die hinteren Tragegurte laufen über die Oberarme.

Start-Check (Fünf-Punkte-Check)
1. Eintrittskante offen?
2. Leinen, Tragegurte und Steuerleinen O. K.?
3. Gurtzeug und Karabiner geschlossen?
4. Wind richtig?
5. Luft- und Startraum frei?

5.1.1 Aufstellen und Starten des Gleitsegels

Vor dem Start absolute Konzentration

Kräftiges, gleichmäßiges Anlaufen mit seitlich nach hinten gestreckten Armen. Die Arme beschreiben einen Viertelkreis nach vorne oben. Der Schirm schöpft Luft, das Profil stabilisiert sich.

Steht der Schirm über dem Piloten, **Kontrollblick nach oben.** Sind alle Kammern geöffnet, weiterlaufen und dabei beschleunigen. Ist der Schirm nicht ganz geöffnet, kann bei genügend Startraum korrigiert werden. Ansonsten erfolgt **Startabbruch.**

Aufziehen des Schirmes: 1: Nachdem der Schirm sauber ausgelegt ist, Fünf-Punkte-Check, Konzentration. Mit den vorderen Leinengruppen auf Spannung gehen. 2: Kräftiges, gleichmäßiges Anlaufen mit seitlich nach hinten gestreckten Armen.

● Starthelfer

Starthelfer sind nicht notwendig, erleichtern aber das Aufziehen des Segels. Sie müssen das Segel so aufhalten, daß es in der Mitte der Eintrittskante höher ist als am Rand, sonst kann das Segel in der Mitte zusammenklappen, da es nicht von der Mitte her gefüllt wird. Ein Starthelfer, der nur die Segelmitte aufhält, ist meist besser, da mehrere Starthelfer das Segel fast immer ungleichmäßig loslassen.

Bei jedem Start Kontrollblick nach oben

● Korrekturen beim Start:

Fehler: Schirm klappt in der Mitte zusammen.
– Die mittleren Zellen gut auslegen, am besten nach Methode 2 (siehe Foto).
Fehler: Schirmkappe kommt nicht über den Kopf.
– Tragegurte an den Enden fassen.
– Bei leichteren Piloten kleineren Schirm wählen.
– Leinen vorspannen und kräftig anlaufen.
– Manche Schirme müssen »angerissen« werden: A-Leinen vorspannen, dann einen Schritt zurückgehen.
Fehler: Schirm kippt seitlich ab.
– Beim Start in die Segelmitte stellen.
– Korrektur: Segel in Abkipprichtung schräg nach vorne unterlaufen.
Fehler: Segel klappt vorne ein (vor allem bei schnellen Schirmtypen).
– Kappe gleichmäßig aufziehen und erst danach beschleunigen. Bei einigen Schirmtypen ist nach dem Aufziehen leichtes Anbremsen erforderlich.

Aufziehen des Schirmes: 3: Der Schirm schöpft Luft und bietet jetzt den größten Widerstand. 4: Der Schirm steht über dem Piloten: **jetzt Kontrollblick nach oben.** Sollte der Schirm zum Überholen tendieren, leicht anbremsen und zügig weiterlaufen.

Fehler: Außenkammern sind nicht gefüllt.
– Durch Pumpen (Steuerleinen durchziehen und lösen) Kammern füllen. Dazu vordere Tragegurte loslassen. Sind die Zellen gefüllt, vordere Tragegurte erneut fassen und beschleunigen.

Gleitschirmkappe, nicht korrekt mit Luft gefüllt. Eine sauber profilierte Kappe ist vor allem im Obersegel weitgehend frei von Knicken.

● Startabbruch

Läßt sich das Segel nicht korrigieren oder ist der Anlauf zu kurz, sofort Startabbruch.
Eine Steuerleine ganz durchziehen. Das Segel steuert dadurch sofort in den Hang und kippt seitlich ab. Es können auch beide Steuerleinen durchgezogen werden. Jedoch ist bei steilem Startgelände die Gefahr groß, doch noch abzuheben → **erhöhte Unfallgefahr.**

● Der erste kurze Flug

Voraussetzungen: Geneigter Hang, der kurzzeitig um 30° steil ist und flach ausläuft. Hindernisfrei. Windstille oder leichter Gegenwind.
Der Start erfolgt wie beschrieben.

Vor jedem Flug: Startcheck und Konzentration

Ist der Schirm aufgezogen und korrigiert, erfolgt der eigentliche Startlauf.
Der Erfolg des Startes hängt von der Anlaufgeschwindigkeit ab. Dazu wird die Geschwindigkeit mit großen Schritten erhöht, bis Zug auf die

*Fehlstart: Die Kappe ist nicht gleichmäßig geöffnet. **Kein Kontrollblick nach oben!** Ein Start hätte fatale Folgen!*

Tragegurte kommt. Nach zwei bis drei weiteren Schritten Steuerleinen leicht durchziehen (20 bis 60 Prozent je nach Schirmtyp).
Der Schirm fängt an zu tragen. Trotzdem laufen wir weiter, bis wir wirklich in der Luft sind. Jetzt langsam die Steuerleinen lösen, damit der Schirm Geschwindigkeit aufnehmen kann.

Fehler: Pilot hebt nicht ab.
– Steuerleinen zu stark und zu früh gezogen.
– Anlauf zu langsam.
– Schirm nicht kontrolliert (Kontrollblick) und korrigiert.
– Gelände zu flach.
Fehler: Erneute Bodenberührung nach dem Start.
– Pilot springt in das Gurtzeug.
– Steuerleinen nicht gelockert.
– Rückenwind (Leeturbulenzen).

Die ersten Flüge am Übungshang lassen keine Zeit für große Flugmanöver, lediglich kleinere Korrekturen sind möglich.
Der Schirm wird durch Ziehen der Steuerleinen gesteuert.

rechts ziehen	=	nach rechts steuern
links ziehen	=	nach links steuern
beidseitig ziehen	=	Geschwindigkeit verringern

Wir ziehen anfangs nicht mehr als 50%, um riskante Manöver zu vermeiden.

5.1.2 **Landung**

Der Landeanflug erfolgt gerade, zunächst mit gelösten Steuerleinen gegen den Wind. In ca. 2 m Höhe beide Steuerleinen bis auf 100 Prozent durchziehen. Der Schirm wird langsam, wir pendeln leicht nach vorne und setzen ganz weich in aufrechter Haltung auf. Wurde der Schirm für eine stehende Landung zu wenig abgebremst, fangen wir den Schub mit ein paar Laufschritten ab.

> **Fehler:** Harte Landung mit starker Vorwärtsbewegung
> – Rückenwind
> – Zu spät oder zu wenig abgebremst
> **Fehler:** Harte Landung bei Schirmstillstand
> – Zu früh und zu hoch abgebremst
> **Fehler:** Landung auf dem Gesäß
> – Keine aufrechte Haltung vor der Landung
> – Keine Laufschritte nach vorne

5.1.3 **Landefall**

Der Landefall mindert die Verletzungsgefahr bei einem harten Aufprall und ist für Gleitschirmflieger ebenso wichtig wie für Fallschirmspringer. Grundsätzlich sollte sich jeder Pilot schon vor dem ersten Flug mit der Falltechnik auseinandersetzen. Leider ist sie in der Gleitschirmliteratur oft falsch dargestellt. Durch fehlerhafte Ausführung ergeben sich neue Verletzungsrisiken!

5.1.3.1 **Landefalltechnik**

> ● Die Füße werden zusammengepreßt, bodenparallele bis leicht nach unten geneigte Fußhaltung, die Sehnen sind entspannt.

Landefalltraining: Von einem erhöhten Punkt wird abgesprungen –
geschlossene Beine bei Bodenberührung – Knie zusammen, leicht angewinkelt –
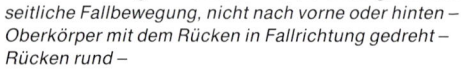
seitliche Fallbewegung, nicht nach vorne oder hinten –
Oberkörper mit dem Rücken in Fallrichtung gedreht –
Rücken rund –

- Knie leicht anwinkeln und zusammenhalten; Kniefall (nach vorne) vermeiden (Kniegelenksverletzungen), sondern seitliche Abrollbewegung. Leichte Muskelanspannung.
- Der Rücken ist rund, der Oberkörper leicht gedreht, so daß der Rücken in die seitliche Fallrichtung schaut. Nicht seitlich (Schlüsselbein), sondern über den Rücken abrollen.
- Die Bremsstellung verlangt meistens eine Armstellung nach unten. Die Arme müssen sich direkt am Körper befinden und die Steuermanöver direkt entlang des Körpers ausgeführt werden. Mit den Armen am besten nach vorne oder seitlich, niemals abstützend nach hinten greifen (Handgelenksverletzungen, Armbrüche).
- Kopf nach vorne angezogen mit Kinn auf der Brust.
- Beim Aufprall läßt man sich nicht zusammenstauchen (Steißbein, Knie-Kinn-Verletzungen), sondern versucht die Stoßenergie in einem seitlichen Abrollen abzufangen. Es wird seitlich über die Knie schräg nach hinten über den Rücken abgerollt. Die Fallrichtung ist immer seitlich, weil der Oberkörper mit dem Rücken in Fallrichtung gedreht ist. Keine Abfangbewegungen mit den Armen.

Nicht gezielt, sondern gezielt sicher landen!

5.1.3.2 Der Rückwärtsfall

Auch für die Startabbrüche sind Fallübungen nützlich. Folgende Situation führt häufig zu Verletzungen: Bei angezogenen Bremsen kippt der Schirm nach hinten ab, der Pilot wird nach hinten umgerissen und versucht, sich mit den Armen nach hinten greifend abzufangen. Komplizierte Handgelenksbrüche können die Folge sein.

diagonal über den Rücken abrollen – Kopf angezogen mit Kinn auf der Brust, leicht seitliche Haltung – Arme eng am Körper, keine Abfangbewegungen – abrollen – aufrichten.

Rückwärtsfall:
Nach hinten umkippen lassen,
Arme knapp am Körper vorbeiführen,
nicht nach hinten abstützen!...

... über runden Rücken und...

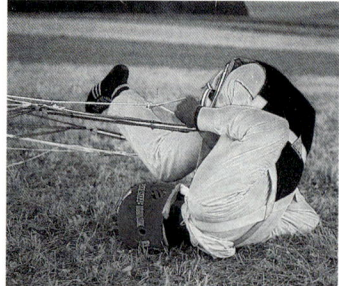

... bei seitlicher Kopfstellung über freie Schulter abrollen.

Der Rückwärtsfall hilft solche Verletzungen zu vermeiden:

- Die Hände werden mit den Steuerschlaufen direkt entlang dem Körper geführt.
- Nicht zurückgreifen, auch wenn sich ein Fallen nicht mehr vermeiden läßt.
- Der Rücken ist rund.
- Seitliche Kopfhaltung mit Kinn auf der Brust.
- Über die freie Schulter nach hinten abrollen.

5.1.4 Packen des Gleitschirms

Da der Gleitschirm bei jedem Start neu ausgelegt wird, sind bestimmte Packmethoden vorteilhaft. Bewährt haben sich zwei Methoden, bei denen der Schirm sehr klein gepackt werden kann. Je sorgfältiger die Tuchbahnen aufeinandergelegt werden, um so kleiner ist das Packmaß.

5.1.4.1 Fallschirmpackmethode

Dazu wird der Gleitschirm mit den Fangleinen nach innen flächig auf den Rücken gelegt. Nun wird von der Schirmmitte her von 2 Leuten der Gleitschirm Zelle für Zelle aufeinander gelegt. Der jeweilige Außenflügel wird also langsam Zelle für Zelle nach innen gezogen, so daß der Gleit-

Fangleinenzopf:
Die Leinenbündel werden überkreuzt, ...

... durch die Schlaufe gefaßt und das freie Leinenbündel ergriffen, ...

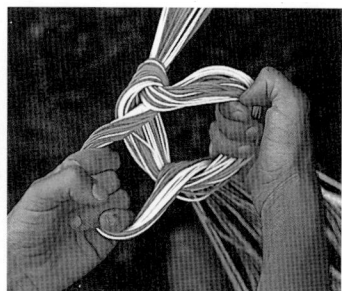

... durchgezogen, ...

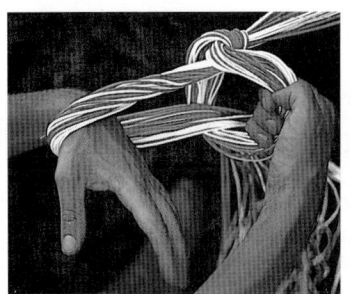

... durch die neue Schlaufe durchgegriffen, um erneut das Fangleinenbündel durchzuziehen.

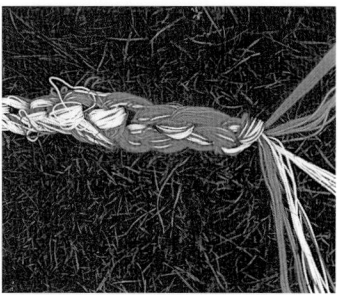

Der Zopf wird durch bloßes Anziehen wieder geöffnet.

schirm am Ende wie eine Zieharmonika aussieht. Die so entstandene linke und rechte Zieharmonika wird aufeinandergelegt. Dann wird die Luft zu den Zellöffnungen herausgestrichen. Die Fangleinen werden gebündelt, in Schlingen aufgenommen und auf den Schirm gelegt (siehe Foto oben). Jetzt wird die Schirmkappe mitsamt Leinen und Stabilos nochmals der Länge nach zusammengefaltet. Der schmale Segelstreifen wird klein gerollt oder mehrmals zusammengelegt und in den Packsack verstaut. Das Gurtzeug einfach mit in den Packsack stecken.

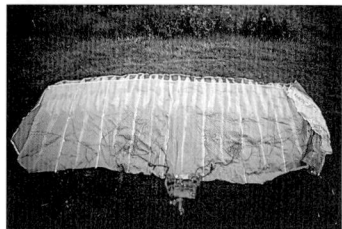

Gleitschirmpackmethode:
rechteckiges Auslegen...

... von der Seite her
halbieren, ...

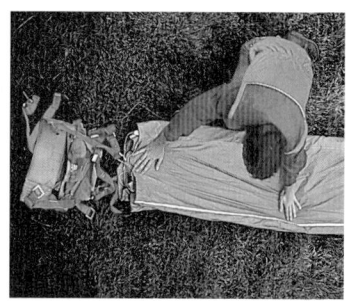

... Halbierung wiederholen bis zu
Halbmeterbreite, ...

... die Luft zu den Zellöffnungen
hin herausstreichen, ...

... das Gurtzeug auflegen...

... und einrollen oder falten.

5.1.4.2 Gleitschirmpackmethode

Das Gleitsegel liegt mit den Fangleinen im Segel ausgebreitet auf dem Rücken. Von der linken und rechten Seite her wird das Segel zur Mitte eingeschlagen und dies wiederholt, bis ebenfalls eine schmale Bahn entsteht. Das Segel kann auch zellweise von den Seiten her eingerollt werden.

5.2.1 Der Höhenflug

Bei den kurzen Flügen am Übungshang war die Flugphase nur Nebensache. Zu kurz war die Zeit, um Manöver zu fliegen und den Flug zu genießen. Erst beim Höhenflug kommt man dazu, alles aus der Vogelperspektive zu betrachten. Die große Landewiese wirkt nun winzig klein, und es erscheint unmöglich, den Zielkreis nur annähernd zu treffen. So ist es auch die Hauptschwierigkeit, Höhe und Entfernung einschätzen zu können. Der Start erfolgt genauso sorgfältig wie am Übungshang. Besonderes Augenmerk gilt jetzt auch den Wetterverhältnissen, die bisher weniger Bedeutung hatten. Nach dem Start muß man sicheren Abstand zum Hang gewinnen und darf den Landeplatz nicht aus den Augen verlieren. Sobald wir ausreichend Höhe haben, können die ersten kleinen Manöver geflogen werden.

> Die Steuerleinen werden bei Start, Landung und allen Flugmanövern immer seitlich dicht am Körper entlanggeführt.

5.2.1.1 Geschwindigkeitssteuerung

Es gibt inzwischen eine Vielzahl von Gleitschirmen auf dem Markt, die alle unterschiedliches Handling und verschiedene Flugeigenschaften haben. Deswegen können die Angaben über Steuerleineneinstellungen nur ungefähr sein. Jeder Pilot hat deswegen die Pflicht, sich nach den spezifischen Flugeigenschaften und dem Verhalten seines eigenen Gleitschirmes zu erkundigen. Jedem neuen Schirm liegt eine Benutzeranweisung bei. Für weitere Auskünfte wendet man sich am besten an den Fachverkäufer oder direkt an den Hersteller. Wer genau wissen will, bei welcher Geschwindigkeit das Sinken am größten bzw. am geringsten ist, benötigt ein Variometer (siehe Kapitel 2, Abschnitt 2.6.1) und ruhige Flugverhältnisse.

5.2.2 Gleitflüge

5.2.2.1 Ungebremster Gleitflug

Die Steuerleinen (Bremsen) sind nicht betätigt. Der Schirm fliegt mit Maximalgeschwindigkeit. Das Sinken ist relativ groß. Ideal bei stärkerem Gegenwind, um noch das Landefeld zu erreichen.

5.2.2.2 Geschwindigkeit des besten Gleitens

Die Steuerleinen sind 10 bis 25% durchgezogen. Der Schirm legt nun die größte Strecke bei geringem Sinken zurück. So wird der beste Gleitwinkel erreicht.

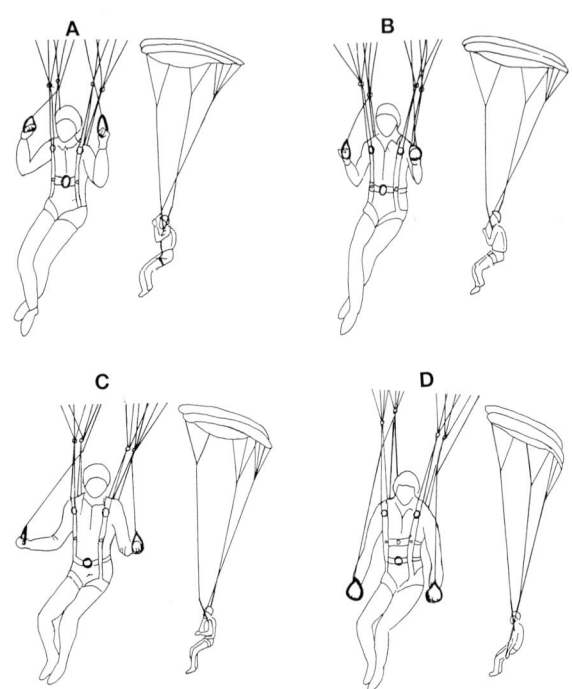

Steuerleinenpositionen:

A 0–25% Bremse, bestes Gleiten
B 25–50% Bremse, geringstes Sinken
C ~75% Bremse, Minimalgeschwindigkeit
D 100% Bremse, Fullstall

5.2.2.3 Geschwindigkeit des geringsten Sinkens

Die Steuerleinen sind je nach Schirmtyp 20 bis 50% gezogen. Die Eigengeschwindigkeit ist relativ langsam. Durch das geringe Sinken wird die längste Flugzeit erreicht. Hangaufwind und Thermik können so am besten genutzt werden.

5.2.2.4 Minimalgeschwindigkeit

75 bis 100% Steuerleinenzug. Die Windgeräusche nehmen ab, der Schirm fliegt kurz vor dem Stallpunkt (siehe Abschnitt 5.4.6.9). Da man bei zu starkem Steuerleinendurchzug leicht in den Stall kommt, tastet man sich **bei großer Sicherheitshöhe** an den Stall heran. Dabei lernt man die Grenzbereiche des Schirmes kennen.

Alpines Fliegen setzt eine gewissenhafte Flugplanung und die Einbeziehung der regionalen Windverhältnisse voraus (Schneefernerkopf, Österreich).

5.2.3 **Kurven**

Soll eine Rechtskurve geflogen werden, wird die rechte Steuerleine gezogen. Die Linkskurve wird durch Zug an der linken Steuerleine geflogen. Der Zug soll gleichmäßig und nicht zu schnell erfolgen. Auch das Lösen der Bremse soll gleichmäßig erfolgen, um unangenehme Pendelbewegungen des Gleitschirms zu vermeiden. Sie bewirken zugleich ein größeres Sinken. In Bodennähe ist dies besonders zu beachten. Werden kurz vor dem Landeanflug schnelle Kurven geflogen, fällt die Landeeinteilung schwerer. Landungen außerhalb des Landefeldes sind dabei sehr häufig.

5.2.3.1 **Kurven aus voller Fahrt (Maximalgeschwindigkeit)**

Steuerleine ca. 50% durchziehen. Der Schirm beschreibt einen Kreis mit großem Radius. Die Zentrifugalkraft bewirkt eine starke Querneigung mit deutlicher Zunahme des Sinkens.

5.2.3.2 **Kurven aus leicht angebremstem Zustand (25 bis 50%)**

Die kurveninnere Steuerleine wird 75 bis 90% durchgezogen. Der Schirm dreht flacher und durch die geringe Eigengeschwindigkeit schneller. Da der Höhenverlust (das Sinken) auch geringer ist, wird so meist beim Hangsoaring (siehe Abschnitt 5.3.1) und in der Thermik (siehe Abschnitt 5.3.2) geflogen.

5.2.3.3 **Kurven aus stark angebremstem Zustand (70 bis 100%)**

Die kurvenäußere Steuerleine wird nachgelassen. Der Schirm dreht fast auf der Stelle. Da wir im Bereich der Minimalgeschwindigkeit fliegen und dem Stallpunkt sehr nahe sind, muß man sich erst langsam an dieses Manöver herantasten, wobei die Höhe über Grund sehr groß sein soll (siehe auch Abschnitt 5.2.2.4).

Bei allen Flugmanövern gilt: Steuerleinen nicht ruckartig betätigen. Steuerleinen immer gleichmäßig, aber nicht zaghaft ziehen und lösen, um gefährliche Pendelbewegungen zu vermeiden. Dies ist vor allem wichtig, wenn der Schirm überraschend heftig reagiert. Fallschirmspringer müssen beachten, daß die Flugtechnik eines Flächenfallschirms nur bedingt zu übernehmen ist.

Keine gewagten Flugmanöver ohne ausreichende Höhe (nicht unter 200 m).

Alle Flugmanöver sollen immer in Richtung Landeplatz orientiert sein, um ausreichend Höhe für die **Landevolte** zu haben.

Beim Bremsen werden die hinteren Schirmkanten heruntergezogen.
Für bodennahes Kurven wird hier die Bremse zu stark betätigt!
Gefahr des einseitigen Strömungsabrisses.

5.2.4 Landevolte (Landeanflugeinteilung)

Um eine ordentliche Landeeinteilung zu fliegen, ist eine Höhe von 100 bis 150 m über Grund erforderlich. Die Landevolte wird in der Regel *gegen den Uhrzeigersinn* geflogen. Sind bereits mehrere Piloten im Landeanflug, wählt man die gleiche Route, um Kollisionen zu vermeiden. Der Platz zum Abbauen der überschüssigen Höhe, der in der Nähe des Landeplatzes liegen soll, wird als **Position** bezeichnet. Da der Endanflug zum Landeplatz immer *gegen den Wind* erfolgt, muß schon in der Position klar sein, woher der Wind am Boden kommt und wie der Endanflug erfolgen muß. Ist ein Windsack oder eine Fahne am Landeplatz, ist das kein Problem. Ohne diese Hilfsmittel kann man die wahrscheinliche Windrichtung am Boden durch Beobachten der eigenen Abdrift beim Abbauen der Höhe in der Position bestimmen (siehe auch Kapitel 4, Abschnitt 4.3.2).

Ist genügend Höhe abgebaut, erfolgt der **Gegenanflug.** Je nach Höhe fällt der **Queranflug** kürzer oder länger aus, bis die richtige Höhe für den **Endanflug** erreicht ist. Der Endanflug erfolgt mit voller Geschwindigkeit. In ca. 2 m Höhe wird der Schirm gleichmäßig auf 100% durchgebremst, so daß die gesamte Vorwärtsgeschwindigkeit abgebaut wird und der Pilot weich aufsetzt.

Bei Höhenflügen liegt die Schwierigkeit im richtigen Abschätzen der Höhe. Darauf achten, sich rechtzeitig, am besten schon in der Position, aufrecht in das Gurtzeug zu stellen, um die notwendige Übersicht zu erhalten.

Korrekturen der Landevolte, um den Zielkreis zu erreichen:

Erscheint die Flughöhe schon im Gegenanflug gering, so daß Zweifel am Erreichen des Landeplatzes bestehen, wird vom Queranflug gleich in den Endanflug übergegangen. Dabei ist zu beachten, daß abrupt eingeleitete Kurven nur zusätzliches Sinken bedeuten. Bei zuviel Höhe wird der Queranflug zu einem weiten Bogen ausgedehnt. Bei totaler Fehleinschätzung kann die überflüssige Höhe durch seitliches Hin- und Herfliegen abgebaut werden.

Der Endanflug erfolgt immer gegen den Wind.

Ist die Flughöhe für eine Landevolte zu gering, erfolgt gleich der Endanflug gegen den Wind. Ist die Landewiese durch intensive Sonneneinstrahlung aufgeheizt, können sich Thermikblasen ablösen, die den Endanflug deutlich verlängern. Die überschüssige Höhe muß nun durch leichtes Kurven abgebaut werden.

Bodengrenzschicht und Leeturbulenzen: Der Windgradient zeigt, daß unmittelbar über der Erdoberfläche die Windgeschwindigkeit durch die Reibung geringer ist als in den darüberliegenden Schichten. Hinter Waldkanten und Hindernissen bilden sich Leewirbel aus, die sehr lange Wirbelschleppen nach sich ziehen. Der Gleitschirmflieger soll deshalb möglichst weit entfernt von Hindernissen und nur luvseitig vor Hindernissen landen.

Landevolte: In der **Position** wird Höhe abgebaut, die Landung selbst in **Gegen-, Quer-** und **Endlandung** aufgeteilt. Der Gegenanflug erfolgt mit dem Wind, der Endanflug gegen den Wind. Kommt man zu kurz, schneidet man die Kurve zum Queranflug; muß man noch Höhe abbauen, verlängert man die Kurve zum Queranflug.

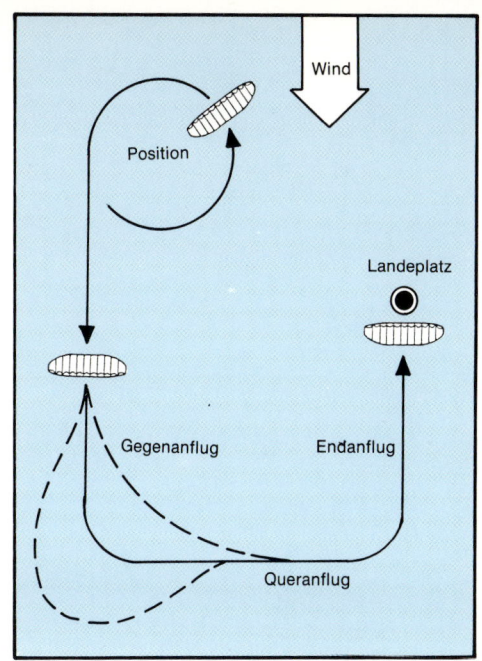

Wind

Position

Landeplatz

Gegenanflug

Endanflug

Queranflug

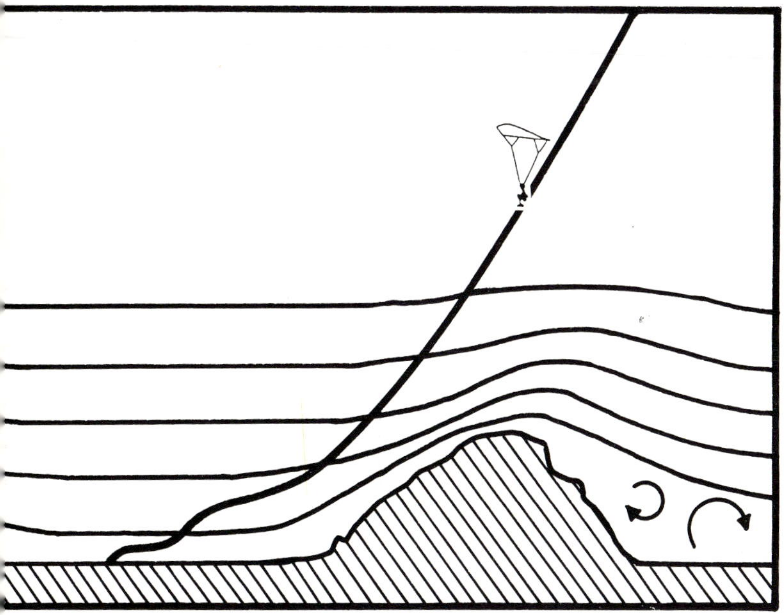

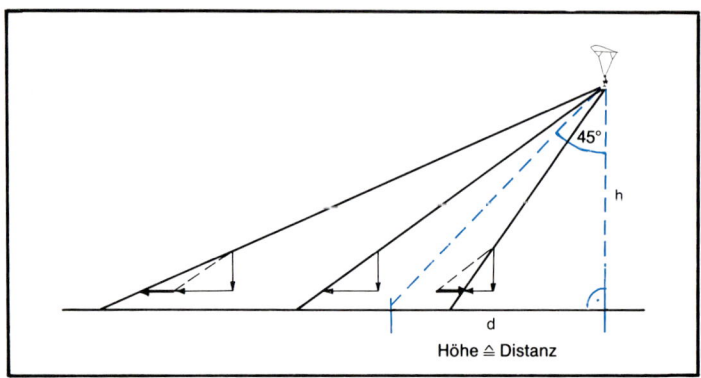

Höhe ≙ Distanz

Gleitwinkelveränderung beim Flug mit und gegen den Wind:

Wird mit dem Wind geflogen, erhöht sich der Gleitwinkel. Beim Flug gegen den Wind wird der Gleitwinkel geringer, die Reichweite des Gleitsegels kleiner. Dies ist bei der Flugplanung unbedingt zu beachten.

Höheneinschätzung aus der Luft (gestricheltes Dreieck):

Mit Hilfe eines vorgestellten rechtwinkligen, gleichschenkligen Dreiecks läßt sich die Entfernung zum Grund grob abschätzen. Wir schätzen dazu die Entfernung zum Boden von dem Punkt aus, der direkt gerade unter dem Piloten liegt, und einem Punkt, der im Winkel von 45° vor dem Piloten liegt. Die dabei geschätzte Distanz (d) entspricht in etwa der Flughöhe über Grund (h). Bei geneigter Erdoberfläche funktioniert diese Methode nicht.

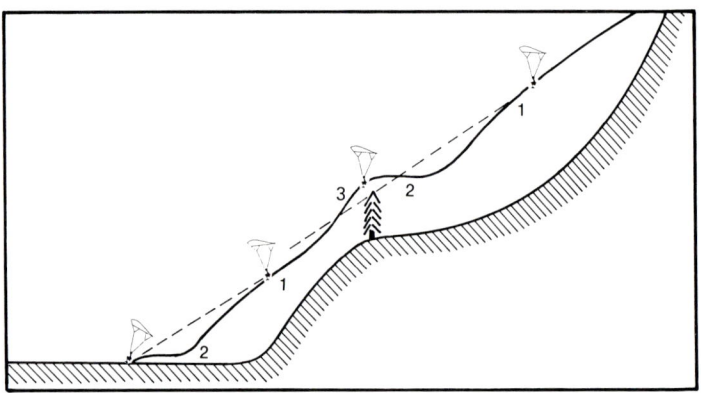

Kurzzeitige Auftriebserhöhung während des Fluges und bei der Landung:

1 Aus der Geschwindigkeit des geringsten Sinkens (leicht angebremst) wird der Gleitschirm durch Lösen der Steuerleinen beschleunigt.

2 Hat der Schirm volle Fahrt aufgenommen, kann durch kurzzeitig starkes Anbremsen der Auftrieb stark erhöht werden. Wird zu lange stark angebremst, wird dadurch die Mindestgeschwindigkeit unterschritten. Es kommt zum Strömungsabriß (Stall). Für die Landung ist deswegen der richtige Zeitpunkt des Anbremsens wichtig, um sanft aufzusetzen.

3 Ist das Hindernis überflogen, werden die Steuerleinen wieder gelöst (0% Bremse). Der Schirm holt Fahrt auf und kann kurz darauf wieder im Bereich des geringsten Sinkens geflogen werden.

Niemals aus Panik einen Vollkreis fliegen und eine Rückenwindlandung riskieren.

Nach der Landung sofort das Segel zusammenraffen und den Landeplatz für weitere Piloten freimachen.

5.2.5 Gefahrensituationen während des Fluges

Befindet man sich in einer gefährlichen Fluglage, muß schnell abgewogen werden, ob das Segel in ausreichender Höhe wieder in den stabilen Flugzustand gebracht werden kann und damit eine gefahrlose Landung möglich ist, oder ob der Rettungschirm **als letzte Maßnahme** gezogen wird.

5.2.5.1 Verknotete Fangleinen

Hat sich beim Starten eine Fangleine verknotet oder sind zwei Fangleinen ineinander verschlungen, kann der Knoten eventuell durch kräftigen Zug an der entsprechenden Leine gelöst werden. Das Gleitsegel kann auch mit Verknotungen noch flugtauglich sein, fliegt jedoch nicht mehr so stabil und kann nach links oder rechts ziehen. Der Pilot sollte auf größere Manöver verzichten und den Flugkurs laufend korrigieren. Auf jeden Fall ist der Landeplatz direkt anzusteuern. Meist ist das Segel stabiler, wenn leicht angebremst geflogen wird. Nur bei Kappenüberwürfen oder Verknotungen, die den Schirm in gefährliche Steilspiralen führen, aus denen er nicht mehr herauszubringen ist, ist der Wurf des Rettungssystems anzuraten.

5.2.5.2 Fangleinenriß

Fangleinenrisse kommen selten vor. Bei den sehr dünnen Wettkampfleinen kann es öfters zu Leinenrissen kommen. Trotzdem muß keine unmittelbare Gefahr bestehen. Das Segel baucht zwar an der Stelle aus, ist aber noch bedingt flugtauglich und auch noch zu steuern. Eventuell muß leicht gegengesteuert werden. Sofort den Landeplatz anfliegen.

5.2.5.3 Tuchriß

Beim Start in scharfem Geröll kann es vorkommen, daß das Tuch aufgerissen wird, ohne daß man es gleich merkt. Bei Segeln aus Ripstop-Tuch ist ein Weiterreißen des Tuchs nur bei großer Belastung möglich. Ruhe bewahren und unnötige Flugmanöver vermeiden. Der Landeplatz ist sofort anzusteuern.

5.2.5.4 Blockierte Steuerleinen

Verwickeln sich die Steuerleinen beim Start unbemerkt, können die Steuerleinen während des Fluges blockieren. Auf jeden Fall muß man

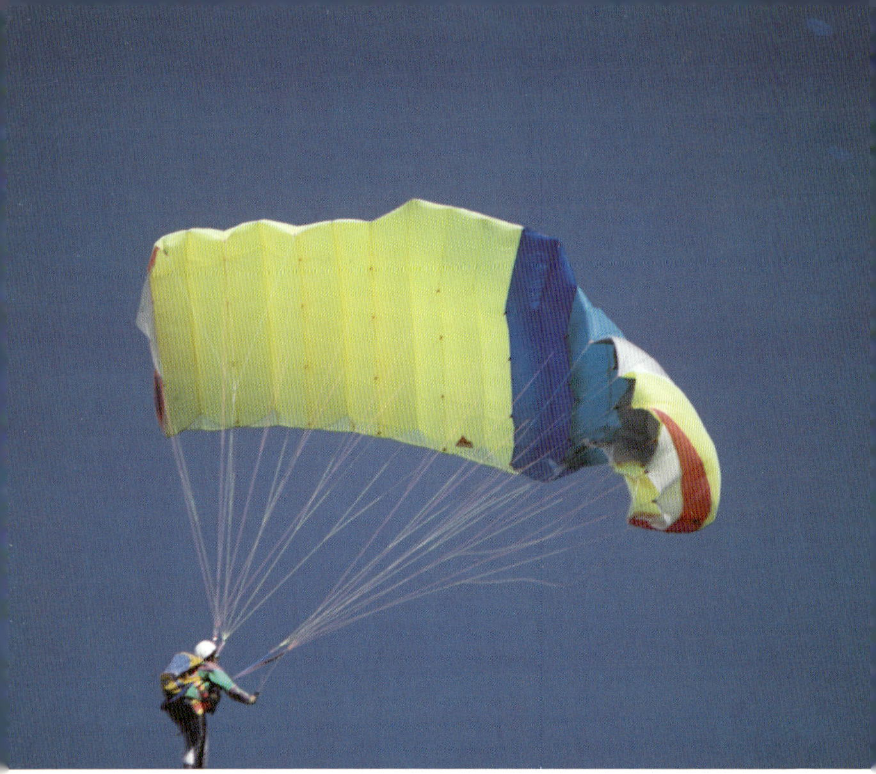

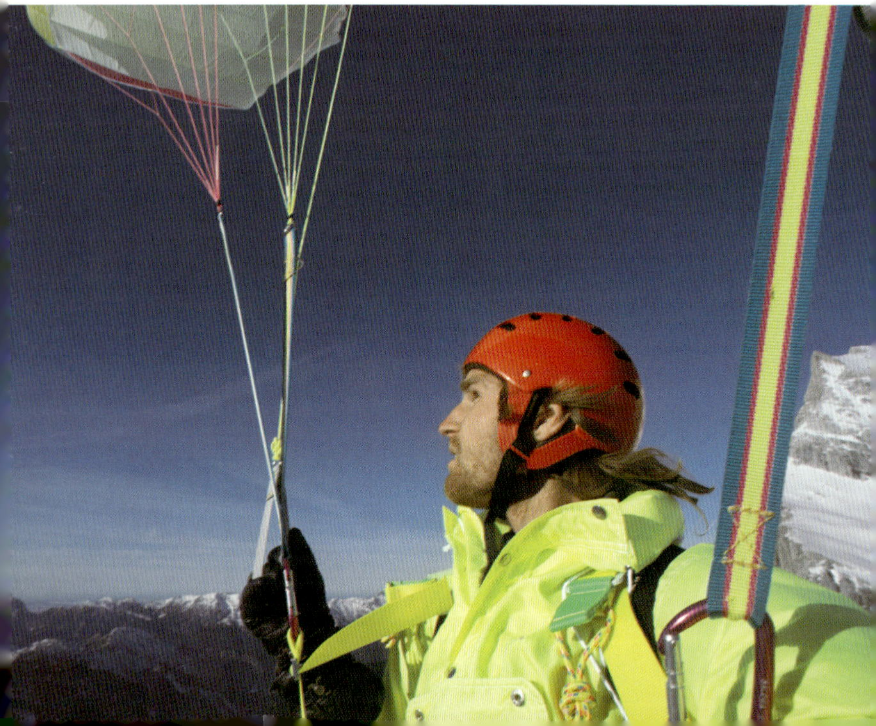

versuchen, blockierte Steuerleinen freizubekommen. Gelingt dies nicht, muß behelfsmäßig mit den Haupttragegurten gesteuert werden. Das Steuern mit den Haupttragegurten erfolgt wie mit den Steuerleinen, ist jedoch nicht so wirkungsvoll, da es lediglich eine Flächenverwindung des Segels bewirkt.

> Kurve rechts = rechten hinteren Haupttragegurt ziehen
> Kurve links = linken hinteren Haupttragegurt ziehen

5.2.5.5 Stabiler Sackflug

Der stabile Sackflug kommt hauptsächlich vor, wenn das Segel stärker angebremst geflogen wird. Der Sackflug ist in Abschnitt 5.4.5 ausführlich beschrieben.

5.2.5.6 Segeleinklappen

In Turbulenzen kann es vorkommen, daß die Segeleintrittskante teilweise oder sogar komplett einklappt. Dies ist nicht unbedingt gefährlich, man sollte aber wissen, wie man darauf reagieren muß.

> **Segeleinklappen wird vor allem durch Fehlreaktionen gefährlich.**

Verhalten bei Segeleinklappen: Das Segel **beidseitig** stark anbremsen und Steuerleinen wieder lösen. Ist das Segel noch nicht offen, wiederholen. Hat das Segel Tendenz zum Eindrehen, muß gegengesteuert werden. Dabei wird versucht, mit der anderen Steuerleine durch Pumpen, d. h. durch ständiges Ziehen und Lösen der Steuerleinen, die eingefallenen Zellen aufzupumpen.

> **Wenn das Segel einklappt:**
> – Flugrichtung des Segels stabilisieren (gegensteuern)
> – Durch beidseitigen Steuerleinenzug Staudruck erhöhen
> – Notfalls das »Aufpumpen« wiederholen

In Turbulenzen sind Hochleistungsschirme wesentlich stabiler und klappen kaum mehr ein, wenn sie leicht angebremst geflogen werden.

Oben: Klappen des Schirms in Turbulenzen und Pendeln des Piloten.
Maßnahmen: Gegenbremsen und Pumpen.

Unten: Gleitschirmfliegen erscheint Außenstehenden wesentlich ausgesetzter, als es der Pilot empfindet. Auch an die Höhe gewöhnt man sich schnell.

5.2.5.7 Segelkollaps/Stall

In extremen Turbulenzen kann es in seltenen Fällen zum totalen Segelkollaps, d. h. zur vollständigen Segelentleerung kommen. Um das Segel wieder schnell zu füllen, werden beide Steuerleinen ganz durchgezogen und wieder langsam gelöst. Notfalls wiederholen.

5.2.5.8 Steilspirale

Eine unfreiwillige Steilspirale entsteht meist aus einem einseitigen Segeleinklappen und einer instinktiven Fehlreaktion. Wird bei einseitigem Segeleinklappen nur die Steuerleine der eingeklappten Seite stark gezogen, wird dieser Vorgang zusätzlich unterstützt, da durch das Einklappen bereits die Tendenz zum Eindrehen besteht. Eine schnelle unkontrollierte Steilspirale mit großem Höhenverlust ist die unweigerliche Folge, aus der man nur herauskommt, wenn die Steuerleine gelöst und gegengesteuert wird. Dem Ausleiten folgen starke Pendler, bis das Segel wieder stabil ist.

5.2.5.9 Wolkenberührung/
Orientierungsverlust

Wolken können eine starke Saugwirkung haben. Sobald man merkt, daß das Steigen gefährlich zunimmt, muß man versuchen, aus der Aufwindzone der Wolken zu kommen. Ist ein Wegfliegen nicht mehr möglich, sofort durch Schnellabstieg (Kapitel 5.4.6.1) effektiv Höhe abbauen. Danach sofort von der Wolke wegfliegen. Muß eine Wolkenzone oder Nebel durchflogen werden, unbedingt vor dem Einfliegen eine Flugrichtung wählen, die vom Bergrücken wegführt. Das Segel wird nun möglichst ungebremst geflogen, nur so ist die Wahrscheinlichkeit am größten, daß man keine Richtungsänderung vornimmt und mit dem nächsten Hang kollidiert. Flüge in Wolken sind immer mit totalem Orientierungsverlust verbunden und daher verantwortungslos.

Wolkenflüge sind lebensgefährlich.

5.2.6 Außenlandung – Notlandung

Ist eine Außenlandung unvermeidlich, wird der bestmögliche Landeplatz rechtzeitig gesucht und zielstrebig angeflogen, um eine Crashlandung in unwegsamem Gelände zu vermeiden. Als Außenlandeplätze eignen sich alle Flächen ohne hohen Bewuchs. Oft ist das Notlandefeld sehr klein. Deswegen wird Höhe schon über Hindernissen wie Wald oder Fels abgebaut, um dann den Endanflug kurz zu halten. Im steil geneigten Gelände wird immer quer zum Hang gelandet, da die Hangneigung aus der Vogelperspektive schlecht abzuschätzen ist und dadurch eine Landeeinteilung schwer möglich ist. Eine frontale Hangkollision muß unbedingt vermieden werden.

Mit einem Crash muß man grundsätzlich rechnen, deshalb nie ohne Helm!

5.2.6.1 Baumlandung

Ist eine Baumlandung unvermeidlich, wird ein möglichst niedriger Baum zielstrebig angeflogen. Während Laubbäume wegen der meist starren, weit ausladenden Äste ein größeres Verletzungsrisiko darstellen und schwerer anzufliegen sind, sind Nadelbäume durch ihre schlanke Form und die abschüssigen Äste besser geeignet.

Für Baumlandungen gilt:

- gezielter Anflug möglichst eines Nadelbaumes
- den Schirm genauso wie bei der normalen Landung stark abbremsen
- sofort einen stabilen Ast oder den Stamm ergreifen und festhalten
- sofort sich selbst vor einem weiteren Absturz sichern (Haupttragegurte oder Fangleinen am Baum verknoten).
- Sitzt man sicher auf einem Ast und ist vor dem Absturz gesichert, wird in aller Ruhe die eigene Lage überdacht.

Nicht die Baumlandung stellt die größte Gefahr dar, sondern der mögliche Absturz vom Baum.

Ist anzunehmen, daß die Notlandung beobachtet wurde, wartet man besser auf Helfer. Mit der herabgelassenen Rettungsleine kann ein starkes Sicherungsseil heraufgezogen werden, das am Baum befestigt wird. Wer das Abseilen mit Hilfe des Halbmastwurfes beherrscht, kann sich nun sicher zum Boden abseilen. Ansonsten wartet man die Aktion der Bergwacht ab.

*Baumlandung: Fliegt man einen Baum wie im Landeanflug an, kann man auch in der Kronenregion weich landen. **Die große Gefahr ist abzustürzen,** bei der Bergung oder falls man den Baum streift.*

Ist man allein geflogen und aller Wahrscheinlichkeit von niemandem gesehen worden, kann man sich mit Hilfe des Haupttragegurtes festbinden und an einem Fangleinenbündel mit dem Halbmastwurf abseilen. Dies ist jedoch nur in einer absoluten Notsituation, bei bester körperlicher Verfassung und guten Kenntnissen der Sicherungs- und Abseiltechnik (siehe Alpin-Lehrplan 6) anzuraten. Wird der Gurt gelöst, zuerst die Brustschließen, danach die Beinschließen öffnen. Ist der Pilot verletzt, muß er sich unbedingt sofort vor weiterem Absturz sichern, da Schock und Bewußtlosigkeit eintreten können.

5.2.6.2 Notlandung im Steilgelände

Unbedingt quer zur Steilwand anfliegen. Schirm vor Bodenberührung stark abbremsen und sich sofort an Felszacken oder Latschen festhalten und vor weiterem Absturz sichern. Hat sich der Schirm verhakt, unterstützt er – aber nur bedingt – die Sicherung. Gefährlicher ist es, wenn Wind das Segel erfassen kann und den Piloten mitreißt. Vom Segel trennen – oder sofort die Kappe bergen! Dies ist auch für Hubschrauberbergung wichtig.

5.2.6.3 Wasserlandung

In stehenden Gewässern: Wasserlandungen in stehenden Gewässern in unmittelbarer Ufernähe sind relativ ungefährlich und werden in Fluggebieten ohne geeigneten Landeplatz öfters praktiziert. Plant man eine Wasserlandung, darf man nicht auf eine Schwimmweste verzichten. Mit vollgesogener Kleidung sind auch kurze Schwimmstrecken fast nicht zu bewältigen. Aus dem Vergnügen wird schnell Ernst, wenn das Wasser kalt ist, die Entfernung zum Ufer zu groß ist, der Pilot ein schlechter Schwimmer ist und die Kleidung mit Wasser vollgesogen ist.

Ist eine Wasserlandung nicht zu verhindern, bleibt gewöhnlich wenig Zeit.

Folgende Maßnahmen vor der Landung treffen, wenn möglich:

- Zuerst den Rucksack abwerfen.
- Brustschnalle lösen.
- Beinschlaufen soweit lockern, daß nach der Landung aus dem Gurtzeug herausgeschlüpft werden kann.
- Bei Sitzbrettern können alle Schnallen gelöst werden, da man trotzdem noch sicher auf dem Brett sitzt.
- Anorak und Schuhe öffnen und eventuell abwerfen.
- Wasser wird eher schnell angeflogen, damit die Kappe nach vorne schießt. So wird die Luft vom Wasser abgeschlossen und am Austreten gehindert; der Schirm geht nicht unter.

Nach der Landung (Wasserung):

- Steigt man sofort aus dem Gurt und versucht unter der Kappe herauszutauchen. Verfängt man sich in den Fangleinen, Ruhe bewahren und die Fangleinen lösen.
- Sofort einige Meter **gegen den Wind** von der Kappe wegschwimmen; nicht versuchen, die Kappe zu bergen.
- Ist man in Ufernähe, kann man langsam, ohne viel Kraftverbrauch, darauf zuschwimmen.
- In Seemitte bleibt man besser beim Segel. Die Wasserlandung wurde sicher beobachtet, und es ist für ein Bergungsboot leichter, ein auf dem Wasser schwimmendes Segel als einen Menschen zu finden. Jetzt hilft nur noch kraftsparendes Schwimmen.

In fließenden Gewässern: Landungen in fließenden Gewässern unbedingt vermeiden, da die Strömung sofort das Segel erfaßt und den Piloten mitreißt. Auch in flachen Bächen können die Fangleinen den Piloten unter die Wasseroberfläche ziehen. Besser ist auf jeden Fall eine Notlandung diesseits oder jenseits des Flußufers bzw. eine gezielte Baumlandung. Falls die Wasserlandung unumgänglich ist, danach sofort aus dem Gurtzeug und gegen die Strömung schwimmen.

> Selbst kleine Bäche sind lebensgefährlich, wenn das Segel in die Strömung kommt.

5.2.6.4 Landung in Leitungen und Kabeln

Diese Landungen sind absolut lebensgefährlich und sollten durch gute Flugplanung vermieden werden. Die Leitungen selbst sind kaum zu erkennen, aber die regelmäßig angeordneten Masten zeigen den Verlauf an.

> Leitungen und Seile von Bahnen dürfen nie unterflogen werden.

Kommt es dennoch zu einer Kollision, unbedingt kurz vorher den Schirm wie zur Landung abbremsen und versuchen, den Oberarm über die Leitung oder das Kabel zu bringen. Da Kabel dünn sind und sehr einschneiden, sofort sich selbst mit Hilfe von mehreren Fangleinen sichern (siehe Abbildung Seite 135).

Wer eine Landung in Leitungen und Kabeln beobachtet, veranlaßt sofort:

> - Bei Stromleitungen, daß die Spannung abgeschaltet wird **(keine Eigenbergung!). Bergung nur nach Spannungsfreischaltung vom Elektrizitätswerk! Lebensgefahr für Pilot und Retter! Liegt eine Leitung am Boden auf:**
> - Nur hüpfend mit geschlossenen Beinen bewegen. Der Spannungsunterschied im Schritt kann lebensgefährlich sein.
> - Vorsicht vor Weidezäunen und allen leitenden Materialien.
> - Bei Bergbahnen, daß der Betrieb eingestellt wird.

5.2.6.5 Landung auf Gletschern

Die Landung erfolgt wie gewohnt. Gefahr besteht allerdings bei dem Versuch, den Gletscher zu verlassen. Ohne hochalpine Ausrüstung wie Steigeisen und Eispickel und vor allem ohne Seilsicherung ist dies ein Roulettespiel. Besonders bei Neuschnee, der einen stark zerklüfteten Gletscher als makellose Schneefläche erscheinen läßt, ist die Gefahr sehr groß, in eine versteckte Gletscherspalte zu fallen. Deswegen ist es manchmal besser, auf Gletschern eine Bergung abzuwarten. Um leicht

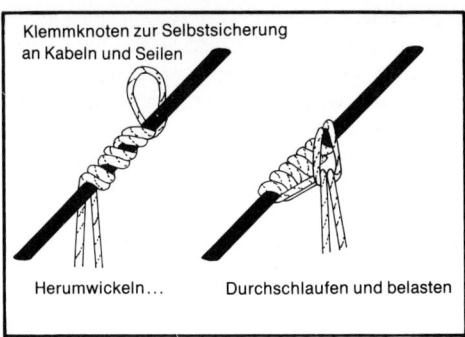

Klemmknoten zur Selbstsicherung
an Kabeln und Seilen

Herumwickeln... Durchschlaufen und belasten

Klemmknoten

entdeckt zu werden, legt man das Segel gut sichtbar aus. Falls es Nacht wird, kann das Segel als Biwaksack bzw. Notzelt dienen. Auf Gletschern, deren Oberfläche aper, also frei von Schnee ist, sind die gefährlichen Gletscherspalten gut sichtbar. Die Fortbewegung ist aber trotzdem sehr gefährlich, da man auf dem blanken Eis ohne Steigeisen leicht den Halt verliert und so in eine Spalte stürzen kann. Im hochalpinen Gelände muß deswegen auch die richtige Ausrüstung für den Ernstfall mitgeführt werden.

5.2.7 Entwirren der Fangleinen

Nach außerplanmäßigen Landungen, bei denen der Schirm geborgen werden muß, sind die Fangleinen oft derart verwirrt, daß die Fangleinen-schlösser geöffnet und die Leinen entwirrt und neu eingehängt werden müssen. Dabei können beim Einhängen Fehler entstehen. Um Ordnung in die Leinen zu bekommen, geht man folgendermaßen vor: Man hält die äußerste A-Leine direkt an der Kappe und streift alle über ihr liegenden Fangleinen bis über das Gurtzeug. Dann wird die gegenüberliegende äußerste A-Leine vom Schirm her abgefahren und wieder alle Fanglei-nen bis über das Gurtzeug geschoben, und schon ist der Schirm kom-plett entwirrt.

5.2.8 Flug- und Vorfahrtsregeln

Sind mehrere Luftfahrzeuge in unmittelbarer Nachbarschaft, müssen die Flugregeln unbedingt beachtet werden. Die Ausweichregeln sind in der Luftverkehrsordnung festgelegt und verbindlich. Ausweichmanöver müssen rechtzeitig und deutlich eingeleitet werden, damit der entge-genkommende Pilot nicht gefährdet wird. Zusammenstöße im Luftraum sind lebensgefährlich. Deswegen sollte man in gefährlichen Situationen auch dann ausweichen, wenn das Recht auf der eigenen Seite ist. Es ist die Pflicht jedes Piloten, ständig den Luftraum um sich herum zu beobachten, damit er mit seiner Flugroute und seinen Flugmanövern niemanden gefährdet. Beachtet ein Pilot die Vorfahrtsregeln nicht, kann ihm der Befähigungsnachweis entzogen werden.

5.2.8.1 Ausweichregeln im freien Luftraum ohne Hindernisse

● **Vorfahrt:** Im Flugverkehr gilt die gleiche Regel wie im Straßenverkehr: **rechts vor links.** Kreuzen sich die Flugbahnen, muß das von links kommende Luftfahrzeug ausweichen.

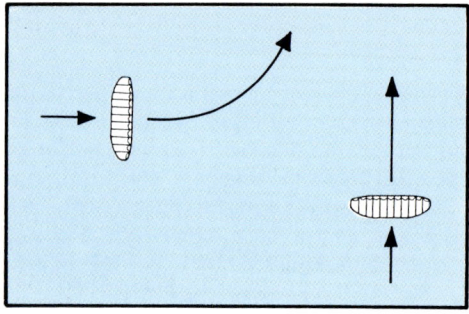

Allgemeine Ausweichregeln:

rechts vor links

● **Ausweichen:** Fliegen zwei Luftfahrzeuge aufeinander zu, weichen beide Luftfahrzeuge jeweils nach rechts aus und fliegen in ausreichendem Abstand aneinander vorbei.

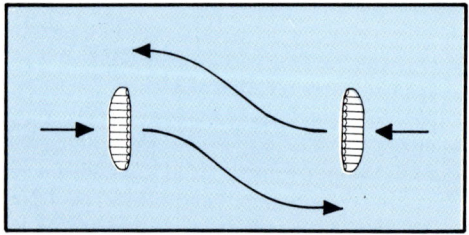

Ausweichen

● **Überholen:** Will ein schnelleres Luftfahrzeug ein anderes überholen, muß dies auf der rechten Seite mit sehr großem Abstand geschehen. Überholen bedeutet, daß sich ein Luftfahrzeug in einem Winkel von weniger als 70° einem langsamer fliegenden Luftfahrzeug nähert.

Oben: Aufreißphase beim Start vom Krippenstein (Österreich).

Unten: Buschlandung: Die Fangleinen können so mit dem Geäst verworren sein, daß sie aus den Verbindungsschäkeln zu den Tragegurten ausgehängt und einzeln herausgezogen werden müssen. Achtung, wenn sie wieder eingehängt werden – Schirm zur Probe aufziehen!

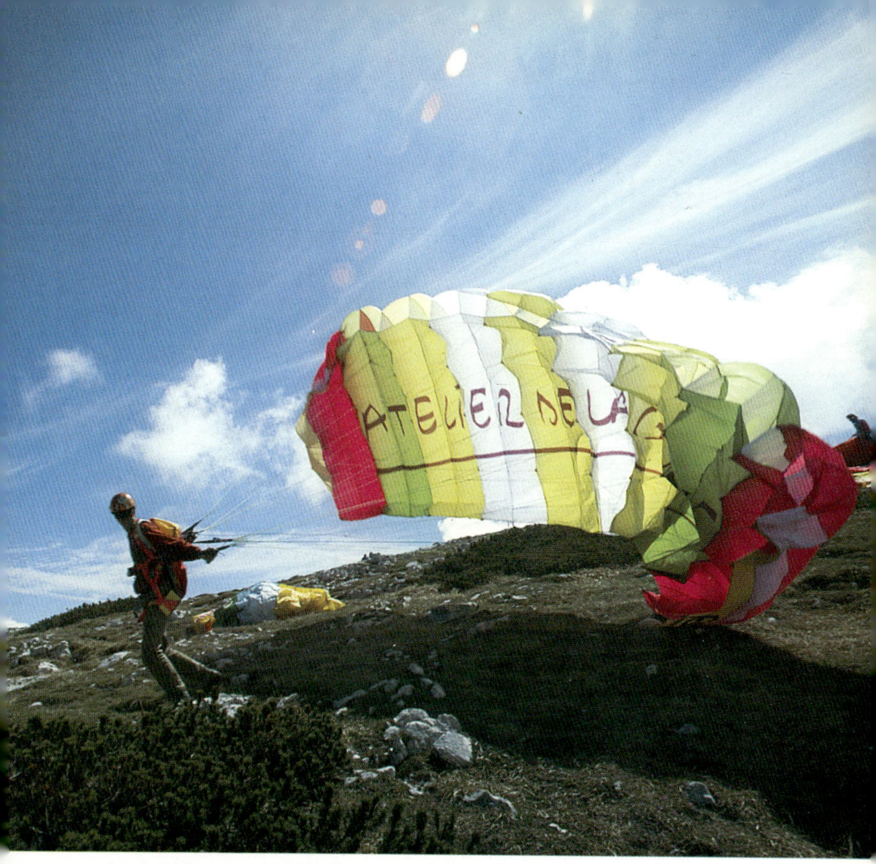
ATELIER DE LA

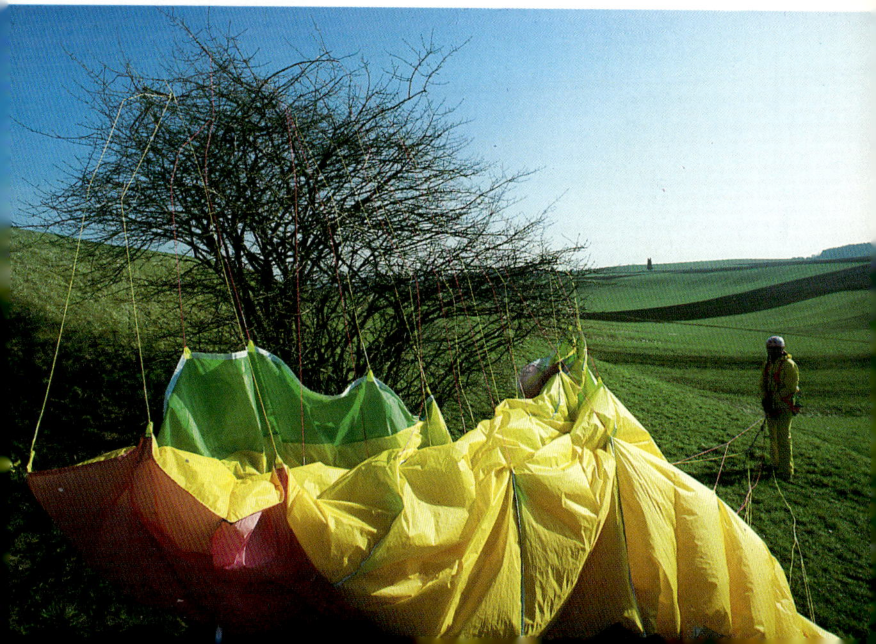

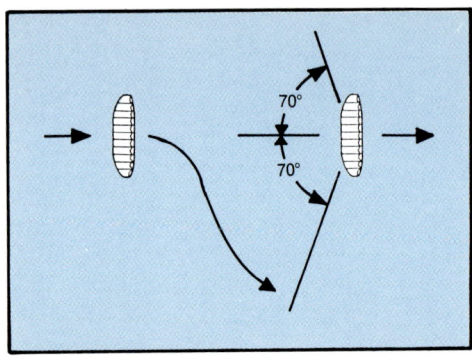

Überholen

● **Landung:** Befindet sich ein Luftfahrzeug im Landeanflug, ist diesem in jedem Fall auszuweichen.

● **Flughöhe:** Sind zwei oder mehrere Luftfahrzeuge im Ladeanflug, müssen die Höherfliegenden den Niedrigerfliegenden ausweichen.

● **Über- bzw. Unterfliegen:** Luftfahrzeuge dürfen nur mit sehr großem Höhenunterschied über- bzw. unterflogen werden.

Ausnahmen:
● Helikopter, die einen Rettungseinsatz fliegen, haben Vorfahrt.
● Freiflugballone haben aufgrund ihrer schlechten Manövrierbarkeit Vorfahrt.
● Luftfahrzeuge, die in einer erkennbaren Notsituation sind, haben Vorfahrt.

5.2.8.2 Hangflugregeln

● **Entgegenfliegende Luftfahrzeuge**
Das Luftfahrzeug, das den Hang auf der linken Seite hat, weicht nach rechts aus. Das entgegenkommende Luftfahrzeug darf nicht über- bzw. unterflogen werden.

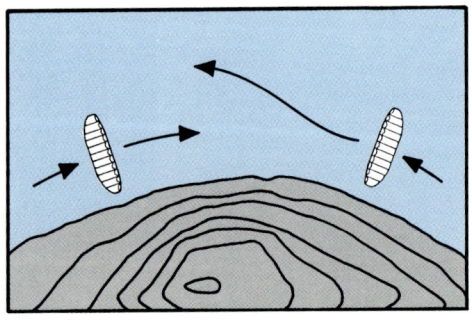

Ausweichen am Hang

● Überholen

Ein langsam am Hang fliegendes Luftfahrzeug darf nicht überholt werden.

● Kreisen am Hang

Wenn zwei oder mehrere Luftfahrzeuge am gleichen Hang fliegen, darf kein Luftfahrzeug gegen den Hang kreisen. Aus Sicherheitsgründen muß immer weg vom Hang gekurvt werden.

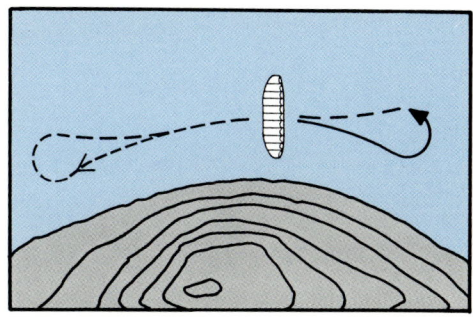

Kurven am Hang

● Überfliegen von Graten und Hindernissen

Nie frontal, sondern immer schräg Grate und Hindernisse überfliegen, damit bei zu geringer Flughöhe noch seitlich abgedreht werden kann.

5.2.8.3 Thermikflugregeln

● **Ausweichen:** Fliegt ein Luftfahrzeug im Hangaufwind oder in der Thermik, weichen anfliegende, abfliegende oder kreuzende Luftfahrzeuge aus.

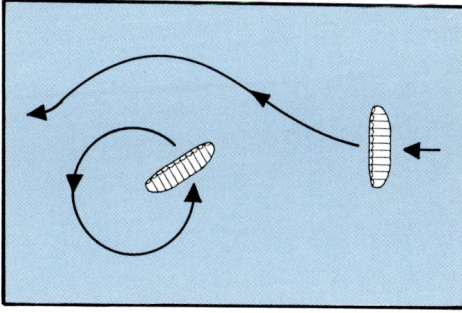

Ausweichen in Thermik

● **Drehrichtung:** Kreist ein Luftfahrzeug in der Thermik, bestimmt dieses die Drehrichtung für alle nachher einfliegenden Luftfahrzeuge.

● **Steiggeschwindigkeit:** Das langsam steigende Fluggerät muß dem schneller steigenden Fluggerät ausweichen.

● **Flughöhe:** Das tiefer fliegende Fluggerät hat gegenüber dem höher fliegenden Fluggerät Vorfahrt.

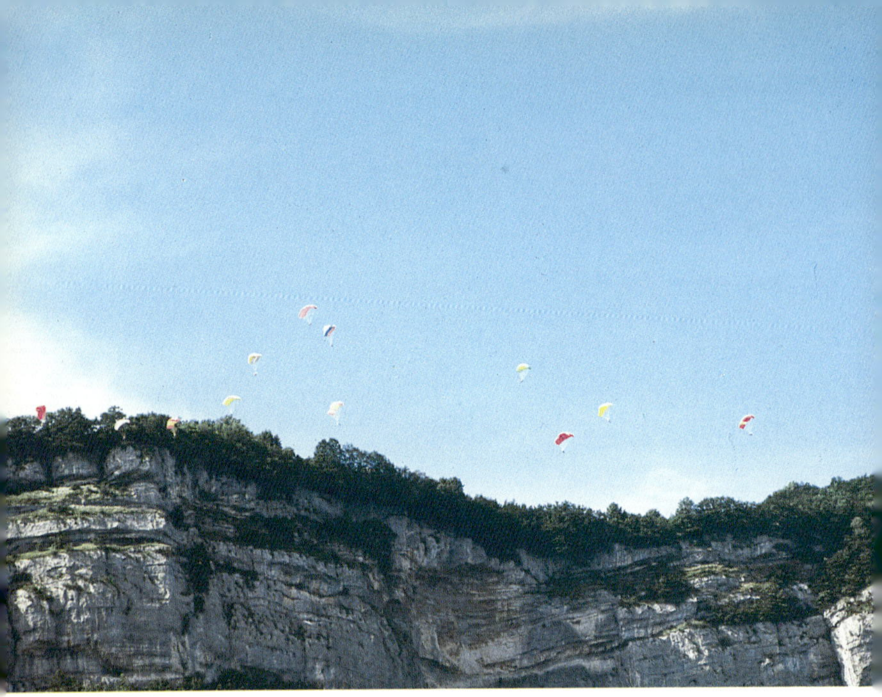

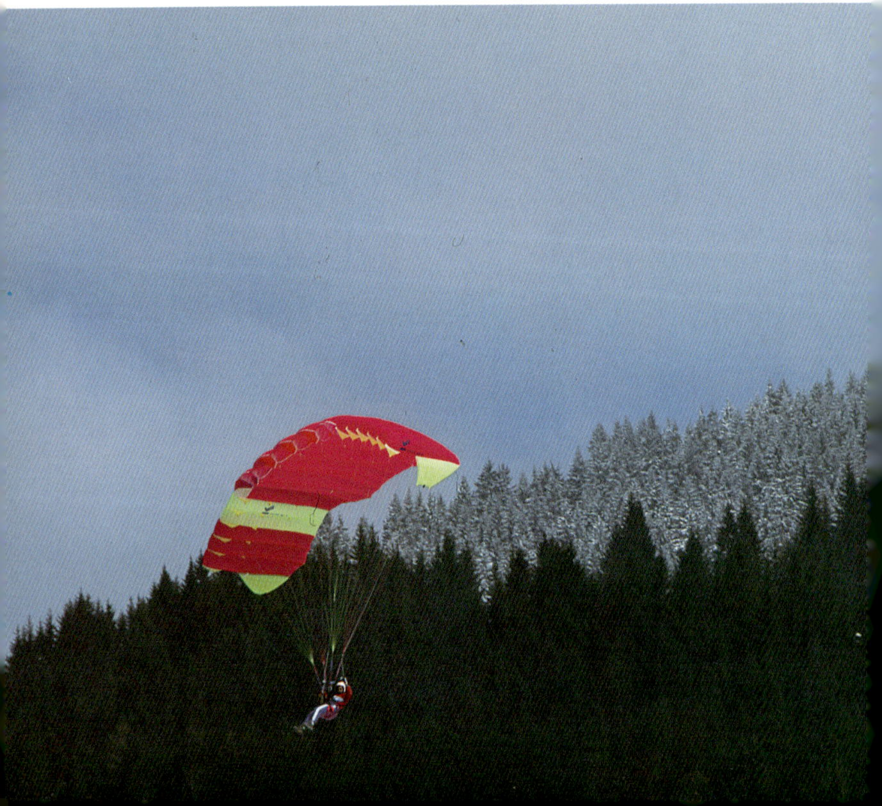

5.3.1 **Hangsoaring**
(Hangfliegen unter Ausnützung von dynamischem Hangaufwind)

Strömt der Wind frontal gegen einen Bergrücken, wird dieser zwangsweise nach oben abgelenkt. Es entsteht **dynamischer Hangaufwind,** der an Steilkanten und in Gipfelnähe am stärksten ist. Ist die Aufwärtskomponente stärker als die Sinkgeschwindigkeit des Segels, steigt das Segel.

Je nach Windstärke und Geländestruktur kann das Aufwindband dem Hang weiter vorgelagert sein (50–100 m) oder unmittelbar am Hang liegen. Um Hangaufwind exakt zu erkennen und zu nutzen, ist ein Variometer (siehe Kapitel 2, Abschnitt 2.6.1.) unentbehrlich. Fliegt man nach dem Start vom Hang weg, wird das Aufwindband durchflogen. Man kurvt sofort ein und versucht das Aufwindband parallel zum Hang abzufliegen und dabei die Zonen des größten Steigens ausfindig zu machen. Am besten fliegt man dabei mit der Geschwindigkeit des geringsten Sinkens.

Der Könner dreht noch im besten Steigen, auch vor Ende des Bandes, flach vom Hang weg, um sofort wieder im großen Steigen zu fliegen. Wird außerhalb des Aufwindbandes gekurvt, wird unnötig Höhe verschenkt, die erst wieder erkämpft werden muß.

Trichterförmige Felseinschnitte und Kare können durch Düseneffekt dynamische Aufwinde bündeln und verstärken, aber auch für Turbulenzen sorgen. Leicht angebremst fliegen! Bei geneigten Hangaufwinden driftet man durch leichte Schrägstellung des Segels (Schirmnase leicht vom Hang weggedreht) langsam den Hang entlang und kann so mit geringerem Höhenverlust eindrehen.

Direkt am Hang sind oft Turbulenzen, die durch Waldränder oder zerklüftete Geländestruktur hervorgerufen werden. Durch die Reibung nimmt die Geschwindigkeit zum Hang hin ab. Dadurch erfährt das Segel ein Drehmoment in Richtung Hang, weil die dem Hang abgewandte Segelseite noch in der stärkeren Aufwindzone ist. Ist der Hangaufwind so stark, daß über die Startplatzhöhe hinaus geflogen wird, spricht man von »**Startplatzüberhöhung**«. Das größte Steigen ist jetzt über der Abrißkante des Gipfelgrates zu erwarten. Da sich hinter dem Grat starke Leewirbel ausbilden, darf auf keinen Fall hinter den Gipfelbereich geflogen werden, da sich die Leezone auch über Gipfelhöhe fortplanzen kann. Ist die Horizontalwindkomponente stark ausgeprägt, wird das Aufwind-

Oben: Fliegen im Hangaufwind in St. Hilaire, Frankreich. Mehrere Piloten sind im Aufwindband. Die Vorfahrtsregeln müssen in solchen Situationen unbedingt eingehalten werden, um eine Kollision zu vermeiden.

Unten: Gleitschirm mit teilweise geschlossener Segeleintrittskante (Westendorf, Österreich).

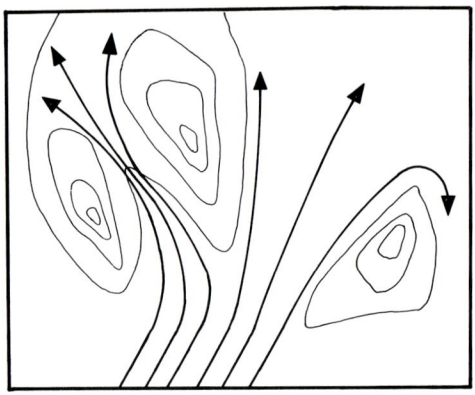

Orographische Windablenkung:
In engen Tälern kommt es zu einer Düsenwirkung. Berge können eine Windablenkung bewirken. Der Gleitschirmflieger findet deshalb am Startplatz oft andere Windrichtungen als die Hauptwindrichtung vor.

band mit zunehmender Höhe auch hinter den Grat versetzt. Dies bedeutet für uns, daß unmittelbar in Grathöhe direkt auf dem Grat und davor geflogen werden kann. Ist der Wind sehr stark, fliegt man immer vor dem Gipfelverlauf, damit man nicht in das Lee abgetrieben wird. Steigt man höher, kann man nun auch in dem leicht versetzten Aufwindband fliegen.

Die Kurventechnik bleibt die gleiche wie beim Hangsoaring unter der Grathöhe. Im Aufwindband wird immer gegen den anströmenden Wind gedreht und so in Achtern hin und her geflogen. Da die Leezone und das Aufwindband unmittelbar aneinandergrenzen, wird man beim unvorsichtigen Kurven mit dem Wind schnell in das Lee abgetrieben. Vollkreise sollen deswegen nur vor dem eigentlichen Aufwindband geflogen werden, um genug Sicherheitsabstand zur Leezone zu haben. Sind mehrere Segel im Aufwindband, sind die Hangflugregeln (siehe Abschnitt 5.2.8.2) zu beachten.

Der Abstand zum Hang muß größer werden, wenn:
- der Wind stärker wird
- starke Turbulenzen auftreten
- der Wind böig ist
- der Bewuchs des Hanges ungleichmäßig ist (Turbulenzen)
- der Hang stark zerklüftet ist (Turbulenzen)
- Abstufungen im Hang vorhanden sind (Turbulenzen)

5.3.2 Thermikfliegen (siehe auch Kapitel 4.5)

Thermikfliegen ist die eigentliche Kunst des Gleitschirmfliegens. Nichts ist berauschender, als an anderen Piloten vorbeizusteigen, sich an die höchste Position zu setzen und diese auch zu halten. Die Hauptschwierigkeit ist, die Thermik, die in Blasen oder Thermikschläuchen auftritt, zu finden und wirkungsvoll zu nutzen.

5.3.2.1 Thermiksuchen

Dazu wird die Flugroute so gelegt, daß möglichst viele Zonen, in denen logischerweise Thermik zu erwarten ist, abgeflogen werden (siehe Kapitel 4, Meteorologie). Ist man schon sehr tief, hat man nur eine Chance im exakten Zentrieren eines möglichst starken Thermikbarts. Thermikschläuche sind anfangs recht schmal, und mit abnehmender Höhe wird ihr Einstieg immer schwieriger. Wird in niedriger Höhe kein effektiver Bart gefunden, sitzt man meist schnell im Tal, ohne Anschluß zu finden. Je höher man steigt, um so weniger exakt muß zentriert werden, weil sich der Bart aufweitet.

5.3.2.2 Thermikzentrieren

Ist ein Thermikbart entdeckt, muß das Zentrum (Bereich des größten Steigens) lokalisiert und eingekreist **(zentriert)** werden.
Da es schwer ist, auf Anhieb exakt im Aufwind zu kreisen, hält man anfangs besser mit Achterschleifen Ausschau nach dem maximalen Steigen und bekommt so ein Gefühl für die Ausdehnung der Thermik und ihre Intensität. Da man dabei immer wieder aus der Thermik herausfallen kann, ist der Flug etwas ruppig. Der nächste Schritt ist das **Einkreisen**, wenn man glaubt, das Zentrum lokalisiert zu haben. Der **Vollkreis** darf erst erfolgen, wenn ausreichend Sicherheitsabstand zum Hang besteht. Das Zentrum wird möglichst flach drehend angeflogen. Der Thermikbart ist richtig zentriert, wenn die Steigwerte, die das Vario beim Kreisen anzeigt, annähernd konstant bleiben. Werden die Steigwerte auf einer Seite des Vollkreises geringer und auf der anderen Seite besser, muß korrigiert werden. Da Thermikbärte durch Windströmungen vom Wind versetzt werden, ist unter Umständen dauernde Korrektur notwendig.

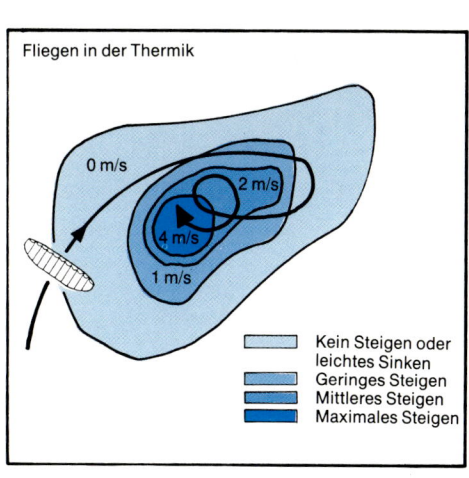

Thermikzentrieren:
1. Aufsuchen.
2. Identifizieren: nur vorübergehender Steigwert oder dauerhafter Aufwind.
3. Lokalisieren: Man versucht, sich die Lage der höchsten Steigwerte des Varios einzuprägen.
4. Zentrieren: Eindrehen und Engerziehen in Richtung der höchsten Steigwerte.

Fliegen in der Thermik

0 m/s
2 m/s
4 m/s
1 m/s

Kein Steigen oder leichtes Sinken
Geringes Steigen
Mittleres Steigen
Maximales Steigen

5.3.2.3 **Flugtechnik**

Geflogen wird im Bereich des geringsten Sinkens. Der Schirm ist dabei relativ langsam, er kann Thermik sofort in Höhe umsetzen und dreht eng und ohne viel Höhenverlust. Ideal sind Schirme mit Sitzbrettsteuerung oder Flächenverwindung, die dadurch noch flacher drehen.

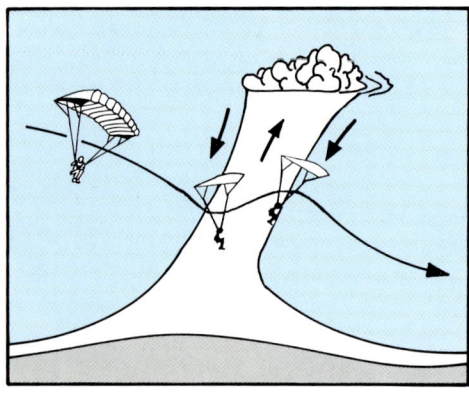

Fliegen im
Thermikschlauch:
Schnelles Einfliegen, möglichst ungebremst, da vertikale Scherwirkung den Schirm nach hinten abkippen läßt. Gebremst ausfliegen, damit Schirm nicht nach vorne abkippt bzw. einklappt.

Bei starker Thermik gibt es große Scherkräfte zwischen den Auf- und Abwindzonen. So kann es vorkommen, daß das Segel beim Versuch, in den Bart einzufliegen, durch die starken Aufwinde nach hinten abkippt (dynamischer Stall) und wie an eine Art Mauer prallt. Um trotzdem in den Bart zu kommen, muß der Schirm *zum Einfliegen beschleunigt* werden. Im Thermikbart wird sofort wieder angebremst geflogen.
Beim Herausfliegen aus starker Thermik drückt der Abwind auf die Eintrittskante, während das Schirmende noch Aufwind erhält. Das Segel schießt nach vorne und kann komplett an der Eintrittskante einrollen, wenn nicht sofort stark beidseitig angebremst und somit der Staudruck im Segel erhöht wird. Fällt man seitlich aus dem Thermikbart, können die äußeren Zellen kollabieren. Durch kurzes beidseitiges Anbremsen sind sie schnell wieder gefüllt.

> **Gleitschirme klappen in der Thermik weniger oft und fliegen in starken Turbulenzen stabiler, wenn sie aktiv geflogen werden.**

Je stärker Turbulenzen, Hangaufwind und Thermik sind, um so größer ist die Wahrscheinlichkeit, daß Zellen einfallen oder ganze Teile des Segels einklappen. Dies ist keine sonderlich bedenkliche Situation, jedoch muß der Pilot darauf gefaßt sein und die Öffnung des Segels durch aktives Eingreifen beschleunigen. Je nach Segeltyp und Art des Kappenkollapses hilft einseitiges, besser noch beidseitiges, kurzes, aber kräftiges Ziehen der Steuerleinen. Ist das Segel total zusammengefallen, werden ebenfalls beide Steuerleinen kräftig durchgezogen und wieder gelöst. Öffnet der Schirm nicht gleich, muß mehrmals kräftig gepumpt werden.

Sehr wichtig: Klappt ein Segel einseitig ein, beide Steuerleinen ziehen oder gegengleich reagieren, um die eingefallene Segelseite wieder zu füllen. Wird nur auf der eingeklappten Seite gepumpt, unterstützt man eine starke Rotation, die bei weiterem einseitigen Pumpen noch stärker wird. Das Segel verliert rasch an Höhe. Dies ist in Hangnähe lebensgefährlich.

- Bei einseitigem Einklappen des Segels beidseitig oder gegengleich anbremsen und pumpen, um nicht in eine gefährliche Rotation zu kommen.
- Bei Turbulenzgefahr die Steuerleinen niemals auslassen, um bei Segelkollaps sofort aktiv eingreifen zu können.
- **Wichtig:** Ein Einklappen des Segels ist noch lange kein Grund, den Rettungsschirm zu ziehen.

5.3.2.4 Hangaufwind mit Thermik

Sehr oft vermischt sich an sonnenbeschienenen Hängen dynamischer Hangaufwind mit Thermik. Beide verstärken sich gegenseitig. In Hangnähe wird zuerst mit Achterkreisen solange Höhe gemacht, bis der Sicherheitsabstand zum Hang groß genug ist, daß der Thermikbart mit Vollkreisen zentriert werden kann.

5.3.3 Streckenflug

Mit zunehmender Leistung der Segel können auch Streckenflugaufgaben bewältigt werden. Voraussetzung sind sehr gute Kenntnisse in Meteorologie und ein gutes räumliches Vorstellungsvermögen. Wer einen Streckenflug plant, braucht ideale Wetterbedingungen (siehe Kapitel 4) und ein geeignetes Fluggebiet. Während bis 1987 nur an langen Gebirgszügen oder an Steilküsten kleine Streckenflüge bis 20 km möglich waren, wurden 1988 schon Ziel-Rückkehrflüge bis zu 42 km gemacht, bei denen auch größere Täler gequert wurden.

Mittlerweile ist der Alpenraum schon überquert, das Maximum für die freie Strecke liegt bei knapp 150 km und der Rekord für Ziel-Rückkehrflüge bereits über 100 km (siehe Geschichte).

Ideal für Gleitsegelstreckenflüge sind lange Gebirgszüge, die nur von kleinen Taleinschnitten unterbrochen sind. Hier sind die Flugentfernungen bis zum nächstmöglichen Aufwind kurz. Man kann dabei weitgehend im hangnahen Bereich fliegen und thermische wie dynamische Komponenten nützen. Wenn der Pilot größere tiefe Täler überfliegt und es schafft, auf der gegenüberliegenden Talseite wieder nach oben zu kommen, sind das für Gleitsegel schon ausgesprochene Spitzenleistungen. Eine **Streckenflugplanung** wird nötig, weil durch die geringe Fahrtgeschwindigkeit des Gleitsegels vor allem bei Gegenwind der Reichweite Grenzen gesetzt sind. Um ein Tal so zu überqueren, daß man auf der

gegenüberliegenden Bergflanke mit ausreichender Höhe ankommt, muß zunächst meist Startüberhöhung gemacht werden. Wieviel Höhe erflogen werden muß, kann nur ungefähr errechnet werden, denn Gleitwinkelschätzungen täuschen stark.
Die Entfernung von Abflugpunkt A zum Zielpunkt B beträgt z. B. 2 km (bei Kartenmaßstab 1:50000 = 4 cm).

$$\frac{\text{Strecke in km}}{\text{Gleitzahl}} = \text{notwendige Höhe über Zielhöhe}$$

$$\frac{2\,\text{km}}{4} = 0,5\,\text{km}$$

Der Karte kann man die Zielhöhe entnehmen.
Wir nehmen an: Zielhöhe von Punkt B beträgt 2000 m.

Zielhöhe + notwendige Höhe über Zielhöhe = Abflughöhe
2000 m   + 500 m   = 2500 m

Wir brauchen also am Abflugpunkt A mindestens 2500 m über Normalnull.
Der errechnete Wert kann beim Gleitsegel nur als grober Anhaltspunkt dienen, da noch einige Faktoren dabei berücksichtigt werden müssen.

- Windrichtung und Windgeschwindigkeit beeinflussen den Gleitwinkel und damit die Reichweite enorm.
  Vereinfacht gilt:
  Je stärker der Rückenwind, um so größer die Gleitleistung.
  Umgekehrt gilt:
  Je stärker der Gegenwind, um so kleiner die Gleitleistung.
  Somit wird aus Gleitwinkel 4 bei 20 km Gegenwind ca.
  Gleitwinkel 2 = halbe Reichweite.
- Großflächige Abschattungen sind meist Zonen ohne Thermik.
  Vor dem Abflug deswegen Wolkenentwicklung beobachten und den richtigen Abflugzeitpunkt wählen.
- In der Talmitte kann es größere Abwindzonen geben (siehe Kapitel 4, Meteorologie), die besonders über großen Wasserflächen stärker sind.

Es ist immer besser, mit etwas mehr Höhe anzukommen, als sich mühselig am gegenüberliegenden Bergrücken hochkämpfen zu müssen. Andererseits kann im Wettbewerb Zeit eingespart werden, wenn schon bei ausreichender Höhe abgeflogen wird. Streckenfliegen erfordert viel Erfahrung und konstantes Fliegen. Hier zählen brillante Einzelleistungen, kombiniert mit guter Flugtaktik.

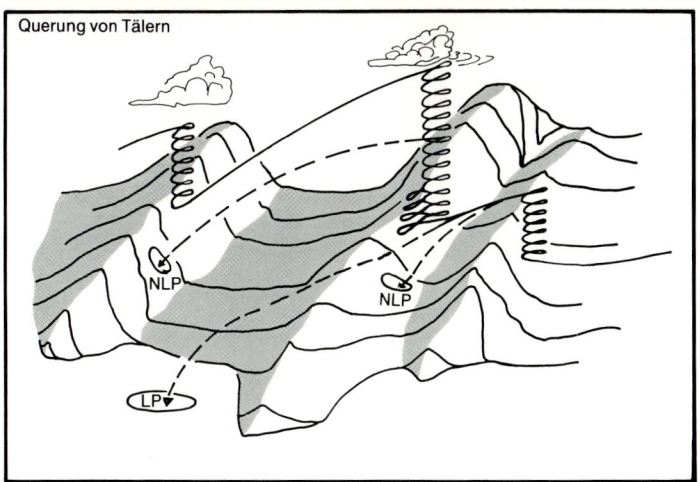

Querung von Tälern

NLP

NLP

LP

Streckenfliegen: *Die sonnenbeschienenen Hänge werden zum Thermikfliegen genutzt. In Hangnähe wird in Achterkreisen vom Hang weggekurvt, über dem Grat kann gekreist werden. Je nach Abflughöhe aus dem Bart wird entweder ein Notlandeplatz oder der Anschluß an einen weiteren Bart angesteuert. Für die Überbrückung weiter Täler ist die Basishöhe der Quellwolken und die Gleitzahl ausschlaggebend.*

> Beim Thermikfliegen darauf achten, daß nicht zu dicht unter der Wolkenbasis geflogen wird, da die Gefahr besteht, daß man in die Wolke hineingezogen wird.

Wer auf Strecke geht, muß sich im klaren sein, daß er die nächste Thermik vielleicht nicht erreicht und notlanden muß. Deswegen sollten Streckenflüge nicht knapp über unwegsames Gelände ohne Notlandeplätze führen. Bei längeren Flügen ist laufend die Wetterentwicklung zu beobachten. Schnell baut sich ein lokales Wärmegewitter auf, oder eine Kaltfront zieht auf.

Durch die geringe Fluggeschwindigkeit ist es unmöglich, vor der Kaltfront herzufliegen. Deswegen bei Gewitterneigung sofort auf Landekurs gehen, auch wenn die Variosteigwerte Höhengewinn versprechen.

> Neben Vario- und Höhenmesserbeobachtung ist beim Thermikzentrieren und Soaren auf **Luftraum, Wetter** und **Boden** zu achten.

5.3.3.1 Rekordflüge

Große Ziel-Rückkehrflüge oder gar Dreiecksflüge sind beim Gleitschirmfliegen Aufgaben, die selten gemeistert werden können, da schon relativ leichter Gegenwind dem Traum ein Ende bereitet. Damit ein Rekordflug als solcher anerkannt wird, ist nach dem Code Sportif der FAI ein Barograph (siehe Kapitel 2, Abschnitt 2.6.9) notwendig. Der Rekordversuch muß vorher angemeldet und von zwei Sportzeugen beglaubigt werden. Der Flug sollte fotografisch dokumentiert werden. Dazu wird beim Start der Pilot mit Schirm und Zeugen fotografiert. In der Luft müssen die Wendepunkte so dokumentiert werden, daß markante Merkmale wie Gebäude oder Seilbahnen zu erkennen sind. Nach der Landung muß nochmals der Pilot mit Schirm und Zeugen fotografiert werden. Das Barogramm gilt zusammen mit dem unzerschnittenen Film und den Sportzeugenprotokollen als Nachweis für die Flugleistung. Die Leistung des Fluges kann nur zusammen mit den Wetterbedingungen beurteilt werden.

5.3.3.2 Freie Strecke (Cross-Fliegen)

Es zählt die Entfernung, die vom Startplatz aus zurückgelegt wird. Cross-Flüge sind auch bei stärkerem Wind möglich. Am besten sind südseitig exponierte Berghänge geeignet, die nicht im Leebereich liegen und unter Ausnutzung von Thermik und Hangaufwind abgeflogen werden.

5.3.3.3 Ziel-Rückkehrflug

Ist praktisch nur bei Windstille möglich, 5 km/h Wind können schon zu viel sein. Vormittags werden bevorzugt SO-Hänge angeflogen, während nachmittags SW-Hänge zur Verfügung stehen. Der Wind muß in dem Fall aus Westen kommen, damit Hangaufwindkomponenten genutzt werden können. Wenn vormittags gestartet wird, erfolgt der Flug am besten von Ost nach West und zurück nach Osten. Dann hat man je nach Sonnenstand die besten Hänge zur Verfügung.

5.3.3.4 Dreiecksflüge

Dreiecksflüge sind ebenso nur bei relativ schwachem Wind möglich. Die geplante Route sollte so gelegt werden, daß der tageszeitlich unterschiedliche Sonnenstand berücksichtigt wird. Während Ziel-Rückkehrflüge an Bergketten entlanggehen, müssen beim Dreicksflug meist ein oder mehrere Täler überquert werden, was unter Berücksichtigung der Leistung des Gleitsegels sicherlich nur an sehr wenigen Tagen möglich sein wird.

Bei der Rückkehr zum Start muß in 500 m Umkreis gelandet werden. Ist dies nicht möglich, muß der Start überflogen werden, um als Rekordversuch anerkannt zu werden. Da bei einem Rekordversuch schon vor dem Start die Wendepunkte angegeben werden müssen, ist die Schwierigkeit wesentlich größer als bei zufällig geflogenen inoffiziellen Rekorden, wenn der Flug an die Wetterbedingungen angepaßt werden kann.

Oben: Ein Biplaceflug ist selbst mit Skiern möglich.

Unten: Beim Biplaceflug hängen Pilot und Passagier meist hintereinander. Der Gastflieger befindet sich dabei vor dem Piloten.

5.3.4 Fliegen mit Ski und Snowboard

Im Winter ergeben sich ganz neue Möglichkeiten, Skifahren bzw. Snowboard oder Monoskifahren und Fliegen zu verbinden. Start und Landung sind eher leichter als zu Fuß.

5.3.4.1 Skistart/Snowboardstart

Die Startvorbereitungen erfolgen wie beim Fußstart. Damit das Segel auf dem glatten Schnee nicht wegrutscht, wird es im Schnee fixiert: Mit der flachen Hand taucht man das Obersegel unterhalb der Eintrittskante an einigen Stellen unter die Schneeoberfläche, um die verbleibende Falte im Schnee festzupressen. Damit sich die Leinen nicht an den Skiern verhängen können, werden alle Leinen in das Segel gelegt. Die Skistökke werden seitlich so am Rucksack festgebunden, daß sie das Aufziehen des Segels nicht behindern. Nun wird das Gurtzeug angelegt. Nachdem die Ski oder das Snowboard angeschnallt sind, werden die Tragegurte wie gewohnt aufgenommen. Da wir dicht an der Segelhinterkante stehen, liegen die Leinen nun lose im Segel. Dies hat den Vorteil, daß man mit den scharfen Stahlkanten keine Leinen verletzen kann und daß Fahrt aufgenommen werden kann, um das Segel aufzustellen.

Mit einem großen Schritt seitlich nach vorne beschleunigen wir und ziehen gleichzeitig das Segel auf. Ist der Hang steil, gibt es einen stärkeren Öffnungsstoß. Um einen Sturz nach hinten zu verhindern, legt man sich beim Anfahren leicht nach vorne. Bei sehr flachen Hängen macht man mit Schlittschuhschritten zusätzlich Fahrt. Im steilen Startgelände kann man die Skier direkt in Fahrtrichtung in den Schnee stecken und nach vorne wegstarten. Der Start ist einfacher, funktioniert aber meist nur im steileren Gelände. Für das Snowboard muß die Hangneigung größer sein, da überhaupt kein Schwung geholt werden kann, um das Segel über den Kopf zu bekommen. Ist die Startgeschwindigkeit so groß, daß das Segel zu tragen beginnt, heben wir durch leichtes Anbremsen des Schirms ab.

5.3.4.2 Landung mit Ski oder Snowboard

Die Landeeinteilung und die Landung erfolgen wie gewohnt. Mit Skiern kann aber auch deutlich schneller gelandet werden, da der Schwung in Vorwärtsfahrt umgewandelt wird. Kurz vor der Bodenberührung werden lediglich die Skispitzen bzw. das Snowboard leicht nach oben gehoben oder gekippt. Zu berücksichtigen ist, daß man tief in den Schnee einsinken kann und dadurch einen Überschlag nach vorne riskiert. In weitem hindernisfreiem Gelände mit flachen Hängen kann man zwischendurch auch längere Passagen halb fliegend, halb fahrend zurücklegen. Das Gelände muß so beschaffen sein, daß man nach der Ski-/Flug-Einlage wieder ausreichend Höhe gewinnt, um sicher zum Landeplatz zu kommen. Um den Hang halb fliegend, halb fahrend zu bewältigen, wird ein gleichmäßig geneigtes Hangstück wie zur Landung angeflogen, wobei mit der Hangneigung gelandet wird. Zum Zeitpunkt des Aufsetzens muß der Pilot unbedingt aufrecht im Gurtzeug sitzen. Gleich nach dem Aufsetzen werden die Steuerleinen so weit gelöst, daß der Schirm nicht nach hinten abkippt, sondern weiterhin über dem Piloten steht. Durch mehr oder weniger starkes Anbremsen kontrolliert man die Fahrtgeschwindigkeit so, daß man immer kurz vor dem Abhebepunkt dahingleitet. Will man erneut abheben, wird durch Lösen der Steuerleinen die Fahrtgeschwindigkeit erhöht. Durch kurzes Anbremsen ist man wieder in der Luft. Nun kann man das Landen, Gleiten und Abheben je nach Geländestruktur wiederholen.

5.4 Flugpraxis Sonderformen

5.4.1 Starkwind

Starkwindflüge sind eine Herausforderung für Könner, die die Leistungsgrenze und das Flugverhalten ihres Segels bestens kennen. Die Windgeschwindigkeit darf in den Spitzenwerten nie über der Maximalgeschwindigkeit des Segels liegen, da man sonst rückwärts fliegt.

 Ist der Wind stärker als die Eigengeschwindigkeit des Schirmes, besteht hohe Unfallgefahr.

Bei Starkwind, der knapp unter der Eigengeschwindigkeit des Segels liegt, können versierte Piloten noch fliegen, wenn sie sich der Risiken, die damit verbunden sind, bewußt sind:

- Bei zunehmendem Wind besteht die Gefahr, in das Lee getrieben zu werden.
- Gefahr von starken Turbulenzen.
- Der Gleitwinkel wird bei zunehmendem Gegenwind immer schlechter, so daß der Landeplatz nicht erreicht werden kann.
- Bergrücken bilden lange Wirbelzöpfe aus (siehe Kapitel 4, Abschnitt 4.3.2).
- Ist der Landeplatz von Bäumen oder Hindernissen umgeben, starke Turbulenzen in Bodennähe.

5.4.1.1 Kurvenformen bei Starkwind

Je stärker der Wind, um so mehr weicht beim Kurven die Flugbahn über Grund von der Kreisform ab.

Um sicher in die Luft zu kommen, kann meist nur noch mit dem **Rückwärtsstart** (Starkwindstart) gestartet werden.

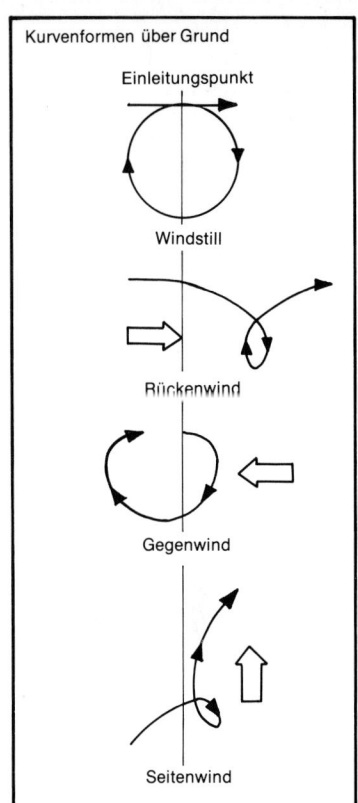

Kurvenformen über Grund

Einleitungspunkt

Windstill

Rückenwind

Gegenwind

Seitenwind

Kurvenformen über Grund:
Gegenüber dem Wind dreht der Pilot normal seine Kurven, über Grund sind diese Kurven jedoch durch den Windeinfluß verzerrt.
Wichtig bei der Landeeinteilung!

5.4.1.2 Rückwärtsstart (Starkwindstart)

Startvorbereitungen wie üblich. Vorteilhaft ist, den Schirm seitlich stark zu raffen, so daß nur die mittleren zwei oder drei Zellen offen sind. Von der normalen Startstellung ausgehend dreht man sich mit dem Gesicht zum Schirm, so daß die Tragegurte sich überkreuzen. Ruckartiges Anziehen der Vorderleinen bewirkt, daß sich die Eintrittskante aufbläht und der Schirm füllt. Der Schirm schießt erheblich schneller als bei geringem Wind über den Piloten und wird dann gegengleich mit den Steuerleinen korrigiert. Steht der Schirm schön über dem Piloten, geht man langsam rückwärts und dreht sich schnell wieder um die eigene Achse. Dabei auf die Ausdrehrichtung achten. Nach ein paar Beschleunigungsschritten starten wir wie gewohnt. Kommt die Windgeschwindigkeit der Maximalgeschwindigkeit des Segels nahe, kann vom Stand weg durch

Beim Rückwärtsstart ist die Kappe nach rechts abgekippt. Gegenmaßnahme: links bremsen und nach rechts unterlaufen! (Schneefernerkopf, Österreich).

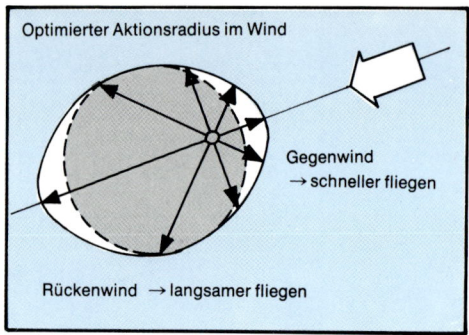

Optimierter Aktionsradius im Wind

Gegenwind
→ schneller fliegen

Rückenwind → langsamer fliegen

Optimierter Aktionsradius im Wind (siehe auch Grafik S. 57): Die Gleitzahl wird bei Rückenwind durch langsames Fliegen erhöht, bei Gegenwind durch schnelles Fliegen.

leichtes Ziehen der Steuerleinen abgehoben werden. Dies geschieht bisweilen schon in der Rückwärtsstellung. Man läßt sich dann in der Luft ausdrehen. Zu starkes Anbremsen hindert den Schirm, genug Fahrt aufzunehmen (Sackfluggefahr).

5.4.1.3 Starkwindlandung

Bei Starkwind und auch bei zu erwartendem starkem Talwind fliegt man frühzeitig den Landeplatz an und baut dort die Höhe ab. Nahe dem Boden entfernt man sich bei einem Vollkreis weit vom Landefeld, da man auf einer Kurvenseite zwangsläufig mit dem Wind fliegt und auf der anderen Kurvenseite schwer dagegen ankommt. Deswegen baut man Höhe durch Hin- und Herdriften über dem Landeplatz oder luvseitig davor ab.

Rückwärtsstart: Der Pilot dreht sich zum Schirm, zieht die Kappe an den vorderen Tragegurten hoch und korrigiert sie mit den Steuerleinen an den vorderen Tragegurten.

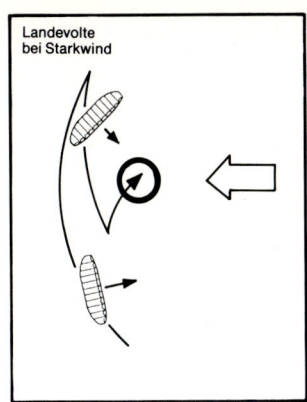

Starkwindlandevolte:
Gegen-, Quer- und Endanflug
werden nicht mehr sauber getrennt.
Nur noch die Querkomponente wird
genutzt, um gegen den Wind
Höhe abzubauen.

Nach der Landung wird sofort eine Steuerleine ganz eingezogen, denn mit dem Abkippen der Kappe hat der Wind eine maximale Angriffsfläche. Die Wahrscheinlichkeit ist groß, daß der Pilot mit dem aufgeblähten Segel weggerissen wird. Eine schnelle Reaktion ist verlangt! **(Große Verletzungsgefahr!)**

5.4.2 Klippenstart

Von einem Klippenstart ist generell abzuraten. Der Klippenstart ist die heikelste und umstrittenste Startform. Die Aufwinde an der senkrechten Klippe verursachen am Startplatz Kantenrotoren, die unberechenbar sind. Da der Startlauf beim Klippenstart extrem kurz ausfällt, bleibt keine Zeit für einen Startabbruch. Der Klippenstart ist auch für Könner **lebensgefährlich.** Eine Seilsicherung kann das Risiko nicht mindern.

Der Klippenstart ist auch für Profis lebensgefährlich.
Da der Klippenstart absolut unkalkulierbar ist, muß dringend
davon abgeraten werden.

5.4.3 Tulpenstart / Bündelstart

Der Tulpenstart wird überwiegend bei Starkwind und an kleinen Startplätzen praktiziert. Vom wirr daliegenden Schirm werden die Fangleinen mit dem Gurtzeug weggezogen. Von den Haupttragegurten aus werden die rechten und linken Fangleinen umfaßt und zum Schirm hin gebündelt. Das Segel wird dadurch zur »Tulpe« zusammengezogen. Ist das Segel noch unordentlich, wird es beidhändig aufgeschüttelt und dadurch entwirrt. Die Steuerleinen werden gesondert überprüft. Jetzt müssen nur noch die zwei oder drei Zellen in der Schirmmitte an der Eintrittskante geöffnet werden, und das Segel ist startbereit.

5.4.4 **Dynamischer Start**

Der dynamische Start ist eine Optimierung des normalen Startablaufes, durch den sichere Starter schnell und mit geringem Kraftaufwand in die Luft kommen. Voraussetzung für das Erlernen der dynamischen Starttechnik ist gutes Schirmgefühl und das sichere Beherrschen der normalen Starttechnik. Von einigen Piloten wird als Nachteil empfunden, daß durch die starke Vorlage der Gleitschirm nur während der kurzen Kontrollphase zu sehen ist.

Die Arme werden beim dynamischen Start seitlich nach hinten gestreckt. Zusätzlich wird der Oberkörper während der Aufziehphase nach vorne gebeugt; dies bewirkt ein schnelleres Füllen des Segels. Zum Kontrollblick muß man sich jedoch nun kurz aufrichten. Steht das Segel sauber über dem Piloten, beschleunigt man und legt gleichzeitig den Oberkörper kräftig nach vorne. Die Arme sind wieder seitlich, schräg nach hinten gerichtet. In dieser Körperhaltung wird weiter kräftig beschleunigt, bis man in der Luft ist.

Vorteile der dynamischen Starttechnik sind:

● Die Abhebegeschwindigkeit ist durch die schnellere Beschleunigung eher erreicht. Der Startlauf wird dadurch kürzer.

● Durch die nach vorne geneigte Körperhaltung läßt sich der Gleitschirm wegen der günstigeren Hebelverhältnisse kraftsparend aufziehen.

● Wirbelverletzungen sind selten, da bei Startabbruch, Fehlstart oder erneutem Bodenkontakt der Pilot sich eher nach vorne abrollt, als auf den Rücken oder das Gesäß zu fallen.

5.4.5 **Toplanding**

Bei sehr guten Verhältnissen und Startüberhöhung kann auf dem Gipfel oder dem Startplatz gelandet werden, wenn dieser groß genug ist.

Toplanding sollte nur versucht werden, wenn:

● ein konstanter laminarer Wind, der nicht zu stark sein darf, ansteht;

● das Landegelände gefahrlos von mehreren Seiten angeflogen werden kann;

● dabei keine Personen gefährdet werden (Zuschauer, andere Gleitsegel- oder Deltapiloten);

● der Pilot das Segel unter allen Bedingungen beherrscht.

Für Toplanding gilt generell:

● Nur ebene oder leicht abschüssige Landepunkte anfliegen, damit eventuell wieder durchgestartet (siehe »Touch and Go«, Abschnitt 5.4.7.5) oder bei Gefahr leicht abgedreht werden kann.

● Exakte Landeeinteilung unter Berücksichtigung der Windverhältnisse am Landeplatz.

- Bei stärkerem Gegenwind Landeanflug wie bei Starkwindlandung (siehe Abschnitt 5.4.1.3), wobei auf die Leezone hinter dem Gipfel aufzupassen ist.
- Niemals mit dem Wind landen wollen. Meist ist der Wind in Gratnähe wesentlich stärker (siehe Kapitel 4, Abschnitt 4.3.2), und man wird dabei in das Lee abgetrieben. Deswegen das Segel rechtzeitig vor dem Gipfel in den Wind drehen.
- Zum Toplanding mit Achterkreisen Höhe abbauen, da bei Vollkreisen in Gipfelnähe bei stärkerem Wind der seitliche Versatz in Richtung Lee sehr groß ist.

5.4.6 Flugmanöver Sonderformen

 Für alle extremen Flugmanöver gilt generell: Sie sollten vermieden werden, da die Unfallgefahr unnötig erhöht wird. Ein Training für kritische Situationen sollte nur bei großer Flughöhe und mit Rettungsgerät durchgeführt werden. Unter 200 m Höhe bis zum Grund niemals gefährliche Manöver fliegen. Das Segel braucht Zeit, um sich wieder zu stabilisieren, der Pilot, um sich zu orientieren.

5.4.6.1 Schnellabstieg

Bei normalen Flugbedingungen ist ein Schnellabstieg nicht notwendig. Lediglich wer sich selbst unnötig in Gefahr begibt, z. B. durch Wolkenberührung oder Gewitterflug, wird den Schnellabstieg benötigen. Besser wird es immer sein, alle Risiken auszuschließen und sich weit entfernt von Wolken zu halten. Bei jedem Flug muß die Wetterlage beobachtet werden, um bei Gefahr noch rechtzeitig landen zu können. Der B-Leinen-Stall ist bei vielen Gleitseglern nicht so harmlos, wie oft vom Hersteller angegeben. Deshalb gilt die Steilspirale, auch wenn das Sinken teilweise geringer ist, nach wie vor als sicherster Schnellabstieg.

5.4.6.2 Steilspirale

Die Steilspirale wird zum Abbau von großer Flughöhe verwendet. Dies kann vor allem bei gefährlichen Situationen, wie zum Beispiel drohender oder bereits bestehender Wolkenberührung, notwendig sein. Bei allen mit Gütesiegel versehenen Gleitschirmen ist eine Steilspirale gefahrlos möglich. Deshalb gilt die Steilspirale auch als sichere Schnellabstiegsmethode.

Die Steilspirale wird eingeleitet, indem eine Steuerleine langsam immer stärker durchgezogen wird. Der Gleitschirm fliegt eine Kurve, die immer enger wird. Die zunehmende Zentrifugalkraft bewirkt eine immer stärkere Querneigung des Segels mit deutlich erhöhtem Sinken. Damit der Gleitschirm in der Steilspirale bleibt, muß die Steuerleine gezogen bleiben. Wird jedoch zu weit gezogen, dann kann es zum »Trudeln«

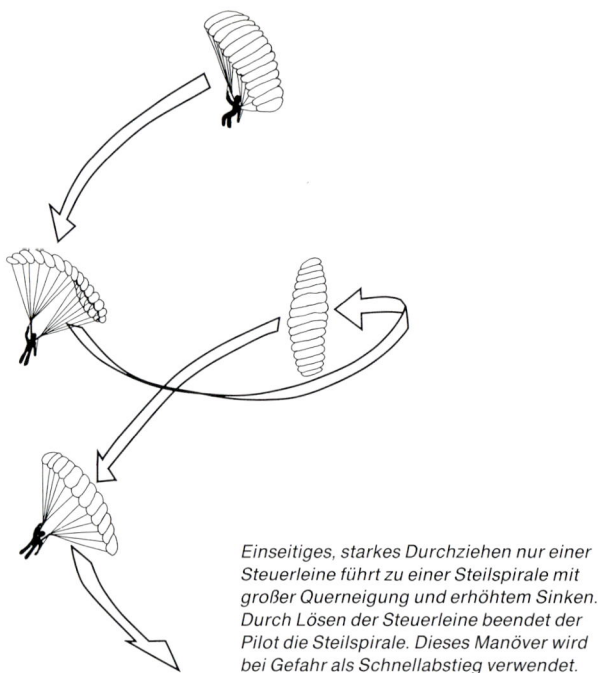

Einseitiges, starkes Durchziehen nur einer Steuerleine führt zu einer Steilspirale mit großer Querneigung und erhöhtem Sinken. Durch Lösen der Steuerleine beendet der Pilot die Steilspirale. Dieses Manöver wird bei Gefahr als Schnellabstieg verwendet.

(s. 5.4.6.8), einem unkontrollierten Flugzustand, kommen. Um die Steilspirale zu beenden, wird die durchgezogene Steuerleine langsam nachgelassen, wodurch die Spirale sanft ausgeleitet wird.

Auch bei der Steilspirale gilt, daß zu abrupte Steuermanöver Überreaktionen des Segels hervorrufen können, die nur schwer zu kontrollieren sind. Ebenso ist zu bedenken, daß es durch die Rotation zu einem Orientierungsverlust kommen kann, weshalb die Steilspirale in sicherer Höhe über Grund abgebrochen werden sollte, um sich neu orientieren zu können.

Abrupte Steuermanöver führen zu Überreaktionen des Gleitsegels, die nur schwer zu kontrollieren sind.

5.4.6.3 B-Leinen-Stall

Der B-Leinen-Stall dient vor allem dem Schnellabstieg bei gefährlichen Situationen, wie zum Beispiel Gewitter oder Wolkenberührung. Der B-Leinen-Stall kann nur mit Segeln ausgeführt werden, bei denen die B-Leinengruppe separat an eigenen Haupttragegurten aufgehängt ist. Es gibt jedoch Gleitsegel, bei denen wegen gefährlicher Eigenschaften vom B-Leinen-Stall abzuraten ist. Man leitet ihn ein, indem man die beiden B-Leinengruppen so weit herunterzieht, bis die Strömung am Segel abreißt. Da die restlichen Leinengruppen noch voll tragen, wird das Segel zwischen A- und CD-Leinengruppen stark zusammengeschoben. Die Sinkgeschwindigkeit ist beträchtlich und kann, je nachdem, wie weit die B-Leinen nach unten gezogen werden, bis zu 8 m/sec. oder mehr betragen. Die Ausleitung ist meist ungefährlicher als beim Fullstall, da die meisten Segel nicht zum Überschießen neigen.

5.4.6.4 Ohren anlegen / Flächenreduktion

Unter »Ohren Anlegen« versteht man das Hereinziehen der rechten und linken Flügelseiten um zwei bis vier Zellen. Dieser stabile Flugzustand bewirkt eine Verkleinerung der Schirmfläche ohne Strömungsabriß. Dies hat deutlich erhöhte Geschwindigkeit und erhöhtes Sinken zur Folge. Da fast jedes Segel anders auf dieses Manöver reagiert, ist auf jeden Fall der Hersteller zu fragen. Meist wird das Ohren Anlegen durch das Herunterziehen der äußeren A-Leinen erreicht. Beendet wird der Flugzustand durch kurzzeitiges, starkes Anbremsen.

5.4.6.5 Stabiler Sackflug

Der Sackflug ist ein Phänomen, das bei Gleitsegeln auch ohne Pilotenverschulden vorkommen kann. Dies passiert jedoch selten. Das größte Sackflugrisiko entsteht, wenn der Gleitschirm in Turbulenzen stark angebremst und somit sehr langsam geflogen wird. Wenn in starken Abwindzonen der Schirm in den Sackflug kommt, kann dies wegen der großen Sinkgeschwindigkeit schlecht zu erkennen sein. Beim Sackflug sind keinerlei Windgeräusche zu hören, das Segel ist zwar komplett gefüllt, steht aber leicht faltig über dem Piloten.

 Das Gefährliche am Sackflug ist, daß er meist zu spät erkannt wird (Verwechslung mit Abwind!).

Der Sackflug wird freiwillig provoziert, wenn die hinteren Tragegurte durchgezogen werden. Dies bewirkt eine Erhöhung des Anstellwinkels, die zum Segelstillstand führt. Der Sackflug wird auch als Fallschirmeffekt (franz.: *parachutage*) bezeichnet, da das Segel gleich einem Fallschirm mit 5 bis 8 m/s abwärts sinkt und in diesem Zustand stabil bleibt, also nicht selbständig in die normale Fluglage übergeht. Die Gleitzahl beträgt dabei maximal 0,5.

Es gibt zwei Möglichkeiten, aus dem Sackflug herauszukommen:

1. Beide Steuerleinen abrupt bis zum Stallpunkt durchziehen, bis das Segel anfängt, nach hinten abzukippen. Nun die Steuerleinen relativ schnell lösen. Das Segel schießt nach vorne, stabilisiert sich und nimmt Fahrt auf.
2. Einen der vorderen Haupttragegurte weit herunterziehen und damit eine Kurve einleiten, dann loslassen.

Welche Methode für das eigene Segel am besten geeignet ist, bitte beim Hersteller erfragen oder in großer Höhe selbst ausprobieren.

Der Sackflug ist erst beendet, wenn wieder Windgeräusche zu hören sind. Ist der stabile Sackflug ausgeleitet, soll das Gleitsegel, nachdem es wieder Fahrt aufgenommen hat, leicht angebremst werden, um Segelpendler zu vermeiden, die zu einem erneuten Sackflug führen können. Da im Sackflug minimale Fahrt gemacht wird, ist das Segel noch, wenn auch beschränkt, steuerbar.

> Kurz über dem Boden ist es gefährlicher, den Sackflug auszuleiten (Stall), als im Sackflug zu landen.

Zur unvermeidlichen Sackfluglandung wird kurz vorher, also 2 m über dem Boden, stark durchgebremst, um das Sinken geringfügig zu verringern. Das Durchbremsen darf keinesfalls zu früh erfolgen, da man sofort in den Stall kommt. Für eine Sackfluglandung ist die Beherrschung des Landefalls unbedingt erforderlich.

5.4.6.6 Negativkurven

Der Schirm wird extrem langsam geflogen und eine Steuerleine auf über 100% durchgezogen. Dabei reißt die Strömung einseitig ab. Die durchgebremste Segelseite dreht nach hinten (»negativ«) weg. Durch die starke Abbremsung baut sich in Negativrichtung ein Profil auf, das von unten angeströmt wird. Ergebnis ist eine Negativbeschleunigung auf der einen Seite, auf der anderen Seite eine Vorwärtsbeschleunigung mit großer Rotation als Folge. Der Pilot kann regelrecht herumgeschleudert werden, die Fangleinen können dabei teilweise entlastet werden.

Da das Segel anfangs schneller dreht als der Pilot, kann man sich leicht eindrehen, teilweise soweit, daß der Pilot bewegungsunfähig wird und das selbständige Ausdrehen abwarten muß. Die Negativkurve wird ausgeleitet, indem man die Steuerleine langsam löst. Nun dreht das Segel langsamer und kommt aus der Rotation heraus.

> Die Negativkurve ist schlecht zu kontrollieren und gilt bei vielen Segeln als gefährlich. Negativkurven sollten deshalb nicht provoziert werden.

Die Negativkurve kann auch aus der Steilspirale eingeleitet werden, wenn der Schirm in der Steilspirale noch stärker angebremst wird.

Oben: Der Gleitschirm fliegt mit angelegten Ohren mit erhöhter Geschwindigkeit, um gegen den starken Talwind anzukommen.

Unten: Aufreißphase beim Start. Der Pilot zieht den Schirm auf, nach dem Kontrollblick läuft er weiter und hebt ab.

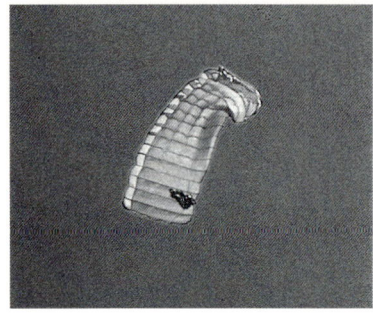

Negativkurve =
einseitiger Strömungsabriß –
hier nach links:
linksseitig beschleunigt die
Kappe rückwärts, rechts-
seitig vorwärts.

5.4.6.7 Stabile Steilspirale

Stabile Steilspiralen, aus denen der Schirm nicht mehr selbständig her-
ausgeht, sind bei geprüften Gleitschirmen äußerst selten. Bei geschlossenzelligen Schirmen kann dies jedoch eher vorkommen. Schlägt eine
Seite ein, kann weder Luft entweichen noch der Flügel durch erhöhten
Staudruck ausgeklappt werden. Durch starkes Bremsen auf der Gegen-
seite (Gegensteuern) bringt man den Schirm in Gegenrichtung zum Abkippen, worauf sich die eingeklappte Seite wieder stabilisiert. Je länger
eine Steilspirale beibehalten wird, um so schwieriger ist es, diesen Flugzustand auszuleiten.

 In geringer Höhe über Grund Rettungsgerät ziehen!

5.4.6.8 Trudeln

Unter dem Begriff »Trudeln« versteht man einen ungewollten Flugzustand, bei dem der Gleitschirm bei hoher Dreh- und Sinkgeschwindigkeit mit Beschleunigungs- und Verzögerungsphasen völlig unkontrolliert fliegt. In diesen gefährlichen Flugzustand kann der Pilot kommen,
wenn bei einer Steilspirale einseitig unnötig viel angebremst wird und
es dadurch zu einem einseitigen Strömungsabriß kommt. Wird zu stark
angebremst in einen Thermikbart eingeflogen und zusätzlich der Versuch unternommen, durch einseitig noch stärkeres Anbremsen und
gleichzeitiges Lösen der anderen Bremse den Thermikbart zu zentrieren, kann es ebenfalls zum »Trudeln« kommen. Deshalb soll der Pilot
allzu hektische Steuermanöver vermeiden. Läßt der Pilot dem Gleitschirm nicht genügend Zeit, auf seine eingeleiteten Steuerimpulse zu
reagieren, und versucht, mit übertriebenen Steuerimpulsen ein Manöver
zu beschleunigen, ist die Gefahr des Trudelns gegeben. Das Trudeln
wird beendet, indem der Pilot die Steuerleinen langsam nachläßt, bis
der Schirm unangebremst fliegt. Je länger der Flugzustand »Trudeln«
anhält, um so unkalkulierbarer ist dessen Verlauf und die Ausleitung.
Sollte der Gleitschirm das »Trudeln« trotzdem nicht beenden, hilft nur
noch der Fullstall (siehe Kap. 5.4.6.9), wenn ausreichend Höhe vorhanden ist. Als letzte Rettung bleibt nur noch der Rettungsschirm.

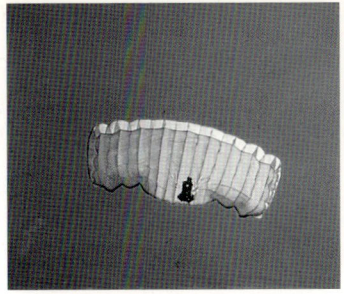

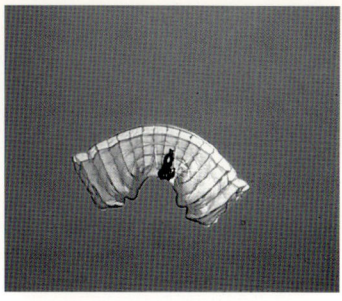

Stall (Strömungsabriß):
Die Bremsen werden über 100%
durchgezogen...

... die Seiten bleiben gegenüber
der Mitte zurück – keine Vorwärtsge-
schwindigkeit mehr...

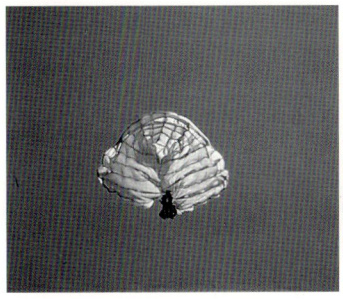

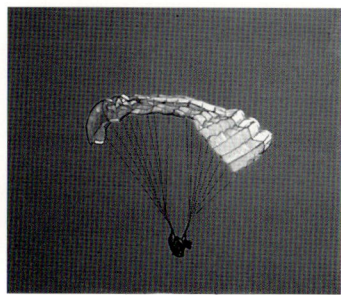

... komplett gestallter Schirm:
Die Zellen sind weitgehend entleert...

... Öffnungsschlag nach
Loslassen der Bremsen.

5.4.6.9 Stall (Fullstall)

Werden beide Steuerleinen über 100% gezogen, sinkt die Eigengeschwindigkeit auf Null. Es sind keinerlei Windgeräusche zu hören. Jetzt
kippt das Segel nach hinten ab. Die angebremsten Seiten schlagen sich
rosettenförmig nach hinten ein, und durch den fehlenden Staudruck
entleeren sich die Zellen. Wird weitergestallt, kommt das Segel wieder
über den Piloten. Die Sinkgeschwindigkeit steigt rapide an. Werden die
Steuerleinen jetzt plötzlich nachgelassen, schießt die Kappe über dem
Piloten nach vorne. Besonders schnelle Segel drohen unter den Piloten
zu schießen. Es können noch einige kurze Pendelstalls folgen **(dynamischer Stall),** bis sich die Kappe beruhigt und wieder Fahrt aufnimmt.
Dies passiert auch, wenn der Stall schnell herbeigeführt wird. Besser ist
es, die Steuerleinen langsam zu lösen. Dadurch schießt das Segel nicht
so kräftig nach vorne, und seine Pendelbewegungen können schneller
abgefangen werden.
Jeder Schirmtyp hat ein anderes Stallverhalten. Einige Schirme wölben
sich leicht nach oben oder knicken in der Mitte ein. Es gibt auch Segel,
die sich richtig zusammenknäueln.

Der Frontstall wurde 1988 erstmals von dem französischen Testpiloten Philippe Laville als fliegbares Manöver vorgestellt.

Der Frontstall funktioniert nur bei Schirmen mit großer Streckung. Die vorderen Tragegurte werden so weit heruntergezogen, bis die Eintrittskante kurz vor dem Unterschneiden ist. Dabei nehmen die Sinkgeschwindigkeit und die Fahrt zu. Die maximal zu erzielende Eigengeschwindigkeit ist erreicht. Nun werden die vorderen Tragegurte zur Mitte zusammengedrückt. Die Segelenden wölben sich nach vorne zu einem Hufeisen. In der Schirmmitte herrscht kaum noch Staudruck, während die Seiten noch gut ausgebildet sein können. Das Sinken nimmt stark zu. Der Frontstall erfordert viel Erfahrung. Bei zu starkem Zug an den vorderen Haupttragegurten kann das Segel komplett mit der gesamten Eintrittskante einschlagen. Auch in diesem eingeschlagenen Zu- stand können die vorderen Tragegurte zusammengeführt werden. Das Ergebnis kann ein **stabiler Frontstall** mit extremem Sinken sein. Durch Abbremsen kann der Zustand sofort beendet werden. Beim Frontstall dürfen keinesfalls die Steuerleinen losgelassen werden, da bei ungleichmäßigem Segelkollaps sofort beidseitig reagiert werden muß.

Zum Frontstall kann es auch kommen, wenn schnell in eine Abwindzone geflogen wird oder wenn man aus einem starken Thermikbart herausfällt und sofort in die Abwindzone gerät. Wird der Gleitschirm in diesem Moment nicht angebremst, kann es zu einem Frontstall kommen.

5.4.7 **Wettkampffliegen**

Durch die stetige Leistungsverbesserung der Gleitsegel und das zunehmende Flugkönnen der Piloten hat sich eine eigene Wettkampfszene entwickelt, in der es auch Gleitschirmprofis gibt, die als Werbezugpferde vermarktet werden.

Wettkämpfe werden an von Veranstaltern fest vorgegebenen Terminen durchgeführt, wobei die Teilnehmer die Wettkampfaufgaben, die meist noch an die unmittelbar herrschenden Wetterbedingungen angepaßt werden, bestmöglich zu erfüllen haben. Ein guter Wettkampf setzt sich aus mehreren Durchgängen zusammen. Die Einzelergebnisse werden mittels eines Punktesystems zusammengefaßt, um den Gesamtsieger zu ermitteln.

Um in die Spitzengruppe zu fliegen, sind eine gute Flugtaktik und konstante Leistungen notwendig. Nach mehreren Ranglisten-Wettbewerben wird das Nationalteam, bestehend aus den zehn besten Piloten, gebildet.

> Auch beim Wettkampffliegen darf man nicht vergessen, daß es sich hierbei um einen Sport handelt, der Fairneß verlangt. Mit übertriebenem Ehrgeiz gefährdet man sich selbst und die anderen Piloten.

5.4.7.1 Briefing

Vor jedem Wertungsdurchgang erfolgt ein Briefing, bei dem der Veranstalter die Wettkampfaufgabe erklärt, eventuelle Sicherheitshinweise gibt und die für den Piloten wichtigen Wind- und Wetterverhältnisse erklärt. Ein sorgfältig durchgeführtes Briefing verhindert Unklarheiten und ermöglicht dem Piloten, die für ihn richtige Flugstrategie zu planen.

5.4.7.2 Open Window

Bewährt hat sich der Open-Window-Start. Dabei kann jeder Pilot beliebig innerhalb eines vorher festgesetzten Zeitraums starten und seine Meteorologiekenntnisse einbringen, indem er die Flugbedingungen abwartet, die den optimalen Flug erwarten lassen.

5.4.7.3 Schätzung

Beim Schätzflug gibt der Pilot die Zeit vor, die er in der Luft bleiben will. Je genauer er sich an diese Flugzeit hält, desto mehr Punkte erhält er. In die Bewertung kann auch die Länge der vorgegebenen Schätzzeit einfließen.

5.4.7.4 Bojenflug

Als Bojen werden die vom Veranstalter vorgegebenen Wendemarken bezeichnet. Bojen sollen klar erkennbare Geländepunkte sein, wie markante Berggipfel, Wegkreuzungen, Hütten oder Kirchtürme. Die Bojen, die manchmal sogar höher als der Startplatz und gewöhnlich außerhalb des Gleitwinkels liegen, müssen in der vorgegebenen Reihenfolge, meist so schnell wie möglich, abgeflogen werden.
Bojen sind mit den Strategien des Streckenflugs zu fliegen und normalerweise auch fotografisch zu dokumentieren (siehe 5.4.7.17), damit die Bojenpunkte anerkannt werden.

5.4.7.5 Touch and Go

Das sind kurze Zwischenlandungen *(Touch)* an vorgegebenen Plätzen, von denen sofort wieder gestartet werden muß *(Go)*. Oft darf der Boden nicht berührt werden. Es muß hierbei ein Ballon berührt oder eine Tonne umgestoßen werden. Der Touch-Punkt muß sehr exakt angeflogen werden. Dazu muß der Wind, aber auch thermische Aktivität berücksichtigt werden, denn unmittelbar vor dem Touch-Punkt sind schon aus Sicherheitsgründen nur noch kleine Kurskorrekturen möglich.

5.4.7.6 Maximalzeit/Minimalzeit

Gewertet wird die längste/kürzeste Flugzeit. Meist wird ein Zeitmaximum gesetzt, das nicht überschritten werden darf (Zeitreserve für Landung einplanen). Am anspruchsvollsten ist eine Kombination von Minimalzeit mit dem Bojenflug.

5.4.7.7 Crossflug

Der Crossflug wird auch als »Freie Strecke« bezeichnet. Hierbei zählt die weiteste zurückgelegte Strecke, die frei vom Piloten gewählt wird. Beim Crossfliegen werden alle Thermikmöglichkeiten ausgenutzt, die gewonnene Höhe muß in Strecke umgesetzt werden.

5.4.7.8 Punktlandung

Für die gestandene Landung im Zielkreis gibt es zusätzliche Punkte, die bei knappen Flugergebnissen über den Sieg entscheiden können. Eine Crash-Landung wird nicht anerkannt, die Flugpunkte aber gewertet.

5.4.7.9 Streckenflug

Die Flugleistungen des Gleitsegels erlauben durchaus Langstreckenflüge. Die genauen Aufgabenstellungen und Teilnahmebedingungen kann man bei den jeweiligen Landesverbänden (siehe Anhang) erfragen. Flüge, die nach den Richtlinien des Sporting Code der FAI dokumentiert wurden, werden von jedem Landesverband anerkannt. Eine gültige Dokumentation sollte folgende Punkte beinhalten:
die Startmeldung; die fotografische Beurkundung in richtiger Reihenfolge; die Landemeldung; das Kartenmaterial mit eingetragener Flugroute; das Barogramm eines FAI-zugelassenen Barographen.

5.4.7.10 Die Aufgaben bei Streckenflügen

Bei Streckenflügen wird die Entfernung zwischen Startpunkt, Wendepunkt (falls vorhanden) und dem Landepunkt als Luftlinie gemessen. Man unterscheidet zwischen Freier Strecke, Zielflug, Zielrückkehrflug und Dreiecksflug. Die Freie Strecke gilt als weniger wertig als der anspruchsvolle Dreiecksflug, der nur von wirklich erfahrenen Piloten angemeldet und auch durchgeführt wird.

5.4.7.11 Freie Strecke

Die Freie Strecke ist die einfachste Streckenflugaufgabe, da lediglich der Startpunkt festgelegt ist. Der Pilot versucht dabei so weit wie möglich zu fliegen. Die freie Strecke kann auch einen Wendepunkt beinhalten (=Freie Strecke auf geknickter Bahn).

Freie Strecke.   *Freie Strecke auf geknickter Bahn.*

5.4.7.12 Zielflug

Beim Zielflug gibt der Pilot vor dem Start den Landepunkt an. Dabei kann zusätzlich ein Wendepunkt angegeben werden (=Zielflug auf geknickter Bahn). Der Zielflug stellt durch die Festlegung des Ziels vor dem Flug höhere Anforderungen an den Piloten und wird deshalb höher bewertet als die Freie Strecke.

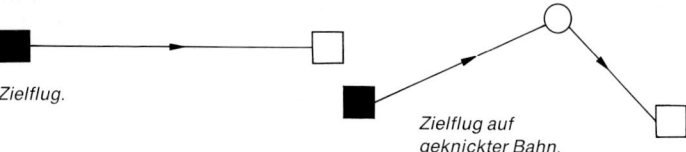

Zielflug.

Zielflug auf geknickter Bahn.

5.4.7.13 Ziel-Rückkehrflug

Beim Ziel-Rückkehrflug wird nach dem Zielpunkt (=Wendepunkt), der im richtigen Fotosektor fotografiert werden muß, gewendet und zum Startpunkt zurückgeflogen. Dies ist deutlich schwerer als der Zielflug, da die Rückkehr durch Gegenwind oder zum Beispiel durch sich zeitlich ändernde Thermikbedingungen erschwert werden kann.

Ziel-Rückkehrflug.

5.4.7.14 Dreiecksflug

Dreiecksflüge sind die schwierigsten Streckenflugaufgaben. Man unterscheidet hierbei zwischen dem etwas leichteren *Flachen Dreieck* und dem *FAI-Dreieck.*

5.4.7.15 Flaches Dreieck

Unter Flachem Dreieck versteht man ein Dreieck, bei dem ein Schenkel des Dreiecks kleiner oder gleich 28 Prozent der Gesamtstrecke ist. Es wird in angegebener Reihenfolge geflogen.

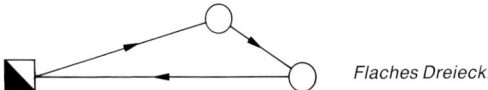

Flaches Dreieck.

5.4.7.16 FAI-Dreieck

Als FAI-Dreieck darf ein Flug bezeichnet werden, bei dem alle Schenkel des Dreiecks über 28 Prozent der Gesamtstrecke betragen und in angegebener Reihenfolge geflogen werden.

FAI-Dreieck.

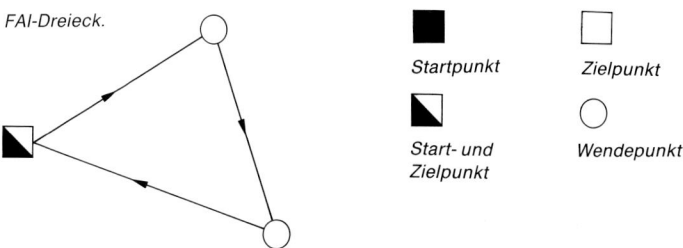

Startpunkt

Zielpunkt

Start- und Zielpunkt

Wendepunkt

5.4.7.17 **Die Fotodokumentation**

Die Dokumentation eines Wettkampffluges ist entscheidend für dessen Anerkennung. Leider passieren selbst routinierten Wettkampfpiloten immer wieder Dokumentationsfehler. Deshalb sollte die Fotodokumentation regelmäßig auch bei Trainingsflügen geübt werden, damit sie gerade unter Wettkampfstreß Routinesache ist. Wer schnell und sicher fotografieren kann, spart an den Wendepunkten kostbare Zeit und Höhe. Profis bevorzugen zwei Kameras, mit denen jeweils zwei Fotos pro Wendepunkt gemacht werden. Die Kamera sollte motorisiert, mit Databack (Datenrückwand) ausgestattet, leicht erreichbar und mit einer Fangleine gesichert sein. Optimal ist sie in einer Bauchtasche aufgehoben, wo sie jederzeit griffbereit ist.

Schon im Anflug auf den Wendepunkt muß die Kamera schußbereit sein. Fliegt man über dem Wendepunkt, darf man noch nicht fotografieren, sondern man muß so lange über den Wendepunkt hinausfliegen, bis bei Gebäuden nicht nur das Dach, sondern auch die Gebäudewände klar von der Seite zu erkennen sind. Ist der Wendepunkt kein Gebäude, ist die Position schwerer zu bestimmen. Eventuell kann man sich jedoch an Gebäuden in der Nähe oder an Waldrändern orientieren. Optimal ist ein Foto, wenn sich der Wendepunkt im Kamerasucher oberhalb und mittig im *90°- und 1-km-Sektor* befindet.

Sind die Fotos gemacht, gilt die volle Konzentration der Orientierung für den schnellen Weiterflug. Erst wenn man wieder Übersicht hat, sollte man die Kameras für die nächste Wendemarke vorbereiten.

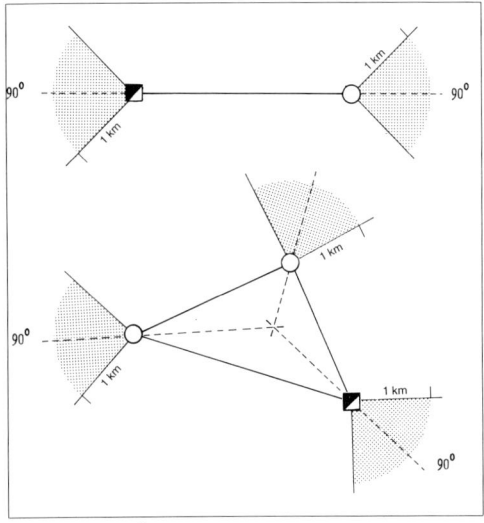

*Die **Fotosektoren** beim Ziel-Rückkehrflug und beim Dreiecksflug. Zur richtigen Fotodokumentation muß der Wendepunkt im 90°- und 1-km-Radius fotografiert werden.*

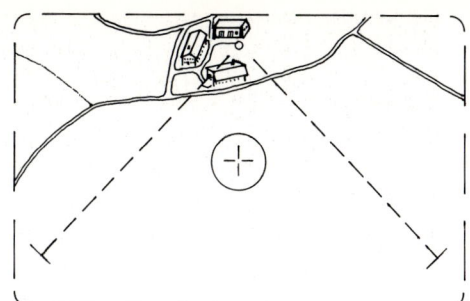

So sollte ein optimaler Fotosektor von 90° beim Blick durch den Kamerasucher während des Fluges aussehen.

5.4.8 Seilwindenschlepp

Dank der Seilwinde eröffnen sich für Gleitschirmflieger auch im Flachland neue Flugmöglichkeiten. Die einfache und sichere Handhabung der Seilwinde erlaubt den Einsatz auch für weniger routinierte Piloten. An thermisch aktiven Tagen lassen sich sogar größere Streckenflüge im Flachland durchführen, was den Windenschlepp auch für erfahrene Piloten interessant macht.

Da die Anschaffungskosten relativ hoch sind, wird der Windenschlepp überwiegend von Flugschulen, Clubs und Schleppgemeinschaften praktiziert.

5.4.8.1 Die Ausrüstung

Abrollwinde: Bei der Abrollwinde wird das Schleppseil während des Schleppvorganges abgerollt. Der Grundschleppzug wird durch einen langsam fahrenden Pkw erzeugt, an dessen Heck (Kofferraum oder Anhängerkupplung) die Abrollwinde befestigt ist. Der Windenfahrer, der im Kofferraum sitzt und die Winde bedient, regelt die Zugkraft, indem er die Abrolltrommel mehr oder weniger stark abbremst. Abrollwinden sind klein, leicht, unkompliziert zu bedienen und verhältnismäßig preisgünstig. Da die Startfrequenz gering ist, eignet sich die Abrollwinde für kleine Schleppgemeinschaften.

Stationäre Winde: Die stationäre Winde ist mit einem Motor ausgestattet, der das vorher ausgelegte Seil während des Schleppvorganges mit einer bestimmten Zugkraft aufspult. Die Schleppfrequenz ist sehr hoch und kann durch eine Doppeltrommelwinde noch gesteigert werden. Da der Anschaffungspreis groß ist, werden stationäre Winden von Flugschulen und Clubs betrieben.

 Alle verwendeten Seilwinden müssen eine Zulassung besitzen und mit einer Kappvorrichtung, die im Notfall das Zugseil trennt, versehen sein. Für die Bedienung und den ordnungsgemäßen Zustand ist der Windenfahrer verantwortlich.

Der Seilwindenschlepp erschließt neue Flugmöglichkeiten im Flachland.
Viele Piloten empfinden den Windenstart einfacher als den Start im Gebirge.

Schleppseil: Das Schleppseil besitzt eine Festigkeit von mindestens 300 kp. Es besteht aus Stahl oder Kunststoff. In der Nähe des Piloten ist eine Sollbruchstelle eingebaut, die bei zu starkem Zug (über 150 kp) reißt. Damit der Windenfahrer nach dem Ausklinken das Seil sauber aufwickeln kann, ist am Seilende ein Seilfallschirm integriert. Zur Sicherheit des Piloten befindet sich am Seilende zusätzlich noch ein Reffseil. Das

Reffseil ist elastisch und zieht das Seilende nach dem Ausklinken sofort aus dem Pilotenbereich, damit sich das Schleppseil nicht verhängt.

Schleppklinke: Die Schleppklinke ist die jederzeit trennbare Verbindung zwischen Piloten und Schleppseil. Sie besteht aus einem Metallbügel, der links und rechts am Gurtzeug fest fixiert wird, und einem Mechanismus, der im geschlossenen Zustand das Schleppseil fixiert. Durch einen Hebel ist der Mechanismus in jeder Lage leicht auszulösen, das Schleppseil wird sofort freigegeben. Die Schleppklinke darf nicht zu tief am Gurtzeug montiert werden, da sonst beim Schlepp der Pilot zu weit vor dem Segel hängt. Dies führt bei Seilriß oder Ausklinken unter Zug zu starkem Durchpendeln des Gleitsegels.

Ausrüstung des Piloten: Es können alle Gleitsegel und Gurtzeuge verwendet werden, die Gütesiegel besitzen und für den Schleppbetrieb zugelassen sind. Für Anfänger sind gutmütige Gleitsegel eher geeignet, da diese nicht so feinfühlig sind und somit Pilotenfehler leichter verzeihen. Stabile, knöchelhohe Schuhe und der Helm sind Pflicht. Sind mehrere Piloten in der Luft oder werden Überlandflüge gemacht, ist ein Rettungsgerät vor allem wegen der Kollisionsgefahr anzuraten.

5.4.8.2 Schleppersonal

Windenfahrer: Der Windenfahrer bedient die Seilwinde und ist für den einwandfreien Zustand des Gerätes verantwortlich. Er benötigt eine spezielle Windenfahrerberechtigung.

Startleiter: Der Startleiter befindet sich an der Startstelle und überwacht den gesamten Schleppbetrieb. Er bedient das Sprechfunkgerät, überprüft die Seilauslegung, klinkt das Schleppseil am Piloten ein und überwacht den Luftraum.

Rechtliche Voraussetzungen: Zugelassenes Schleppgelände, das mindestens 3 km vom nächsten Flugplatz entfernt sein muß. Bis 150 m Schlepphöhe genügt das Einverständnis des Geländebesitzers. Bei Schlepphöhen über 150 m benötigt man zusätzlich die Genehmigung der zuständigen Luftfahrtbehörde. Die Winde und Schleppklinke müssen ein gültiges Gütesiegel besitzen. Nur ausgebildete Personen dürfen den Windenschlepp betreiben.

Persönliche Voraussetzungen: Der Pilot benötigt die Windenschleppberechtigung (siehe Kap. 9.2. Abschnitt IV). Zur Ausbildung wird der Pilot erst zugelassen, wenn er bereits den L-Schein besitzt. Die Ausrüstung des Piloten, also Gleitsegel und Gurtzeug, muß ein Gütesiegel besitzen und für den Schleppbetrieb zugelassen sein.

5.4.8.3 Praxis – Windenstart

Der Start: Der Start erfordert ein exaktes Zusammenspiel zwischen dem Piloten und dem Windenfahrer. Deshalb müssen Kommandos und Abläufe exakt eingehalten werden. Der Startleiter hat eine überwachende Funktion.

Vor dem Start müssen folgende Voraussetzungen gegeben sein (siehe auch Kap. 5.2):

- Das Schleppseil muß geradlinig, hindernisfrei und ohne Schlaufenbildung und Seilüberlagerungen ausgelegt sein.
- Es muß Sicht- und Sprechfunkverbindung zwischen Windenfahrer und Startstelle (Pilot und Startleiter) bestehen.
- Im Schleppbereich dürfen sich keine weiteren Personen befinden.
- Bei Zuschauern sollte das Gelände abgesperrt sein.
- Die komplette Ausrüstung (Winde, Schleppklinke, Pilotenausrüstung) muß auf Funktionstüchtigkeit überprüft worden sein.

Der Pilot betritt den Startraum und legt den Gleitschirm gegen den Wind aus (siehe Kap. 5.1) und macht sich startklar. Zusätzlich muß noch die Schleppklinke fest am Gurtzeug fixiert werden. Damit sich der Windenfahrer auf den Schlepp richtig einstellen kann, benötigt er Informationen über den Piloten und das Fluggerät.

Durchsage von Startstelle an Windenfahrer	Antworten vom Windenfahrer an Startstelle
Gerätemuster (Modell)	Wiederholung
Pilot (Gewicht)	Wiederholung
Sonstige Informationen	Keine Wiederholung

A Der Pilot ist startklar. Der Windenfahrer gibt nach dem Kommando »Seil anziehen« leichten Zug auf das Schleppseil.

B Nach dem Kommando »Fertig« zieht der Pilot den Gleitschirm auf. Der Windenfahrer unterstützt durch leichten Seilzug.

C Der Pilot kontrolliert den aufgezogenen Gleitschirm und gibt Kommando »Start«, wenn alles in Ordnung ist.

D Nach dem Kommando »Start« erhöht der Windenfahrer den Schleppzug gleichmäßig, der Pilot läuft weiter und hebt ab.

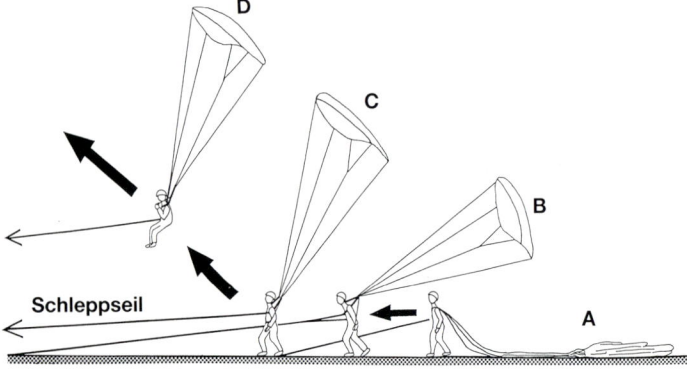

Der Windenfahrer benötigt diese Information, um den maximalen Schleppzug für den Piloten einzuhalten. Hier gilt, daß der maximale Schleppzug dem Körpergewicht des Piloten entsprechen soll, maximal aber 90 kp nicht überschreiten darf.

Der Pilot und der Windenfahrer sind somit startklar. Der Startleiter überprüft zusätzlich die Startvorbereitungen. Eine gelbe Rundumleuchte an der Winde signalisiert den Schleppbetrieb.

Es folgen die Kommandos:

Durchsage von Startstelle an Windenfahrer	Antworten vom Windenfahrer an Startstelle
1. »Pilot und Gerät startklar«	»Winde startklar«

Der Startleiter hängt nun das Schleppseil in die Schleppklinke ein. Der Pilot befindet sich in Startstellung und ist bereit, den Gleitschirm aufzuziehen.

2. »Pilot eingehängt«	»Pilot eingehängt«
3. »Seil anziehen«	»Seil straff«

Der Windenfahrer strafft langsam das Seil, bis der Pilot einen leichten Zug spürt.

4. »Fertig«	Keine Wiederholung Leichte Zugkrafterhöhung

Der Pilot zieht nach dem Kommando »Fertig« den Gleitschirm auf und kontrolliert das Segel. Der Windenfahrer unterstützt das Aufziehen durch leichte Zugkrafterhöhung.

 Steht der Gleitschirm über dem Piloten und ist der **Kontrollblick** durchgeführt, folgt der Start.

5. »Start«	Keine Wiederholung Startdurchführung Hörbereitschaft

Der Windenfahrer steigert nun den Schleppzug. Der Pilot hebt sofort ab und steigt nach oben. Während des gesamten Schleppvorgangs darf der Pilot den Gleitschirm nicht angebremst fliegen. Der Startleiter überwacht den Startvorgang. Sollte der Pilot oder der Windenfahrer einen Fehler machen oder ein Kommando vergessen, muß durch das Kommando »Halt Stop, Halt Stop« (mehrmals) der Start sofort unterbrochen werden.

Im Notfall:

6. »Halt Stop« (mehrmals)	Keine Wiederholung Gas weg, notfalls kappen

Kommandos von der Start- stelle an Windenfahrer	Antworten des Windenfahrers an Startstelle
1. »Pilot und Gerät startklar«	»Winde startklar«
2. »Pilot eingehängt«	»Pilot eingehängt«
3. »Seil anziehen«	»Seil straff«
4. »Fertig«	Keine Wiederholung Leichte Zugkraft
5. »Start«	Keine Wiederholung Startdurchführung Hörbereitschaft
Im Notfall 6. »Halt Stop« (mehrmals)	Keine Wiederholung Gas weg Notfalls kappen

5.4.8.4 Schleppflug

Beim Schleppflug befindet sich durch den Zug des Schleppseiles der Pilot vor dem Gleitsegel. Damit es zu keinem ungewollten Strömungsabriß kommt, darf das Gleitsegel während des Schleppvorganges unter keinen Umständen angebremst geflogen werden. Bei Seitenwind kann der Pilot jedoch mit der entsprechenden Steuerleine den Gleitschirm in Schlepprichtung vorsichtig korrigieren. Kleine Pendler können ebenfalls vorsichtig korrigiert werden. Da ein Seilriß nie ganz ausgeschlossen werden kann, darf der Windenfahrer erst in Sicherheitshöhe auf den Maximalzug gehen. Er wird deshalb nach dem Abheben des Piloten den Zug langsam steigern. Damit sich der Pilot mit dem Windenfahrer verständigen kann, gibt es eine einfache Zeichensprache mit den Beinen.

Während des Start- und Schleppvorganges darf das Gleitsegel nicht angebremst geflogen werden – erhöhte Unfallgefahr!

Zeichen des Piloten an den Windenfahrer:

Grätschen der Beine (anhaltend)	soll heißen »langsamer«
Radfahrbewegung (mehrmals)	soll heißen »schneller«
Grätschen der Beine (mehrmals)	soll heißen »Gas weg zum Ausklinken«

5.4.8.5 Ausklinken

Ist die Schlepphöhe erreicht, gibt der Pilot dem Windenfahrer durch mehrmaliges Grätschen der Beine Signal, daß er ausklinken will. Der Windenfahrer nimmt das Gas weg, die Seilspannung wird geringer. Ist kein Schleppzug auf dem Seil, klinkt der Pilot das Schleppseil aus. Dazu betätigt er den Öffnungsmechanismus an der Schleppklinke. Wichtig ist

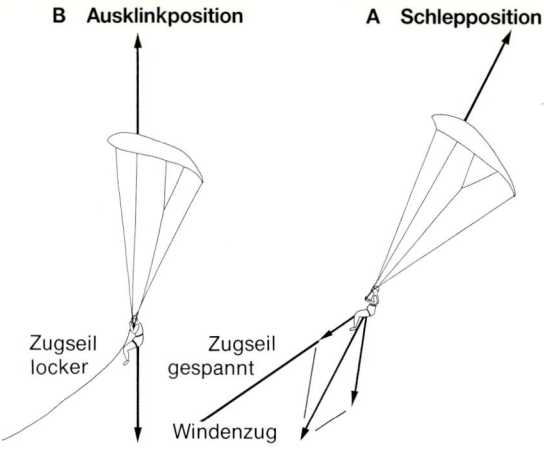

B Ausklinkposition   **A Schleppposition**

Zugseil locker   Zugseil gespannt

Windenzug

*A **Schlepposition:** Der Pilot wird geschleppt. Das Zugseil ist gespannt, der Gleitschirm steht hinter dem Piloten und ist nicht angebremst. Keinesfalls darf unter Schleppzug ausgeklinkt werden, da der Gleitschirm dann gefährlich pendelt.*

*B **Ausklinkposition:** Der Pilot hat durch mehrmaliges Grätschen der Beine Signal zum Ausklinken gegeben. Der Windenfahrer hat die Zugkraft reduziert, das Schleppseil hängt durch. Jetzt klinkt der Pilot das Schleppseil aus.*

hierbei, daß der Pilot wirklich erst ausklinkt, wenn kein Schleppzug auf dem Seil ist. Würde zu früh ausgeklinkt werden, käme es zu starken Segelpendlern. Erkennt der Pilot die Schlepphöhe nicht selbst, wird der Windenfahrer von sich aus bei maximaler Schlepphöhe das Gas wegnehmen. Der Schleppzug wird geringer. Der Pilot muß jetzt trotzdem dem Windenfahrer mit den Beinen das Signal zum Ausklinken geben. Auch hier darf der Pilot erst ausklinken, wenn keinerlei Schleppzug auf dem Seil ist.

Das Ausklinken aus dem Schleppseil darf erst erfolgen, wenn
● das Kommando zum Ausklinken erfolgt ist
● kein Schleppzug auf dem Seil ist.

5.4.8.6 Freier Flug

Nach dem Ausklinken gelten die allgemeinen Flugregeln und Vorsichtsmaßnahmen. An thermisch aktiven Tagen lassen sich beachtliche Flughöhen erreichen. Wichtig ist jedoch immer, rechtzeitig den Wind am Landeplatz zu beobachten, um eine ordentliche Landevolte fliegen zu können und somit sich und andere Piloten, die noch in der Luft sind, nicht zu gefährden.

5.4.9 Motorisierter Gleitschirm

Das kleinste vom Boden startfähige »Flugzeug« ist ein Gleitschirm mit Rucksackmotor. Ein mit einem Druckpropeller versehener Benzinmotor von 15 bis 25 PS läuft in einem Schutzkäfig mit Untersetzungsgetriebe. Der Motor wird mit Hilfe eines speziellen Gurtzeuges wie ein Rucksack auf dem Rücken getragen und wiegt 12 bis 25 kg. Über eine Kurzschlußklemme kann er bei Startabbruch und beim Landen sofort abgeschaltet werden.

Die Kurzschlußklemme ist als Klammer konstruiert, die einen Kurzschluß bewirkt, wenn sie geschlossen ist. Deswegen wird sie beim Start und bei der Landung im Mund mit den Zähnen offengehalten, um im Notfall ausgespuckt zu werden. Der Kurzschluß bewirkt sofortigen Stillstand des Motors. Während des Flugs wird die Klammer offengehalten, indem sie in das Gurtzeug geklemmt wird.

Nach dem Anwerfen des Motors durch Seilzugstart wird der Schirm wie üblich gegen den Staudruck des Propellers aufgezogen, nach einigen Laufschritten bremst man das Segel an, und der Pilot hebt ab. Das Start- und Flugverhalten ist an sich unkompliziert. Das Steigen liegt je nach Motorleistung zwischen 1 und 2,5 m/s, die Fluggeschwindigkeit zwischen 10 und 25 km/h. Der Treibstoffverbrauch liegt bei ca. 8 l pro Stunde. Da sich der Motor direkt am Rücken des Piloten befindet, wird die Lust am Fliegen durch die starke Lärmentwicklung getrübt. Die Lärmbelästigung ist auch für die Umwelt sehr hoch und erreicht derzeit noch nicht die vorgeschriebenen 55 dB in 150 m Höhe. Deshalb ist der Gleitschirmmotor noch nicht für die Luftfahrt zugelassen.

5.4.10 Biplacefliegen (Tandemfliegen)

Biplacegleitschirme eignen sich zum Fliegen zu zweit. An spezielle Haupttragegurte werden zwei normale Gurtzeuge eingehängt, und man fliegt, je nach Konstruktion, neben- bzw. hintereinander. Der Pilot übernimmt die Steuerung. Gestartet wird wie beim Alleinstart. Der Passagier muß nur mitlaufen, darf aber beim Start nicht in den Gurt springen. Die Flugleistungen können denen normaler Schirme entsprechen. Die Landung erfolgt mit der gleichen Technik wie beim Flug allein. Sind die Bedingungen optimal, ist Biplacefliegen ungefährlich und ein großes Vergnügen. Der Pilot muß jedoch die volle Verantwortung für den Passagier übernehmen. Tandemfliegen ist in Deutschland nur für Gleitschirmlehrer mit einer Zusatzausbildung (Biplace-Schein) erlaubt. Auch der Passagier benötigt mindestens einen L-Schein.

Immer wenn Erstbefliegungen, alpine Flüge oder die Befliegung neuer Gebiete geplant sind, sollte die Vorbereitung ein intensives Kartenstudium und fundierte Flugplanung umfassen. Im speziellen gilt dies vor allem für Streckenflüge. Die Leistungen von Gleitschirmen sind mittlerweile derart verbessert worden, daß Streckenflüge unter guten Bedingungen selbst über weitere Distanzen möglich sind. In Frankreich, in der Gegend von Annecy, flog Pierre Bouilloux schon im April 1988 im Ziel-Rückkehrflug 42 km. Diese neuen Möglichkeiten veranlaßten die Verbände, über die Einführung und den Sinn einer weiteren Lizenz nachzudenken, der **Überlandberechtigung.** Sie soll den Befähigungsnachweis (A-Schein) der Gleitsegelpiloten vor allem in Hinblick auf die Navigation ausbauen.

Genaue Navigationskenntnisse und die Einhaltung von Navigationsbestimmungen werden besonders dann verlangt, wenn der Pilot mit seinem Gleitsegel aus dem Bereich seines Gleitwinkels hinausfliegt und auf Strecke geht. Im Rahmen von Gesetzesänderungen um die Jahreswende 88/89 kann die Mitführung einer **ICAO-Luftfahrtkarte** (1:500000), eines Höhenmessers und eines Kompasses für Überlandflüge mit dem Gleitsegel verbindlich werden. Der Gleitsegelpilot fällt rechtlich ohnehin unter die **VFR-Bestimmungen** *(Visual flight rules* = Sichtflugbestimmungen) und ist grundsätzlich zu ihrer Einhaltung verpflichtet. Die Allgemeinverfügung verbietet ihm den Einflug in kontrollierte Lufträume, Luftsperr- und Flugbeschränkungsgebiete.

> Gleitschirmfliegen ist nur im **unkontrollierten Luftraum** unter Einhaltung der Sichtflugbestimmungen (VFR) erlaubt.

6.1 Kartenkunde

Für den Gleitschirmpiloten sind zwei Kartentypen in Kombination nötig: **topographische Karten** und **ICAO-Luftfahrtkarten.** Topographische Karten sind ihrer Genauigkeit wegen unverzichtbar, sie allein dürfen aber nicht zur Navigation verwendet werden, weil sich auf ihnen kein **Flugsicherungsaufdruck** befindet. Man findet ihn auf den ICAO-Karten. Wegen häufiger Änderungen in der Luftraumuntergliederung muß man sich der jeweils modernsten Ausgabe bedienen. Die ICAO-Karten erscheinen einmal jährlich, jeweils im Frühjahr, herausgegeben von der *Bundesanstalt für Flugsicherung.* Sie geben im Maßstab von 1:500000 zu wenige Details wieder, um mit ihnen alleine eine vernünftige Flugplanung durchführen zu können.

Der Pilot dreht vermeintlich gegen den Hang. Dieser Eindruck entsteht durch das Aufnahmeobjektiv mit langer Brennweite. Tatsächlich befindet er sich in sicherem Abstand zur Wand. (Titlis/Schweiz)

6.1.1 Standortfestlegung

Um bestimmte Punkte auf der Erde festzulegen, gibt es ein Koordinatensystem, ein Gradnetz aus **Breiten-** und **Längenkreisen.** Die *Breitenkreise* sind parallel zum Äquator nördlich und südlich angeordnet. Die geographischen Breiten zählt man vom Äquator aus bis 90° (Pol) nach Norden bzw. nach Süden. Die *Längenkreise* oder **Meridiane** erstrecken sich von Pol zu Pol, sie stehen senkrecht zum Äquator. Nullmeridian ist der Meridian von *Greenwich* in England (Sternwarte), von dem aus die geographischen Längen bis 180° nach Osten bzw. nach Westen gezählt werden.

Die erste Angabe bei einer Erdkoordinate ist stets die geographische Breite, die letzte die geographische Länge. Um die Genauigkeit der Ortsangaben zu erhöhen, werden bisweilen auch Zehntel- oder Hundertstelgradangaben gemacht (z. B. 33,54°S 67,88°W), gebräuchlicher ist es aber, die Gradangabe weiter in 60 Minuten (′) und diese wiederum in 60 Sekunden (″) zu unterteilen, z. B. 40°09′12″N 10°33′14″O. Die maximale Auflösung beträgt hier immerhin schon 30 Meter!

Die Koordinaten sind wichtig zur Kursfestlegung und Übertragung in die ICAO-Karte.

6.1.2 Die topographische Karte

Mit Maßstäben von 1:50000 bis 1:25000 bieten topographische Karten eine gute Auflösung und geben für die Flugplanung ausreichend Details wieder. Man muß den hohen Informationsgehalt nutzen und die Karten plastisch lesen lernen. Wichtigstes Hilfsmittel zum Verständnis einer Karte ist ihre **Legende**. Sie ist auf den Kartenrand gedruckt und der Schlüssel zu den verwendeten Symbolen. Vor allem interessiert uns das **Höhenlinienbild,** das sind braune Linien, die Punkte gleicher Höhe miteinander verbinden (= **Isohypsen).** Ihre Anordnung gibt Auskunft über die Hangneigung und Geländeformen, z. B. Mulden, Hangkanten, Abbrüche, Rücken oder Grate etc. Verdichten sich die Linien, fällt das Gelände steil ab, verbreitern sich ihre Abstände, wird das Gelände flacher. **Höhenlinien:** Von oben nach unten:

- gerundet konvex = Mulden, Senken, Taleinschnitte
- gerundet konkav = Rücken, sanfte Erhebungen
- zugespitzt konvex = Schluchten
- zugespitzt konkav = Grate, Kanten
- Verdichtung = Steilabfall
- Abstandsvergrößerung = Abflachung.

Weil der Abstand der Höhenlinien in direktem Verhältnis zur Hangneigung steht, können wir auch direkt die Gleitzahl ablesen, die wir zum Überfliegen benötigen. Sicherheitshalber muß sie um die Zahl eins unter der *selbstermittelten Gleitzahl* liegen. Niemals soll man sich auf die meist geschönten Gleitzahlangaben von Händlern verlassen! Darüber hinaus müssen wir uns immer bewußt sein, daß der Sicherheitsspielraum einer Gleitzahl nur für optimale Verhältnisse gilt. Ungünstiger Wind, mangelhafte Schirmbeherrschung und anfällige Schirme benötigen einen erheblich größeren Sicherheitsspielraum! Verhalten sich die Höhenlinien sehr unregelmäßig, mittelt man am besten über die Abstände der Haupthöhenlinien. In steilen Felsregionen verschwinden die Höhenlinien oft ganz oder sind nicht mehr auflösbar, so daß der Höhenunterschied nur anhand der angrenzenden Linien abzuschätzen ist. Bei den Alpenvereinskarten im Maßstab 1:25 000 sind allerdings auch bei schroffen Geländestrukturen bisweilen Höhenlinien durchgezogen.
Weniger aussagekräftig, aber wichtig für die plastische Erscheinung einer Karte ist die Schummerung. Sie läßt das Landschaftsrelief wie von der Abendsonne beleuchtet erscheinen, indem die Gebirge und Erhebungen grafisch abgeschattet werden.
Die Aussagemöglichkeiten einer topographischen Karte gehen sogar über die Geländemorphologie hinaus. Kennen wir die Windrichtung des Tages, lassen sich, wenn auch vage, sogar Rückschlüsse aus der Karte auf die lokalen Windverhältnissen ziehen. Taleinschnitte mit Trichterwirkung und Düseneffekt oder Soarmöglichkeiten an Bergflanken, Leewirkungen, Rotorlagen, Umströmungsmuster kann man grob abschätzen. Befinden sich im Umfeld unseres Fluggebiets höhere Gebirgszüge, kann der Wind ganz abgeschattet werden oder durch breite Täler umgelenkt werden. Anhand des Bewuchses, der Windabschattung und der

LUFTRAUMSTRUKTUR DER BUNDESREPUBLIK DEUTSCHLAND
AIRSPACE STRUCTUR OF THE FEDERAL REPUBLIC OF GERMANY

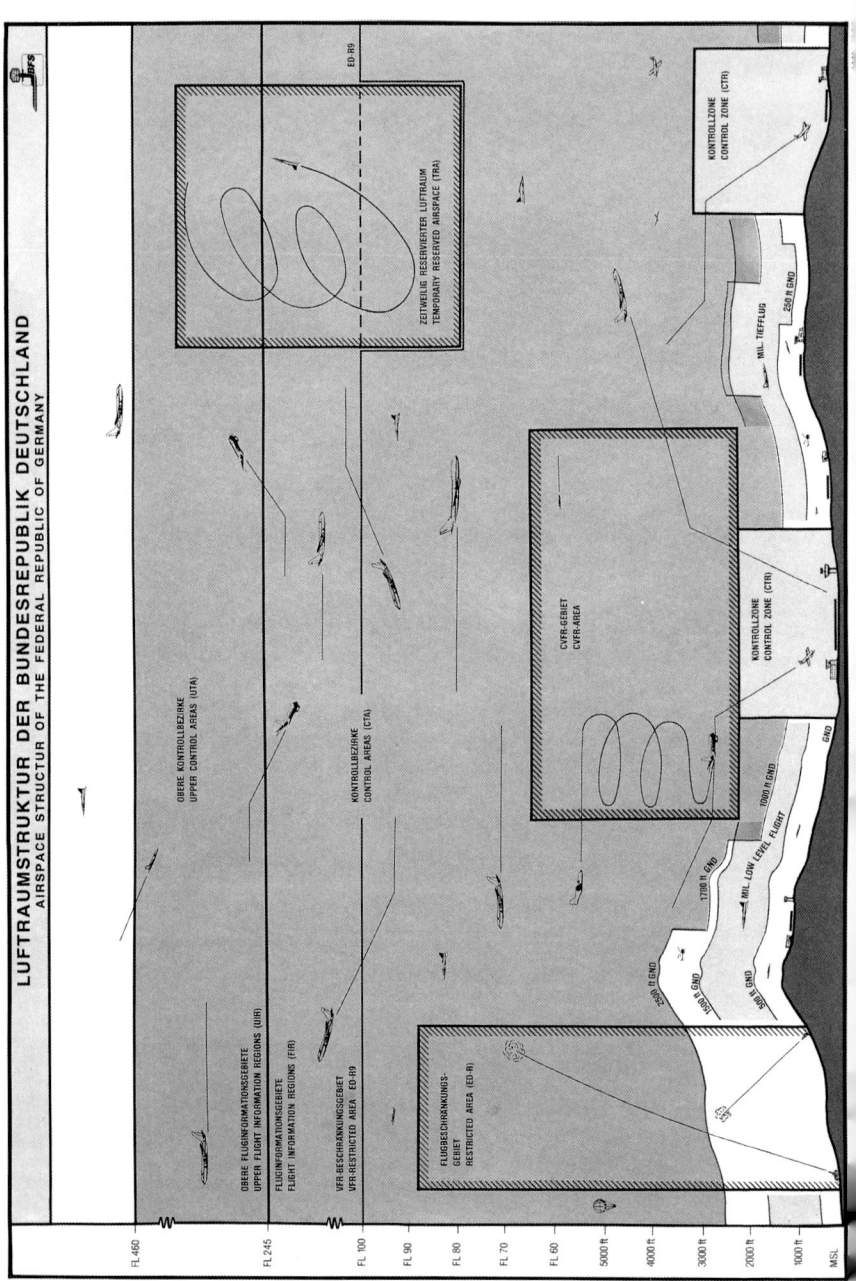

OBERE KONTROLLBEZIRKE
UPPER CONTROL AREAS (UTA)

KONTROLLBEZIRKE
CONTROL AREAS (CTA)

ED-R9

ZEITWEILIG RESERVIERTER LUFTRAUM
TEMPORARY RESERVED AIRSPACE (TRA)

CVFR-GEBIET
CVFR-AREA

KONTROLLZONE
CONTROL ZONE (CTR)

KONTROLLZONE
CONTROL ZONE (CTR)

MIL. TIEFFLUG

280 ft GND

MIL. LOW LEVEL FLIGHT

1000 ft GND

1700 ft GND

GND

2000 ft GND

1000 ft GND

1000 ft GND

OBERE FLUGINFORMATIONSGEBIETE
UPPER FLIGHT INFORMATION REGIONS (UIR)

FLUGINFORMATIONSGEBIETE
FLIGHT INFORMATION REGIONS (FIR)

VFR-BESCHRÄNKUNGSGEBIET
VFR-RESTRICTED AREA ED-R9

FLUGBESCHRÄNKUNGS-
GEBIET
RESTRICTED AREA (ED-R)

FL 460

FL 245

FL 100

FL 90

FL 80

FL 70

FL 60

5000 ft

4000 ft

3000 ft

2000 ft

1000 ft

MSL

Bodenbeschaffenheit kann der Pilot selbst über Thermikmöglichkeit spekulieren.

6.1.3 Die ICAO-Luftfahrtkarte

Luftrechtlich unterscheidet man zwischen:

- Unkontrolliertem Luftraum
- Kontrolliertem Luftraum
- Lufträumen mit Flugbeschränkung
- Luftsperrgebieten (ED-P) (gibt es zur Zeit in Deutschland nicht)

Die ICAO-Karte gibt Auskunft, wo sich kontrollierte Lufträume und Flugbeschränkungsgebiete befinden. Alle Höhenangaben sind in **Fuß** eingetragen.
Wichtige Umrechnungsfaktoren:

Fuß (ft):	1 ft = 0,3048 m
	ft×0,3 →m
	(m×3)+10% →ft.
Nautische Meile (NM):	1 NM = 1,852 km
	(NM×2) − 10% →km
	(km:2)+10% →NM.

● **Unkontrollierter Luftraum:**

Nur im unkontrollierten Luftraum ist das Gleitschirmfliegen erlaubt! Er existiert nur unter 2500 Fuß über Grund (2500 ft GND), also bis ca. 700 m über dem Boden. Man dringt also bei einer Flughöhe von 700 m über Grund und Seitenabstand von Berghängen in kontrollierten Luftraum ein. Auch diese untere Zone kann eingeschränkt sein.

● **Kontrollierter Luftraum:**

Der kontrollierte Luftraum beginnt in einer Höhe von 2500 Fuß über Grund (2500 ft GND) und endet bei einer Obergrenze von ca. 24500 ft Höhe (FL 245). Diese Höhe ist eine Zirka-Angabe, weil sie barometrisch gemessen wird und entsprechend schwanken kann. In der Karte ist sie mit dem Kürzel FL 245 für *Flight-level* angegeben. Ausnahmsweise kann der kontrollierte Luftraum auch bis auf den Erdboden (z. B. Kontrollzonen) reichen. Der Einflug ist für Gleitschirmpiloten grundsätzlich verboten, es sei denn, es liegt eine Genehmigung von der zuständigen Flugsicherungsstelle vor.

● **CTA = Kontrollbezirk (Control Area)** (2500 ft GND →FL 245): Der

Luftraumstruktur der Bundesrepublik Deutschland.

kontrollierte Luftraum über Deutschland ist flächendeckend in vier Kontrollbezirke aufgeteilt: München, Frankfurt, Düsseldorf und Bremen.

- **CTR = Kontrollzone (Control Range)** (GND →2500 ft GND): Im Umfeld von Flugplätzen zum Schutz des Start- und Landeverkehrs. Reicht vom Boden (GND) bis zur in der ICAO-Karte angegebenen Höhe. Rot gerastert, blau gestrichelt umrandet.
- **CVFR-Gebiet (Controled VFR-Flight):** Bei besonders frequentierten Flughäfen. Nur für motorisierte Flugzeuge mit CVFR-Berechtigung, nach Freigabe. Unter- und Obergrenze sind in der ICAO-Karte vermerkt. Sie sind stets zu um- oder unterfliegen! Blau gerasterter Rand mit blauer Außenumrandung.
- **TMA = Nahverkehrsbereich (Terminal Control Area):** Größeres Umfeld um Flughäfen, Steig- und Sinkbereich von Flugzeugen mit Instrumentennavigation.
  Sektor A (1000 ft GND →FL 245)
  Sektor B (1700 ft GND →FL 245)
  Sektor C (2500 ft GND →FL 245)
  Verschiedene blaue Umrandungen.

● Flugbeschränkungsgebiete:

- **ED-R = Flugbeschränkungsgebiete (Europa Deutschland – Restricted Areas):** Oft militärisch, manche werden zeitlich unterbrochen und sind z. B. am Wochenende nicht wirksam. Auskunft über den Flugberatungsdienst oder Luftfahrthandbuch. Horizontale wie vertikale Ausdehnung, siehe ICAO-Karte. Blau schraffiert umrandet.
- **ED-D = Gefahrengebiet (ED – Danger Areas):** Auf eigene Gefahr befliegbar, für den Gleitschirmflieger uninteressant, weil vornehmlich Küstenschießplätze.
- **TRA = Zeitweilig reservierter Luftraum (Temporary reserved Airspace):** Für militärische Zwecke, da Untergrenze frühestens bei FL 60 (= 6000 ft; 2000 m), für den Gleitschirmflieger kaum interessant.
- **ADIZ = Flugüberwachungszone (Air Defense Identification Zone):** Ein 20 NM breiter Bereich (37 km) an den Grenzen zur DDR und CSSR (GND →unendlich). Vor allem interessant für die deutschen Mittelgebirge. Besondere Bedingungen: **Flugplanabgabe, Flugverkehrsfreigabe.** Grundsätzlich verboten sind Flüge näher als 5 NM (9,3 km) an die Grenze.

● Militärische Tieffluggebiete:

- **500 ft – Tieffluggebiet** (500 ft GND →1500 ft GND): Also im Bereich von ca. 170 m bis 500 m über Grund flächendeckend fast über die gesamte Bundesrepublik. Tiefflugzeiten: Montag bis Freitag, 30 Minuten vor Sonnenaufgang bis 16.00 Uhr. Gemäß Allgemeinverfügung sind diese Zonen möglichst zu meiden. In der ICAO-Karte nicht speziell vermerkt.
- **250 ft – Tieffluggebiet** (250 ft GND →1500 ft GND): Ab ca. 80 m über

Grund. Solche Zonen sind in den ICAO-Karten mit roten Punkten umrandet. Das Einfliegen in diesen Höhenbereich ist nicht zulässig.

Auskunft zum militärischen Tiefflug: Flugbetriebs- und Informationszentrale beim Luftwaffenamt, Postfach 902500, 5000 Köln 90, Telefon 02203/6022073 (siehe auch Adressen im Anhang).

6.1.4 Sichtflugregeln (VFR-Bestimmungen)

Die VFR-Bestimmungen schreiben folgende Mindestanforderungen vor:

- Uneingeschränkte Erdsicht
- Keine Wolkenberührung
- Flugsicht mindestens **800 m**
- Rechtzeitiges Erkennen von Hindernissen

6.1.5 Sicherheitsabstände

Folgende Mindesthöhen und seitliche Mindestabstände sind strikt einzuhalten:

- Ausreichender Abstand zu anderen Fluggeräten
- Autobahnen: **100 m**
- Straßen, Eisenbahnen etc.: **50 m**
- Skipisten, Lifte, Bergbahnen: **50 m**
- Über Menschenansammlungen und Städten darf nur ausnahmsweise im Überlandflug geflogen werden. Dann gilt in einem **Umkreis von 600 m** eine Mindesthöhe von **300 m**
- Allgemeine Sicherheitshöhe bei Überlandflügen sind **150 m**

6.2 Navigation

Eine Flugplanung nach Karte bringt zahlreiche Vorteile:

- Sichere Erreichbarkeit von Landeplätzen, insbesondere bei Neubefliegungen
- Berechnung der nötigen Abflughöhe bei Überhöhungen, um Täler oder Hindernisse zu überfliegen
- Strategien für Strecken- und Ziel-Rückkehrflüge
- Windeinfluß, Abdrift läßt sich kalkulieren und ausnutzen

6.2.1 Horizontale Navigation

Zunächst interessiert uns der reine Gleitflug, konkret: welche Gleitzahl zur Befliegung eines Geländes nötig ist. In der Karte wird der Start- und der Landeplatz (eventuell über Koordinaten) festgelegt und mit einer Bleistiftlinie verbunden. Die Länge wird ausgemessen und entsprechend dem Maßstab umgerechnet oder mit der Entfernungsskala verglichen. Unter Zuhilfenahme der Höhenlinien wird der Höhenunterschied festgestellt. Dividieren wir die Entfernung durch den Höhenunterschied, erhalten wir die Hangneigung bzw. eine **Gleitzahl (GZ),** die wir reell um mindestens den **Wert eins** mit unserem Schirm übertreffen müssen, um über der Hangneigung sicher fliegen zu können.

GZ (Gleitzahl) = Entfernung : Höhenunterschied

So einfach dürfen es wir uns aber nur machen, wenn die Höhenlinien relativ gleichen Abstand zueinander besitzen oder wenn sie zunächst eng beieinander liegen und sich erst im unteren Höhenniveau aufweiten. Weiten sie sich schon weiter oberhalb auf oder steigt die Höhe sogar wieder an, muß eine Zwischenmessung gemacht werden. Auf das Gelände übersetzt heißt das, es muß gleichmäßig abfallen oder konkav gerundet sein, also steil abfallen, um flach auszulaufen. Angepeilt wird der am weitesten entfernt liegende Punkt der Höhenlinienaufweitung auf unserer Flugroute oder der am höchsten liegende Punkt, um die Gleitzahl gesondert für diesen Teilbereich zu ermitteln.

Unter Umständen liegt der Gleitwert zu hoch, so daß dieser Punkt umflogen werden muß. Der **Kurs** muß dann ausweichend über Zonen mit verhältnismäßig enger liegenden Höhenlinien geführt werden, weil sich zusätzlich die Entfernung über den Umweg vergrößert. Mit einem *Kartenentfernungsmesser* können auch Kurven ausgemessen werden, oder man winkelt die Kurslinie ab. Eine einfache Methode besteht darin, einen Kartenentfernungsmesser mit einer Schablone zu versehen, die den Höhenverlust gegenüber der zurückgelegten Distanz anzeigt. Die Werte des Höhenverlusts ergeben sich aus der persönlichen Gleitzahl und der Entfernungsskala. Ausgehend von der Starthöhe läßt sich dann leicht für jeden Punkt die Höhe über Grund ermitteln.

Die *Kursrichtung* kann man mit dem Kurs- oder Geodreieck der Karte entnehmen. Die Hochkoordinaten einer Karte (Längenkreise) zeigen oben immer nach Norden. Von dieser Nordrichtung wird im Uhrzeigersinn die Gradzahl für unseren Kurs entnommen. Mittels eines Kompanden kann dieser Kurs auch ohne Karte während des Fluges gehalten werden. Auch um die Karte im Gelände zu orientieren **(einzunorden),** wird der Kompaß an die Hochkoordinate angelegt und die Karte solange gedreht, bis der Kompaß 0° oder Nord anzeigt.

6.2.1.1 Einbeziehen von Wind

Aus der Geschwindigkeitspolare (siehe Kapitel 3, Abschnitt 3.3) läßt sich auch die Gleitzahl bei Gegen- oder Rückenwind ablesen. Dies gilt ausschließlich bei Windrichtungen, die der Kursrichtung entsprechen. Weht der Wind seitlich zum geplanten Kurs, ergibt sich eine **Abdrift,** und

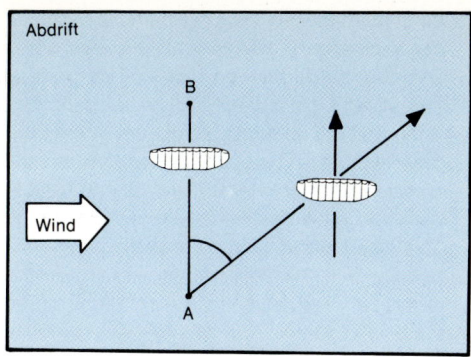

nur die Komponente in oder gegen die Kursrichtung verändert unsere Gleitzahl. Diese Windkomponente läßt sich geometrisch oder rechnerisch ermitteln. Windrichtung und Kurs schließen den Winkel δ ein. Multiplizieren wir den Cosinuswert (cos δ) mit der Windgeschwindigkeit, erhalten wir die Teilkomponente des Windes, die unsere Reichweite verkürzt oder verlängert. Um wieviel, entnehmen wir der Geschwindigkeitspolare. Überschlägig gilt folgende Formel:

$$\text{Gleitzahlerniedrigung oder -erhöhung} = \frac{\text{Windgeschwindigkeit Kursrichtung}}{\text{Geschwindigkeit bestes Gleiten}} \times \text{Gleitzahl}$$

6.2.1.2 Geometrisches Einbeziehen von Wind

Haben wir unsere Kurslinie in der Karte von A nach B angetragen, wird im Punkt B der Vektor für den Wind angesetzt. Weil Winde nach der Richtung benannt sind, aus der sie wehen, addieren oder subtrahieren wir 180°, um ihn in der Richtung, in die er weht, einzeichnen zu können. Die Länge seines Vektors orientiert sich an der Länge der Kurslinie. Die Kurslänge bzw. die Distanz, die wir fliegen wollen, wird gleichgesetzt mit der Geschwindigkeit des besten Gleitens, beispielsweise mit 8 m/s.

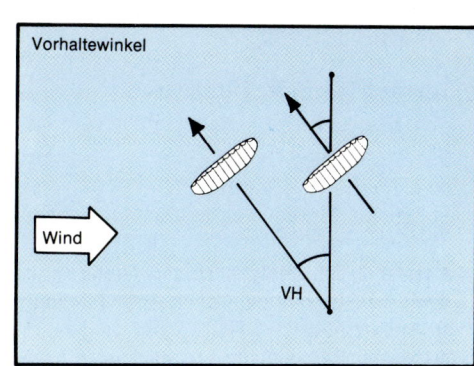

Liegt die Windgeschwindigkeit bei 6 m/s, muß die Vektorlänge ⁶/₈ bzw. ³/₄ der Kurslänge betragen. Punkt A wird mit der Spitze des Windpfeiles verbunden und ergibt die neue Flugroute, wenn wir die Abdrift durch den Wind nicht kompensieren würden. (Die eventuelle Resthöhe am Endpunkt der Kurslinie bleibt gleich der beim geflogenen Kurs.)

Diese Abdrift läßt sich durch den **Vorhaltewinkel** kompensieren. Er entspricht in etwa dem Abdriftwinkel und kann aus der Zeichnung entnommen werden. Es macht aber praktisch wenig Sinn, diesen Abdriftwinkel über Kompaß einhalten zu wollen. Leichter ist es, über eine Landeplatzpeilung sein Gleitsegel so gegen den Wind anzustellen, daß man geradeaus auf den Landeplatz (oder Peilpunkt) zufliegt und die Abdrift automatisch kompensiert wird. Praktischen Nutzen haben die **Reichweiteberechnungen.** Es lassen sich auch günstige Windkonstellationen berechnen, bei denen ein sonst riskanter Flug gefahrlos möglich wird. Vor allem bei Ziel-Rückkehrflügen wird die Windkomponente sehr entscheidend, sie benötigen eine durchdachte Strategie. Interessante Flughilfen können auch berechnete Abflughöhen sein, um Hindernisse zu überbrücken, selbst bei Gegenwind oder bei Zonen höheren Sinkens (siehe Kapitel 3, Abschnitt 3.3, Geschwindigkeitspolare).

6.2.2 Vertikale Navigation

Erfolgt über den Höhenmesser und ist bei etwaigen Luftraumbeschränkungen oder bei taktischem Fliegen über Strecke nötig.

● **QFE:** über den aktuellen Luftdruckwert eines Ortes (= QFE) wird der Nullwert des Höhenmessers angeglichen. Er zeigt dann die Höhe über Grund, bezogen auf diesen Meßpunkt.

● **QNH:** Berücksichtigen wir die Höhe des Ortes über dem Meeresspiegel (MSL, NN) und justieren unseren Höhenmesser auf diesen Wert, zeigt er die Absolutwerte (= QNH).

Achtung: Luftdruckschwankungen fälschen Höhenmesserangaben ab! (1hPa, 1mbar ≃ 10 m).

6.2.3 Terrestrische Navigation

Die terrestrische Navigation ist die Orientierung an Geländebesonderheiten.

Schon aus der topographischen Karte suchen wir uns markante Geländepunkte, die uns bei der Orientierung und Kurseinhaltung unterstützen:

● **Fixpunkte:** Berggipfel, Ortschaften, Seen
● **Auffanglinien:** Flußläufe, Täler, Eisenbahnlinien, Straßen
● **Landschaftsmerkmale:** Wald, Moore, Gletscher, Äcker

6.3.1 **Beispiel einer Flugplanung**

Dieses realistische Beispiel soll aufzeigen, wie mit Hilfe einer guten topographischen Karte schon zu Hause eine neue Flugroute geplant werden kann. Die Karte gibt auch eine grobe Information, bei welchen Windverhältnissen Starts möglich sind, und an welchen Orten der Flugroute bei guten Bedingungen mit Thermikentwicklung oder Hangaufwind zu rechnen ist. Die Karte kann hierbei allerdings nur grobe Anhaltspunkte geben, da lokales Wettergeschehen die eigentlichen Flugverhältnisse stark beeinflussen kann.

Nehmen wir nun folgende Tatsachen an:

● Unser Fluggebiet ist das Rofan-Gebirge.

● Die benutzte Landkarte ist die Alpenvereinskarte Nr. 6 im Maßstab 1:25 000.

● Uns interessieren die Gipfel rund um den Ort Maurach.

Man kann auf verschiedene Weise vorgehen: Ist der Landeplatz fest vorgegeben, suchen wir mit Hilfe der groben Gleitwinkelberechnung den Startplatz. Leichter ist es jedoch, erst den Startplatz zu bestimmen, um dann von diesem aus auf die Suche nach dem geeigneten Landeplatz zu gehen. So wollen wir in unserem Beispiel verfahren.

Der ausgewählte Berg heißt Dalfazer Roßkopf (2143 m). Den Berg haben

Rofan, *Startgelände am Dalfazer Joch (2232 m): leicht geneigte Grashänge oberhalb vom Krummholz.*

wir aus zwei Gründen gewählt. Zum einen fällt die Bergflanke relativ direkt in das Tal ab, zum anderen läßt die Neigung und Struktur des Gipfelaufbaus einen guten Startplatz vermuten.

6.3.1.1 Startplatz

Wie muß der Startplatz aussehen:

- Hangneigung ca. 20 bis 30°
- Geeignete Oberfläche (Schnee, Wiese, feiner Schotter)
- Windfahne

Der Informationsgehalt einer guten Karte ist meist so groß, daß sich bei richtiger Interpretation erstaunlich genaue Aussagen machen lassen. (Die Karte erübrigt aber nicht die direkte Besichtigung vor Ort!):
Der eigentliche Gipfelaufbau ist felsig, aber unterhalb ist die Hangneigung gleichmäßig und mit etwa 25° Neigung zum Starten geeignet. Wie wir der Kartensymbolik für die Oberfläche entnehmen, ist der Hang direkt unter dem Gipfel in Richtung SW mit Krummholz bewachsen. Die Karte von 1973 mag Bewuchsflächen anders anzeigen, als wir sie aktuell vorfinden. Tatsächlich befinden sich in Gipfelnähe kleinere Wiesen. Die Höhe des Startplatzes liegt bei etwa 2050 m über Meereshöhe. Der Startplatz wird am besten von der Erfurter Hütte aus erreicht. Ein in der Karte schwarz gepunkteter Weg führt von der Hütte auf die Rotspitze und über den Grat weiter zum Startplatz am Dalfazer Roßkopf. Der Weg ist leicht zu finden, erfordert aber Trittsicherheit und gutes Schuhwerk.

6.3.1.2 Landeplatz

Wie muß der Landeplatz aussehen:

- Ebene Fläche mindestens so groß wie ein Fußballfeld
- Wiese oder Acker
- Überprüfung auf Hindernisse (Stromleitungen und Zäune sind meist nicht in der Karte verzeichnet)
- Landeerlaubnis
- Windfahne, Windsack

Nachdem das Startgelände festgelegt ist, suchen wir das Landegelände. Wir benötigen ein freies Feld, etwa in der Größe eines Fußballplatzes. Also suchen wir den Talboden danach ab. In der Karte erkennen wir geeignete Flächen daran, daß die Höhenlinien weit auseinander liegen, also ebenes Gelände darstellen, möglichst mit dem Symbol für Wiese. Im Talboden bei Maurach sind weite, unbebaute Flächen vorhanden. (Datum der Drucklegung, hier 1973, bedenken!) Somit ist das Lande-

Ausschnitt aus der Alpenvereinskarte Rofan, 1:25000, Blatt Nr. 6.
Höhenlinienabstand 20 m.
L = Landeplatz bei Maurach; S1 = Startplatz am Dalfazer Roßkopf;
S2 = Startplatz am Punkt 2208 m; S3 = Startplatz an der Klobenjochspitze.

platzproblem zumindest von der Karte her gelöst. Vor Ort ist die tatsächliche Eignung des Geländes in jedem Fall zu überprüfen, notfalls Landeerlaubnis einzuholen und ein Windsack aufzustellen.

In dem großen Areal wählen wir sicherheitshalber einen Landeplatz (mit L bezeichnet) in der Mitte einer großen Wiese. Dies machen wir hauptsächlich für die Gleitzahlberechnung. Denn wenn wir Punkt L rechnerisch gut erreichen, kommen wir auch bei schlechten Bedingungen immer bis zum Anfang der Landewiese.

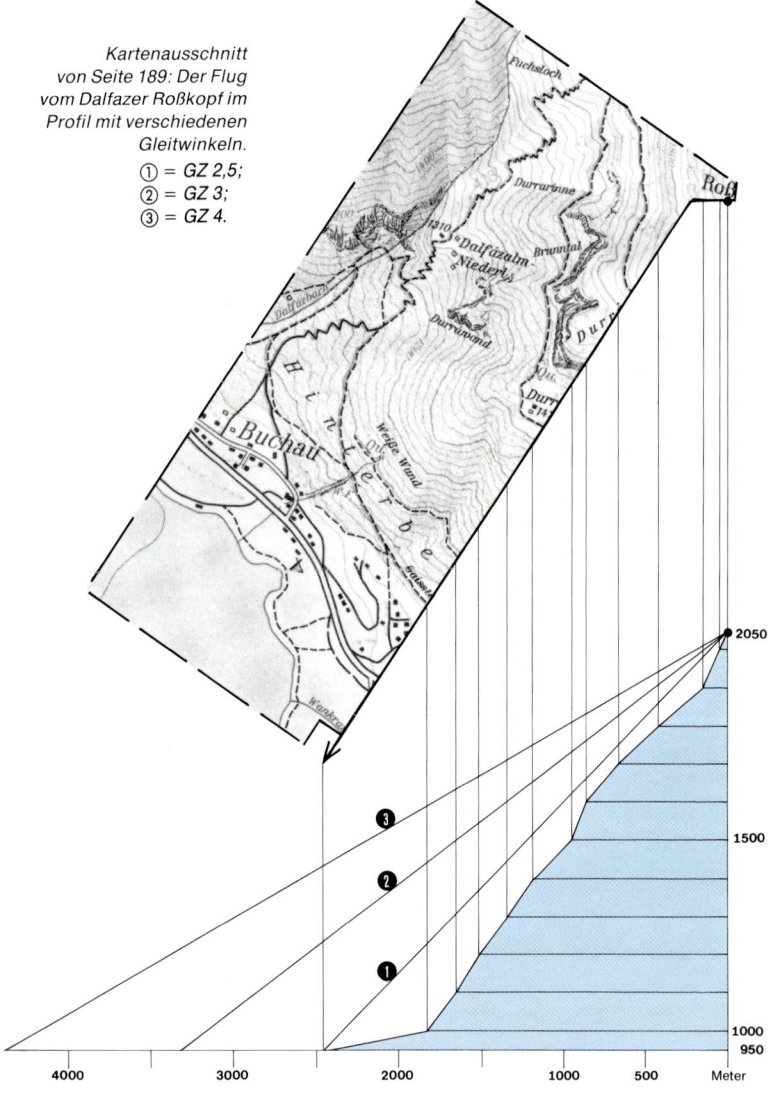

Kartenausschnitt von Seite 189: Der Flug vom Dalfazer Roßkopf im Profil mit verschiedenen Gleitwinkeln.
① = *GZ 2,5;*
② = *GZ 3;*
③ = *GZ 4.*

6.3.1.3 Flug

Wir errechnen und überprüfen (zeichnerisch), ob die geplante Flugroute wirklich gefahrlos möglich ist oder ob wir uns in den Proportionen verschätzt haben.

$$\text{Gleitzahl} = \frac{\text{Entfernung}}{\text{Höhenunterschied}}$$

Der Höhenunterschied zwischen Start- und Landeplatz beträgt 1100 m. Die Entfernung, die sich aus der Geraden Startplatz – Landeplatz ergibt, beträgt 2500 m. Da vom Startplatz aus erst Abstand zum Hang gewonnen werden muß, erhalten wir eine abknickende Gerade.

$$GZ = \frac{2500 \text{ m}}{1100 \text{ m}} = 2{,}27$$

Rein rechnerisch ist der Flug möglich, da die Gleitzahl noch deutlich unter 2,5 liegt. Die Gleitzahl wird bei normalen Windverhältnissen auch für schlechte Schirme und hohes Pilotengewicht als machbar angesehen. So stellt sie eine Art Sicherheits-»Schallmauer« dar. Überschreitet die Neigung des Berges GZ 2,5, sollte das Gleitsegel um eine GZ höher liegen. Erfahrene Piloten mit gutem Schirm, optimaler Schirmkenntnis und idealen Bedingungen wissen, inwieweit sie die Hangneigung für sich hinaufsetzen dürfen. Erfolgt der Flug mit einem Gleitschirm mit der Gleitzahl 3 (abhängig vom jeweiligen Pilotengewicht!), haben wir bei ruhigen Verhältnissen folgende Sicherheitsreserve:

Sicherheitsreserve = rechnerisch maximale Gleitstrecke
(= Höhenunterschied × GZ) minus Flugdistanz

Sicherheitsreserve = (1100 × 3) − 2500 m = 800 m

Hinzu käme die Landemöglichkeit vorne in der Wiese, 250 m vor dem Landepunkt. Damit erhöht sich die Sicherheitsreserve.
Mit Hochleistungssegeln, die schon über Gleitzahl 4,5 besitzen, hat man genügend Höhe, um auch weiter entferntes Gelände nach Hangaufwind und Thermik abzusuchen. Dadurch läßt sich die Flugzeit verlängern. Die Karte gibt auch hier eine Grobinformation, wo Hangaufwind und Thermik bei den entsprechenden Wind- und Wetterverhältnissen zu erwarten sind. Um vom Dalfazer Roßkopf starten zu können, benötigen wir einen Wind aus *westlicher bis südwestlicher Richtung*.
Steht stärkerer W-Wind an, kann man sich gut durch Achterkreisen im Hangaufwind halten. Verfolgt man die Flugroute, bemerkt man zwischen den Höhenlinien 1500 m und 1600 m eine Kanzel, die Durra heißt. Hier fallen senkrechte Felswände nach Westen und nach Süden ab. Am

Nachmittag bilden sich hier thermische Aufwinde, die aus dem tieferliegenden Tal heraufziehen und an der darüberliegenden Felswand abreißen. Wird die Abrißkante der Felswand angeflogen, kann man sich gut in der Höhe halten und bei starken thermischen Ablösungen sogar steigen.

Beim Anflug zum Landeplatz muß man mit stärkerem Seitenwind im Tal rechnen und beim Landeanflug die Abdrift mit einkalkulieren. Aus diesem Grunde darf nie über den Achensee geflogen werden, da man sonst über den See getrieben werden kann und eine Wasserlandung unvermeidlich wird.

Weitere schöne Startmöglichkeiten gibt es am Punkt 2208 m (mit S2 bezeichnet) und eventuell an der Klobenjochspitze (S3). Die Startplätze sind nur weglos zu erreichen. Mit Hilfe eines Zentimetermaßes kann man leicht die erforderliche Gleitzahl errechnen. Sie beträgt am Startplatz S3 schon 3,5. Die Gleitleistung des Segels sollte deswegen zur Sicherheit deutlich über 4 liegen.

Wer auf die Suche nach neuen Fluggebieten mit Hilfe einer Karte gehen will, übt dies am besten, indem er von einem bereits bekannten Fluggebiet eine Karte zur Hand nimmt und sich die erfliegbaren Flugrouten nochmals theoretisch erarbeitet. Dabei lernt man die Aussagefähigkeit von guten Landkarten kennen und man kann sich das Kartenbild räumlich vorstellen.

Gleitschirmflug über Gletscherbrüche in der Berninagruppe
(Piz Palü, Schweiz).

7.1 Alpines Gleitschirmfliegen

Kaum hat sich der Gleitschirmsport etabliert, schon entflammt die Sucht nach Rekorden. In einer Welt, wo nahezu alle Berge bestiegen sind, wo mehrere Routen von höchstem Anspruch in Minimalzeiten durchstiegen wurden und wo die Kletterei die Anforderungen kaum höher schrauben kann, tut sich plötzlich ein völlig offenes Feld auf: Erstbefliegungen mit dem Gleitschirm. Wann ließen sich vorher so »leicht« Sensationen schaffen? Die Gier nach Publizität löste den Run aus, und für viele Gipfel ist bereits der Bann gebrochen. Aber der Reiz, das Bergsteigen mit dem Fliegen zu kombinieren, besteht zum Glück nicht allein darin, daß das Ziel möglichst hoch, exotisch oder ein sonstiger Superlativ sein muß. Welchem Bergsteiger spukte die einfache Abstiegshilfe noch nicht im Kopf herum? So ist es auch kaum verwunderlich, daß Gleitschirmfliegen gerade unter Bergsteigern begeisterte Anhänger findet. Auch das Lager der Gleitschirmpiloten ist zwiegespalten: in die alten Berghasen und diejenigen, die als Gleitschirmflieger in die Berge vordringen. Als Berg»neuling« läuft man aber leicht Gefahr, sich beim Bergsteigen zu überfordern. Bergsteigen stellt neue Anforderungen an den Gleitschirmflieger und eröffnet zusätzlich andere Gefahrenfelder.

Grundvoraussetzung für alpines Gleitschirmfliegen sind Ausdauer und Erfahrung. Ausdauer läßt sich durch Training verbessern, während Erfahrung nur durch langes und stetes Praktizieren aufgebaut werden kann. Erfahrung setzt sich zusammen aus: Kennen und Erkennen von **subjektiven** und **objektiven Gefahren,** dem praxisbezogenen Umgang mit Landkarten, einer realistischen Zeitplanung und einer fundierten Wettereinschätzung.

Dabei dominieren eindeutig die subjektiven Gefahren. Menschliches Versagen beinhaltet bekanntlich den größten Unsicherheitsfaktor.

Subjektive Gefahren:
- Fehleinschätzung der Lage
- Überschätzung des eigenen Könnens
- Zeitliches Verschätzen
- Mangelhafte Ausrüstung
- Schlechte Flugplanung
- Schlechte Kondition
- Psychische Überlastung
- Vernachlässigung des Fünf-Punkte-Checks

Objektive Gefahren:
Sie sind naturbedingt und entstehen gewöhnlich ohne menschliche Eingriffe.
- Allgemeine Gefahren des Hochgebirges wie Stein- und Eisschlag, Wettersturz, Lawinengefahr, Gletscherspalten etc.
- Allgemeine Fluggefahren: Kabel, Seilbahnen, Bäume, schwieriges Startgelände etc.

Das Know-how des Bergsteigens lernt man am leichtesten von gleichgesinnten Freunden mit Bergerfahrung. Wer diese Gelegenheit nicht hat, sucht Anschluß bei den alpinen Vereinigungen, wie Alpenverein oder Naturfreunde, die zum Teil schon Gleitschirmgruppen angegliedert haben.

Günstigerweise beginnt man erst einmal mit Bergwanderungen. Sie bergen geringe Risiken – die Wege sind meist in gutem Zustand gehalten, gutes Schuhwerk und warme Kleidung verstehen sich für jeden Gleitschirmflieger von selbst.

Die Bergaktivitäten lassen sich in der Schwierigkeit stetig steigern, nur würde dies zu beschreiben über den Rahmen dieses Buches hinausgehen. Techniken wie Felsklettern und Eisgehen verlangen ein umfangreiches Fachwissen und viel Erfahrung.

Generell wichtig für Bergsteiger ist die Optimierung ihrer Ausrüstung auf geringes Gewicht. Dies fängt beim Schirm an. Bewährt haben sich Schirme mit kleinerer Fläche für den Starkwindstart, der im Hochgebirge praktiziert wird. Weitere Vorzüge dieses Schirmtyps sind das geringe Gewicht und das kleinere Packmaß. Schirme aus Fallschirmseide oder Kombinationen aus Seide und Ripstopnylon bestechen durch noch geringeres Gewicht und Packmaß als konventionelle Schirmtypen, doch stellen sie wegen dem weicheren, hochflexiblen Material höhere Startanforderungen. Gerade der Start ist aber im Hochgebirge heikel und mit Vorsicht zu genießen.

Was das Gurtzeug betrifft, gibt es speziell für Bergsteiger kombinierte *Gurt-Rucksäcke*. Das Gurtzeug ist in einen Rucksack eingenäht, dessen Stauraum meist größer als der herkömmlicher Packsäcke ausgelegt ist. Bewegt man sich in Seilschaften und trägt deshalb einen Klettergurt, läßt sich dieser mit einem leichten *Adaptergurt* ausbauen.

Bergschuhe und Kletterhelm lassen sich in der Doppelfunktion als Fliegerstiefel und Fliegerhelm benutzen. Ausnahmen stellen die extremen Reibungskletterschuhe dar. Sie sind ungeeignet, da sie sich eng der Fußform anschmiegen, keinen Schutz gegen Stöße und keinen Halt im Gelenk gewährleisten. Zudem werden ihre glatten Sohlen im Grashang extrem rutschig.

7.2 Expeditionen

Bergsteiger, die sich auch in der Heimat in Extremregionen bewegen, werden vielleicht im Rahmen von Expeditionen versuchen, ihre persönlichen Grenzen weiter voranzuschieben. Allerdings ist mit einer Vielfalt an Problemen zu rechnen, etwa organisatorischer Art, Schwierigkeiten in großen Höhen, politischen Wirren, schlechter Infrastruktur und vielem mehr. Zumindest die gleitschirmspezifischen Probleme greifen wir hier näher auf.

7.2.1 Große Höhen, Expeditionsberge

Hohe Windgeschwindigkeiten, tiefe Temperaturen und vor allem stark abfallender Luftdruck erwarten den Expeditionsbergsteiger. Bereits in 5500 m Höhe herrscht nur noch die Hälfte des Normaldrucks. Dies hat physische wie psychische Konsequenzen bis hin zu fliegerischen Problemen. Bei rascher Überwindung großer Höhenunterschiede ist mit körperlichen Höhenanpassungsstörungen zu rechnen. Sie äußern sich in verstärkter Atmung, Kopfschmerzen, Schwindel, Schlaflosigkeit, Müdigkeit und Appetitlosigkeit. Gefährlicher ist jedoch, daß die »Höhenkrankheit« das Denken und Handeln beeinträchtigt, also Fehlentscheidungen provoziert, die die Unfallgefahr im extremen Hochgebirge drastisch heraufsetzen. Im schlimmsten Fall kann sie zu Ödemen oder gar dem Tod führen.

Wie sind solche Höhenanpassungsstörungen zu vermeiden?

Generell wird zwischen **Adaption** und **Akklimatisation** unterschieden. In der Adaptionsphase kompensiert der Körper durch Sofortmaßnahmen den Sauerstoffmangel, bei der Akklimatisation paßt er sich physiologisch daran an.

> Adaption = Sofortanpassung
> Akklimatisation = Langzeitanpassung

Der geringere Sauerstoffpartialdruck hat als adaptive Maßnahme zur Folge, daß der Ruhepuls den im Tal gemessenen um 10 bis 40 Prozent übersteigt. Mit der dabei vermehrt abgeatmeten Luft und verstärktem Schwitzen erleidet man einen gesteigerten Flüssigkeitsverlust. Zunehmend verdickt sich dadurch das Blut und verursacht Durchblutungsstörungen. Gekoppelt mit tiefen Temperaturen sind sie der Grund für die häufigen Erfrierungen, die Extrembergsteiger erleiden.

> Eine Erhöhung des Talpulses um mehr als 20 Prozent sollte immer als Zeichen mangelnder Akklimatisation angesehen werden.

Die Akklimatisation nimmt stets längere Zeit in Anspruch, da der Körper erst allmählich die Sauerstoffaufnahme der Lunge verbessern kann, außerdem vermehrt rote Blutkörperchen bildet, bei gleichzeitiger Rücknahme von weißen Blutkörperchen. Es wird dabei eine bessere Effektivität im Sauerstofftransport erreicht, und selbst die Sauerstoffausnutzung in den Zellen wird verbessert. Man geht generell von folgenden Zeiträumen für die Akklimatisation aus:

Höhenunterschied von	
2000 m	1–3 Tage
3000 m	2–4 Tage
4000 m	3–6 Tage
5000 m	2–3 Wochen

Hier gibt es jedoch *erhebliche individuelle Unterschiede*. Über 5300 m ist eine Art physiologische Grenze erreicht, über der sich der Körper nicht mehr anzupassen vermag. Nicht ohne Grund grenzen die höchsten menschlichen Ansiedlungen an dieses Höhenniveau. Auf 6000 m läßt sich nur noch einige Wochen beschwerdefrei leben, während auf 7000 m mehrere Tage selbst im Liegen nicht mehr überlebt werden. Dies ist auch die Ursache dafür, daß man Basislager stets um 5000 m ansiedelt. Nur hier vermag sich der Körper zu erholen. Über 5300 m gibt es keine Akklimatisation mehr, sondern nur noch Adaption. In 8500 m Höhe herrscht gar nur noch ein Drittel des Sauerstoffpartialdrucks, und praktisch der gesamte Sauerstoffanteil der Luft ist zum nackten Überleben notwendig. (Weiterführende Literatur: Berghold, Bergmedizin heute. Bruckmann Verlag, München 1987)

▶ **Fliegerische Probleme:**

Mit dem Druckabfall in der Höhe nimmt auch die Luftdichte ab. Sie fällt etwas langsamer, dafür progressiver ab. Der halbe Wert für die Luftdichte ist in 6600 m Höhe erreicht. Wie wir aus der Aerodynamik wissen (siehe Kapitel 3, Absatz 3.1.4), geht die Luftdichte in die Auftriebs- und Widerstandsformeln ein. Aus der Formel

$$F_A = c_A \cdot A \cdot \frac{\varrho v^2}{2}$$

ergibt sich z. B. für 6600 m bei Halbierung der Dichte nur der halbe Auftrieb! Das heißt, um denselben Auftrieb wie in der Normaldichte zu erreichen, muß sich die Geschwindigkeit vergrößern. Bei 6600 m entspräche dies 41 Prozent Geschwindigkeitszunahme. Dies gilt nicht nur für die Vorwärtsgeschwindigkeit, sondern auch für die Sinkgeschwindigkeit! In ungünstigen Situationen können bis zu 6 m/s erreicht werden, also prak-

Druck- und Dichteverteilung, Temperaturabfall und Geschwindigkeitszunahme mit der Höhe. Der Geschwindigkeitszuwachs betrifft sowohl die Vorwärts- wie die Sinkgeschwindigkeit.

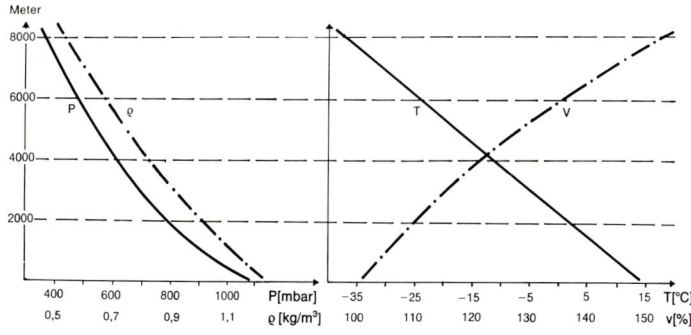

tisch die Sinkraten eines Reserveschirmes. Dies muß bei Landeanflügen auf Hochebenen, beispielsweise zum Basislager, mit einkalkuliert werden. Die Landebremsung muß entsprechend höher angesetzt werden. Bei richtigem Einschätzen müssen die Landungen nicht härter ausfallen.

Beim Startlauf muß entsprechend höher beschleunigt werden, bis der Schirm trägt. Vorteilhaft sind Ski, um eine höhere Abhebegeschwindigkeit zu erreichen. Ein Skistart ist jedoch schwieriger abzubrechen. Besonders zu beachten ist der einwandfreie Sitz der Bindung, denn leicht übersieht man den Preßschnee an den Schuhsohlen, der sich beim Aufsteigen oder Auslegen festsetzt. Öffnet sich die Bindung, kann man die Ski während des Flugs verlieren. Aus diesem Grund empfehlen sich für Gleitschirmflieger unbedingt Fangriemen. Schlimmer ist das Lösen der Ski während des Starts. Im Hochgebirge können Fehlstarts verhängnisvoll enden.

Eine weitere Fehlstartmöglichkeit geht vom Rucksack aus. Pickel und Steigeisen, die nach Bergsteigermanier außen am Rucksack befestigt werden, wirken wie Leinenfänger! Sie sollten ausnahmsweise in den Rucksack gepackt werden. Bei der Startstellung achten wir auf eine weite Armhaltung; die hinteren Tragegurte laufen möglichst weit außen über die Unterarme. So minimieren wir das Risiko des Verhakens.

Bei den tiefen Temperaturen des Hochgebirges können sich Deltaschraubglieder so zusammenziehen, daß sie nicht mehr schraubbar oder zumindest schwergängig sind. Als Behelfs»schraubenschlüssel« dient uns die Tragegurtschlaufe: sie kann so eng um den Schraubverschluß gelegt werden, daß er gewöhnlich aufzuhebeln ist. Auch ein bereits geöffnetes Deltaschraubglied kann wie ein Schraubenschlüssel verwendet werden. Vorbeugend kann man die Deltaschraubglieder gegen Karabiner mit Sicherung auswechseln. Besonderes Augenmerk sollte man der erhöhten UV-Strahlung im Hochgebirge schenken. Ähnlich wie man seine Augen mit einer Gletscherbrille schützen muß, ist das empfindliche Schirmmaterial vor zu langer Bestrahlung zu bewahren.

7.2.2 Fliegen in Wüsten

Wüsten bieten nicht nur Sanddünengebiete, sondern auch Gebirge und Vulkangebiete, die durchaus zum Fliegen geeignet sind. Solche ariden Gebiete sind gekennzeichnet durch **Kontinentalklima.** Hier herrschen extreme Temperaturunterschiede zwischen Tag und Nacht, die Luftfeuchtigkeit ist minimal. Zudem weht fast ständig Wind, jedoch relativ laminar im niedrigen Geschwindigkeitsbereich. Das Windprodukt Düne zeugt davon: manche Formationen reihen sich über mehrere hundert Kilometer parallel aneinander. Nur acht bis zehn windstille Tage im Jahr kann man an den Randbereichen der Sahara erwarten. Andererseits sind starke Winde wie Sand- und Staubstürme weitaus seltener, als man gemeinhin annimmt. Die Windrichtung wechselt allenfalls jahreszeitlich. Diese Bedingungen herrschen vorwiegend in den Wüsten des Wendekreistyps, wie ihn die Sahara darstellt. Hier auf der Höhe der Roßbreiten herrscht praktisch ständig Hochdruck, weil dort die in der innertropischen Konvergenzzone aufgestiegenen Luftmassen wieder absinken. Das bedeutet Erwärmung der Luftmassen und Abfallen der Luftfeuchtigkeit mit Auflösung von Wolken. In Bodennähe fließt die Luft dann wieder als Nordostpassat zurück zur innertropischen Konvergenzzone (siehe Kapitel 4, Meteorologie). Im Sommer kann sich infolge extremer Strahlung mitunter ein Hitzetief bilden und Änderungen im Windsystem verursachen.

Man muß jedoch immer mit starken thermischen Ablösungen rechnen, die zu den herrschenden Winden ausgeprägte Windscherungen bilden können. Die normalerweise bodennahen Heißluftschichten können bis zu mehreren hundert Meter hoch werden! Kleine Windhosen sind relativ häufig zu beobachten. Je nach dem, ob man im Fesselflug, mit Seilwinde, von der Düne oder von Bergen fliegt, sollte man diese Gegebenheiten, besonders Turbulenzgefahren, mit einkalkulieren.

Dünen: Das Luv kann sehr flach ausgeprägt und damit für das Gleitschirmfliegen ungeeignet sein. Am ehesten sind die bis zu 400 m hohen Sterndünen zu befliegen. Sie sind »standorttreu« und drehen sich um ihre eigene Hochachse. Hier ist es noch am leichtesten, gegen die Windrichtung gute Gefälle zu finden.

Die meisten Schirmtypen sind an der Hinterkante geschlossen und wirken wie eine Sandfalle. Das Einfallen von Sand in die Zellöffnungen läßt sich kaum verhindern, dadurch nimmt besonders im hinteren Schirmbereich das Gewicht erheblich zu. Manche Silikonbeschichtungen haben die Eigenschaft, den Sand regelrecht einzubacken. Er ist dann nur schwer zu entfernen, ohne die Beschichtung zu schädigen. Auch die extreme Trockenheit schadet dem Segel.

7.2.3 Fliegen in den Tropen

Das Tropenklima zeichnet sich allgemein durch seine Gleichförmigkeit aus. Mindestens 20° C über das ganze Jahr und ein permanentes Tiefdruckgebiet kennzeichnen den **Kalmengürtel,** einen Bereich zwischen 10° nördlich und 10° südlich des Äquators. Die ungleichmäßige Land-Wasser-Verteilung und geographische Besonderheiten sorgen für regional verschiedene Tagesabläufe im Wettergeschehen, ja, bewirken sogar jahreszeitliche Rhythmen. Feuchtwarme, regengesättigte Meeresluft sorgt für **Regenzeiten,** trockene Festlandsluft für **Trockenzeiten.** In der Regenzeit sollte man der Pflege des Segeltuchs große Aufmerksamkeit schenken, sonst setzt ein verschmutztes Segel extrem schnell Stockflecken und Schimmel an.

In tropischen Regenwaldgebieten kann die Landeplatzsuche schwierig werden, eine Notlandung ist ein besonderes Risiko. Zum einen ist die

Befreiung aus einem Baumriesen ungleich problematischer als aus einem hiesigen Baum, zum anderen sind Regenwälder schwer passierbar oder gar undurchdringlich. Die Flugplanung steht deshalb an erster Stelle, unter Berücksichtigung der meist konstant wiederkehrenden Wetterwechsel. Als Landeflächen kommen Rodungsflächen in Dorfnähe, Lateritpisten oder Flußbänke in Betracht. Perfekte Schirmbeherrschung ist absolute Voraussetzung.

● **Zu beachten ist:**

Tropische Hochgebirge stellen, obwohl oft einfacher begehbar, ebensolche Anforderungen an Ausrüstung und Erfahrung wie in den gemäßigten Breiten. Daunenanorak, Eis- und Biwakausrüstung können für das Überleben entscheidend sein.

7.2.4 Fliegen von Vulkanen

Fliegen von Vulkanen kann ebenso reizvoll wie unberechenbar sein. Niemals sollte man den Krater eines aktiven Vulkans (Stromboli, Ätna usw.) überfliegen, denn eine zeitliche Abschätzung der Ausbruchsphasen ist praktisch unmöglich. Auch kurz nach einer Eruption kann der Druck für eine weitere ausreichend sein. Gase von über 1000°C sorgen hier für eigentümliche Strömungsverhältnisse. Solche Gase können auch in Form von Fumarolen oder durch das poröse Gestein an den Flanken des Vulkans austreten. Da sie bereits ziemlich abgekühlt sein können, bemerkt man sie vielleicht nicht. Legt man hier den Gleitschirm aus, kann dies sehr verhängnisvoll sein. Denn die Gase enthalten meist ätzende Substanzen. Zusammen mit Wasserdampf kondensieren winzige Salz- und Schwefelsäuretröpfchen. Sie greifen das Tuch in jedem Fall an, auch wenn der Schaden nicht sofort erkennbar ist.
Ein weiteres »Auslegeproblem« stellen die porösen Laven dar. Ähnlich aufgeschäumtem Glas bilden sie an Bruchstellen rasiermesserscharfe Kanten. Am besten vermeidet man solche Plätze und sucht nach feinkörnigen Ascheansammlungen. Ist dies nicht möglich, sollte man den Schirm von Starthelfern anheben lassen.

Oben: Dünenfliegen in der marokkanischen Sahara.

Unten: Erstbefliegung eines Vulkans auf der Insel La Réunion.

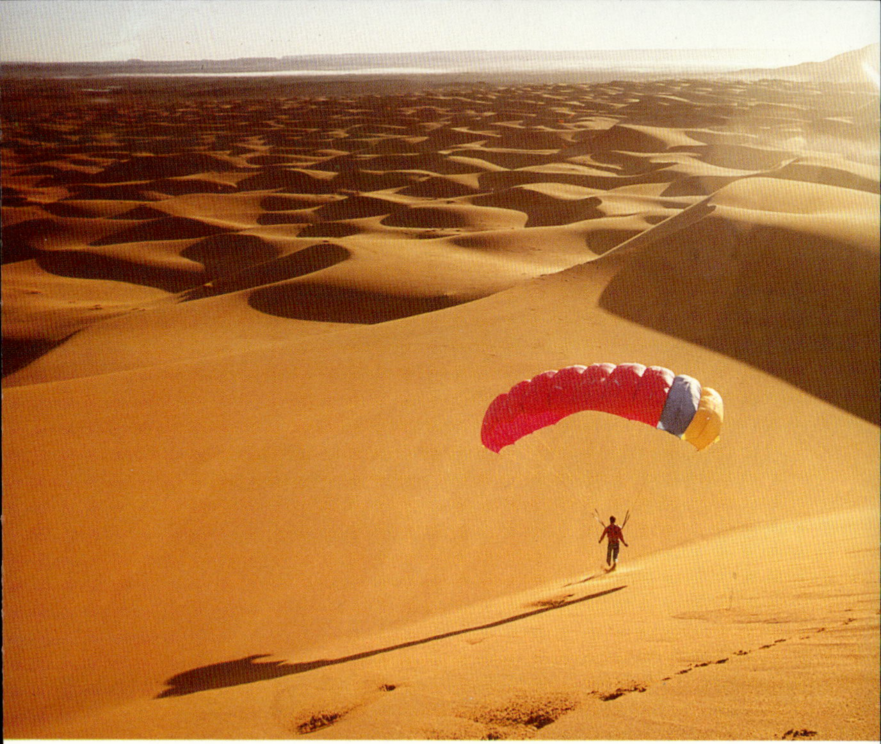

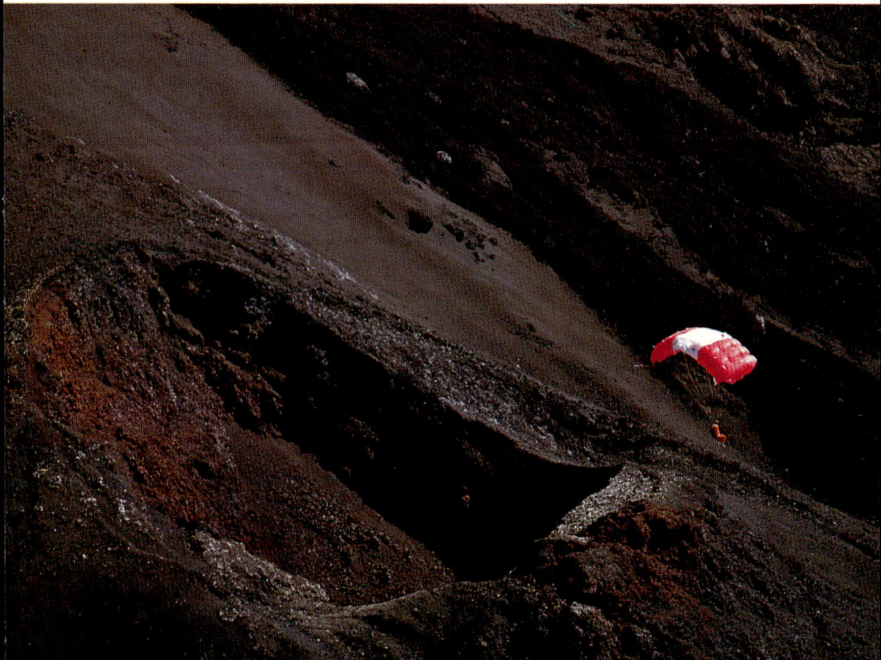

VERHALTEN BEI GLEITSCHIRMUNFÄLLEN/ ERSTE HILFE

Gleitschirmfliegen ist, wenn man es sorgfältig und mit dem notwendigen Respekt betreibt, nicht gefährlicher als viele andere Sportarten. Man darf bei Ausübung dieser Sportart jedoch nie vergessen, daß es sich um Fliegen handelt. Da der Mensch von der Natur aus nicht für das Fliegen geschaffen ist, müssen bei jedem Flug die Gefahrenquellen, die im Gerät, aber auch in der Person des Fliegers selbst liegen, möglichst ausgeschlossen werden.

Oft sind mangelhafte Ausbildung und schlechte Ausrüstung die Ursache für Unfälle. Wäre jeder Gleitschirmpilot mit festen, knöchelhohen Schuhen, richtiger Kleidung und Schutzhelm ausgerüstet, ließen sich etliche Unfälle verhindern.

In der Neufassung der Ausbildungs- und Prüfungsordnung vom 1. September 1988 ist die Teilnahme an einem Erste-Hilfe-Kurs für den A-Schein vorgeschrieben.

Bei Unfällen mit dem Gleitschirm treten folgende Verletzungen besonders häufig auf:

- Beine: Brüche, Zerrungen, Bänderrisse an den Knöcheln, Kniegelenken, Unterschenkeln.
- Arme: Brüche, Prellungen an den Hand- und Ellbogengelenken.
- Wirbelsäulenverletzungen (durch falsche Startabbrüche und zu harte Landungen).

Wenn es trotz aller Vorsicht und Ausbildung zu einem Unfall gekommen ist, bitte die folgenden Regeln beachten:

- ● Das oberste Gebot heißt: Ruhe bewahren, keine unüberlegten Handlungen. Zuerst die Situation erfassen und dann die Vorgehensweise überlegen.
- ● Sicherung des Verletzten bzw. Selbstsicherung vor Absturz im exponierten Gelände.
- ● Erstversorgung des Verletzten (bzw. Selbstversorgung).
- ● Ist keine Bergung möglich, Hilfe holen bzw. Alpines Notsignal.

8.1 Alpines Notsignal und Verständigung mit den Rettern

6× pro Minute ein Zeichen geben
1 Minute Pause, danach wiederholen

Zeichen können durch Rufen, Pfeifen oder durch Winken gegeben werden. An gut sichtbaren Plätzen unbedingt den Gleitschirm auslegen und damit den Unfallplatz markieren.

Den Rettern wird mitgeteilt:

WAS ist passiert? (Art der Verletzung)
WER ist verletzt? (Zahl der Verletzten)
WO befindet sich der Verletzte? (genaue Ortsangabe)
WIE sind die Umstände? (Gelände, Wetter, Wind, Hindernisse)

Am besten werden die Informationen schriftlich festgehalten und an die Rettungsmannschaften weitergegeben.

8.2 Hubschrauberbergung

In schwierigem Gelände und bei größeren Verletzungen bedeutet ein Hubschraubereinsatz die schnellste und sicherste Bergung für den Verletzten.
Der Pilot findet den Verletzten am besten, wenn das Gleitsegel gut sichtbar ausgelegt wird. Ist der Hubschrauber im Anflug und hat den Verletzten entdeckt, zeigt ein Helfer an, ob Hilfe notwendig ist:

Y	N
yes	no
Yes, ja: Hilfe ist notwendig	No, nein: keine Hilfe notwendig

Armzeichen für »Yes« und »No« bei Hubschraubereinsatz im Gebirge.

Ist sicher, daß der Hubschrauberpilot den Verletzten entdeckt hat, müssen unbedingt **das Gleitsegel und alle lose herumliegenden Teile im Rucksack verstaut werden,** damit nichts in den Rotor gezogen werden kann.
Der **Landeplatz für den Hubschrauber** wird folgendermaßen vorbereitet:
● freier Platz von 25×25 m
● flaches Gelände ohne Mulden
● feste Unterlage (Schnee festtreten)
● hindernisfreier Anflugbereich
● Anzeigen der Windrichtung durch einen Einweiser, der ca. 10 m vor dem Landefeld mit dem Rücken zum Wind und erhobenen Armen den Hubschrauber einweist.

Die Grundausstattung besteht aus:

Inhaltsangabe	Verwendungszweck
– Wundschnellverband	– kleine Wunden
– Verbandstrips	– kleine Wunden
– Verbandspäckchen	– stark blutende, größere Wunden
– Mullbinde	– Stabilisierung, Ruhigstellung
– Leukoplast	– fixieren
– Dreieckstuch	– Verstauchung, Bruch
– Elastische Binde	– Verstauchung
– Rettungsdecke	– Wärmeschutz, optisches Signal
– Signalpfeife	– akustisches Notsignal
– Kappschere	– Fangleinen/Gurte kappen, Verbandsmaterial schneiden
– Rettungsleine	– nachziehen von Bergungsmaterial
– Schmerzmittel	– Linderung der Schmerzen
– Notsignalraketen	– rot: Hilfe
	– weiß: Notlandung, aber Selbsthilfe möglich
	– grün: alles O.K.

Bei jedem Flug besteht die Möglichkeit, selbst in einen Unfall verwickelt zu sein oder als Außenstehender zu einem Unfall zu stoßen. Deshalb ist es für jeden Gleitschirmflieger Pflicht, eine kleine Rucksackapotheke mit sich zu führen. **In schweren Fällen ist grundsätzlich der Notarzt zu verständigen (insbesondere bei Schock, Bewußtlosigkeit, starken Blutungen, Wirbel- und Schädelverletzungen).**

Erste-Hilfe-Set: Miniaturausführung mit allen wichtigen Hilfsmitteln für den Gleitschirmflieger.

Erste Hilfe

Art des Unfalls	Erkennungs- merkmale	Sofort- maßnahmen	Lagerung
Schock	apathisches Ver- halten, blasse Gesichtsfarbe, feuchte, kühle Haut, Puls schnell, kaum oder nicht mehr fühlbar	Schutz vor Kälte, Hitze, Lärm	Oberkörper und Kopf horizontal, Beine angehoben
Bewußtlosig- keit	nicht ansprechbar, schlaffe Glieder, Stöhnen möglich	Freihalten der Luftwege, Schutz vor Kälte (evtl. Wärmezufuhr, jedoch nicht mit Getränken)	stabile Seitenlage: Kopf zurückgelegt, Mund unten, Arme und Beine stabilisieren die Lage
Stärkere äußere und innere Blutungen	blaß, Schockzeichen	blutende Körper- teile hochhalten, abdrücken, Druckverband auf die Wunde, abbinden →Notarzt	Schocklagerung
Armbruch	Druckschmerzen, Schwellungen im Bruchbereich (Bluterguß), unnatürliche Lage der Gliedmaßen, atypische Beweglich- keit	schmerzfrei nach Angabe des Ver- letzten lagern, Druckstellen durch Polstermaterial freihalten, gepolsterte Schie- nung über benach- barte Gelenke und Fixierung am Rumpf	nach Angabe des Verletzten, laufende Überprü- fung von Gefühl und Beweglichkeit der Finger; bei Störun- gen Lockerung des Verbandes
Beinbruch	wie bei Armbruch	wie bei Armbruch, gepolsterte Schienung am unverletzten Bein, evtl. mit Ast	nach Angabe des Verletzten, laufende Überprü- fung von Gefühl und Beweglichkeit der Zehen
Gelenks- verrenkungen	unnatürliche Verfor- mung des Gelenks, starke Schmerzen, federnde Fixation in Fehlstellung	Fixierung, wobei die federnde Lage des verletzten Gliedes zu be- rücksichtigen ist	nach Angabe des Verletzten
Wirbel- verletzungen	Schmerzen im Rücken- bereich, evtl. Unver- mögen sich aufzu- richten, Kribbeln oder Gefühlslosigkeit in Armen und Beinen	keine an Ort und Stelle lagern, vor Unter- kühlung schützen →Notarzt	möglichst schmerz- freie und stabile Lagerung ohne wesentliche Ver- änderung der Körperposition
Schädel- verletzungen	Blutung im Bereich des Kopfes, Bewußtlosigkeit, Übelkeit, Kopfschmerz	Wundbedeckung →Notarzt	Seitenlagerung auf unverletzte Seite, Puls und Atmung ständig überprüfen

Wie im Straßenverkehr gibt es auch für den Luftraum eine Verkehrsordnung, die für alle Luftfahrzeuge bindend ist.
In Deutschland, Österreich und der Schweiz ist die Ausübung des Gleitschirmsports nur erlaubt, wenn das Luftrecht und die Betriebsordnungen der einzelnen Länder beachtet werden. Zudem muß jeder Pilot:
● eine Ausbildung mit Prüfung absolvieren,
● eine Haftpflichtversicherung abschließen,
● zugelassene Gleitschirme und Gurtzeuge benutzen **(Gütesiegel)** und
● einen Helm tragen.

9.1 Haftpflichtversicherung

In Deutschland, Österreich und der Schweiz ist für jeden Piloten eine Haftpflichtversicherung mit ausreichender Schadenssumme vorgeschrieben. Die genauen Bestimmungen sind im Luftrecht der einzelnen Länder festgelegt. Die Verbände der jeweiligen Länder geben über die erforderlichen Deckungssummen Auskunft. Zur Zeit sind folgende **Deckungssummen** vorgeschrieben:
● Deutschland DM 850 000, Österreich öS 1 800 000, Schweiz sfr 1 000 000.
Schadensfälle sind nur gedeckt bei lizensierten Piloten mit zugelassener Flugausrüstung.

● **Personenbezogene Haftpflichtversicherung:**
Der Pilot ist versichert, wenn er ein zugelassenes Gleitsegel benutzt.
● **Gerätebezogene Haftpflichtversicherung:**
Der Pilot ist nur versichert, wenn er das in der Versicherung angegebene Gleitsegel verwendet. Weitere Gleitsegel müssen zusätzlich versichert werden.

9.2 Luftrecht Deutschland

Der Gleitschirm wurde in Deutschland als nicht zulassungspflichtiges bemanntes Luftfahrzeug eingestuft und fällt somit unter die **Allgemeinverfügung** für den Betrieb von bemannten, nicht zulassungspflichtigen Luftfahrzeugen, die 1982 vom **Bundesministerium für Verkehr (BMV)** erarbeitet wurde. Das BMV beauftragte den **DHV (Deutscher Hängegleiterverband)** und den **Deutschen Aero Club e.V. (DAeC)**, die Betriebsordnung für Hängegleiter (Flugdrachen) zu erarbeiten. Die Betriebsordnung trat 1982 in Kraft und wurde Vorbild für die **Gleitsegelbetriebsordnung (GBO)**, mit deren Inkrafttreten am 15. April 1987 das Gleitschirmfliegen offiziell in Deutschland erlaubt wurde. Ein Gleitsegel wird folgendermaßen definiert:
>»Ein Gleitsegel ist ein einsitziges, motorloses, nicht starres Luftfahrzeug, das aerodynamisch gesteuert ist und zum Start von der Erdoberfläche ohne Freifallphase bestimmt ist.«
Die Ausbildungs- und Prüfungsordnung wurde ebenfalls vom DHV erarbeitet. Alle Befugnisse wurden vom BMV den anerkannten Stellen übertragen. Dies sind: der Deutsche Aero Club (DAeC) und der Deutsche Hängegleiterverband (DHV). Zum 1. 9. 1988 wurden erhebliche Erweiterungen und Neufassungen bekanntgegeben, beispielsweise der Zweistufenschein (L- und A-Schein) eingeführt.
Der DAeC und der DHV sind befugt, die **Betriebstüchtigkeit** von Gleitsegeln zu prüfen und Piloten und Lehrer auszubilden. Außerdem wird der Flugbetrieb überwacht. Dem Bundesverkehrsministerium ist das **Luftfahrtbundesamt (LBA)** direkt unterstellt. Das LBA überprüft schwere Gleitsegelunfälle. Die Luftämter der einzelnen Länder sind für die Luftaufsicht zuständig. Die Luftämter genehmigen z. B. Gleitsegelgelände in der Nähe von Flugplätzen.

▶ **Ausbildungs- und Prüfungsordnung des DAeC/DHV für Gleitsegelpiloten**

● **Abschnitt I: Allgemeines**
1. *Begriffe*
1.1 »**Fluglehrer**« im Sinne dieser Ausbildungs- und Prüfungsordnung sind DAeC/DHV-geprüfte Gleitsegellehrer und Gleitsegellehrerassistenten gemäß der Ausbildungs- und Prüfungsordnung des DAeC/DHV für Gleitsegellehrer.

1.2 »**Aufsicht**« bei einem Flug heißt unmittelbare Fluglehrerbetreuung des Flugschülers beim Start und bei der Landung. Bei Flügen mit mehr als 100 m Höhenunterschied muß die Aufsicht durch je einen Fluglehrer am Startplatz und am Landeplatz erfolgen. Bei Flügen zwischen 100 und 400 m Höhenunterschied kann der Fluglehrer am Landeplatz durch eine sichere Funkverbindung vom Fluglehrer am Startplatz zum Flugschüler ersetzt werden, wenn die gesamte Flugstrecke bis zur Landung vom Startplatz aus einzusehen ist.

1.3 »**Schulungsgelände**« ist für die Anfängerausbildung geeignetes Gleitsegelgelände bis zu 100 m Höhenunterschied zwischen Start- und Landeplatz. Anfängerausbildung bis zum Erwerb des Lernausweises darf nur im Schulungsgelände erfolgen. Ziffer 2.4 gilt auch für Schulungsgelände.

1.4 »**Ausbildungsstätten**« sind vom DAeC/DHV anerkannte Gleitsegelschulen und vom DAeC/DHV für die Gleitsegelausbildung anerkannte Vereine. Die Anerkennung ist insbesondere in der Anerkennungsordnung des DAeC/DHV für Gleitsegelausbildungsstätten geregelt.

1.5 »**Flugbuch**« ist die Auflistung aller Übungen und Flüge im Rahmen der Ausbildung. Einzutragen sind stets das Datum, das Gelände und das Fluggerät. Zusätzlich einzutragen sind je nach Ausbildungsabschnitt der Höhenunterschied, die Flugdauer, die Art der Übung und die Bestätigungsunterschrift.

1.6 »**Ausbildungszeugnis**« oder »**Ausbildungsnachweis**« ist der Nachweis über die erfolgreich abgeschlossene Ausbildung für den jeweiligen theoretischen oder praktischen Ausbildungsabschnitt. Das Ausbildungszeugnis gemäß Formblatt ist Prüfungsvoraussetzung und muß vom Ausbildungsleiter eigenhändig unterschrieben werden.

1.7 »**Befähigungsnachweise**« sind der *Befähigungsnachweis A* für Gleitsegelpiloten, der *Befähigungsnachweis B* für Gleitsegelpiloten, die *Windenschleppberechtigung* und die *Windenfahrerberechtigung*. Der Lernausweis gilt als Befähigungsnachweis. Bei Anfängern ohne Lernausweis wird dieser ersetzt durch die Lehrberechtigung des Fluglehrers, wenn die Ausbildung im Schulungsgelände unter Aufsicht eines Fluglehrers erfolgt.

2. *Ausbildung*

2.1 Die Ausbildung wird von den Ausbildungsstätten gemäß dieser Ausbildungs- und Prüfungsordnung und gemäß dem DHV-/DAeC-Lehrplan durchgeführt. Zu beachten sind insbesondere die Allgemeinverfügung des Bundesministers für Verkehr, die Ausbildungs- und Prüfungsordnung für Gleitsegellehrer, die Betriebsordnung und die gerätetechnischen Bestimmungen des DHV und des DAeC sowie eventuelle Geländeauflagen der zuständigen Luftfahrtbehörde.

2.2 Verantwortlich für den gesamten Ausbildungsbetrieb ist der Ausbildungsleiter der Ausbildungsstätte. Er darf Ausbildungsaufgaben nur an Fluglehrer, Assistenten und Referenten gemäß Ausbildungs- und Prüfungsordnung des DHV und des DAeC für Gleitsegellehrer delegieren.

2.3 Flüge bis zum Erwerb des Befähigungsnachweises A dürfen nur unter Fluglehreraufsicht gemäß Ziffer 1.2 durchgeführt werden; davon ausgenommen sind Flüge gemäß Abschnitt II 3.a.

2.4 Der Fluglehrer kann nach eigenem Ermessen Flüge bis zum doppelten Höhenunterschied zulassen, wenn dies dem Übungszweck dient, dem Lernfortschritt des Flugschülers entspricht und die Sicherheit bei der Ausbildung nicht beeinträchtigt.

2.5 Als Mindestflüge und -übungen gelten nur solche, die ordnungsgemäß durchgeführt und im Flugbuch bestätigt sind, pro Tag höchstens 10 Flüge, bei mehr als 400 m Höhenunterschied höchstens 5 Flüge. Die in einem Ausbildungsabschnitt absolvierten Mindestflüge können nicht auf die Mindestflugzahl eines späteren Ausbildungsabschnitts angerechnet werden.

3. *Prüfungen*

3.1 Die Prüfungen für den Lernausweis werden von den Ausbildungsstätten durchgeführt, alle anderen Prüfungen vom DHV oder DAeC.

3.2 Jeder Prüfer muß DHV- oder DAeC-geprüfter Gleitsegellehrer sein. Der Prüfungsleiter darf nicht Fluglehrer an der Ausbildungsstätte sein, wo der Bewerber ausgebildet wurde.

3.3 Theorieprüfungen und praktische Schlepp-Prüfungen werden von mindestens einem Prüfer, die anderen Prüfungen von mindestens zwei Prüfern abgenommen. Den Prüfungsleiter bestimmt die prüfende Stelle. Die weiteren Prüfer werden vom Prüfungsleiter beigezogen, soweit nicht die prüfende Stelle diese weiteren Prüfer bestimmt.

3.4 Die Prüfungen bestehen aus theoretischem und praktischem Teil. Das Bestehen des theoretischen Teils ist Prüfungsvoraussetzung für den praktischen Teil.

3.5 Soweit kein längerer Zeitraum bestimmt ist, muß zwischen den Prüfungen für die einzelnen Befähigungsnachweise ein zeitlicher Mindestabstand von 1 Woche liegen.

3.6 Bei Prüfungswiederholung ist der gesamte theoretische oder praktische Teil erneut abzulegen. Vor der Wiederholungsprüfung sind mindestens 10 Alleinflüge mit mehr als 100 m Höhenunterschied unter Fluglehreraufsicht durchzuführen und bei der Prüfung durch ein Ausbildungszeugnis nach Ziffer 1.6 nachzuweisen.

3.7 Einzelheiten zum Prüfverfahren sind in den Ausführungsbestimmungen geregelt, insbesondere in der DHV-/DAeC-Prüferanweisung. Im übrigen gelten die Vorschriften den Bundesministers für Verkehr für die Ausbildung und Prüfung des Luftfahrtpersonals entsprechend.

Abschnitt II: Lernausweis für Gleitsegelpiloten

1. *Fachliche Voraussetzungen*

1.1 Die theoretische Ausbildung erstreckt sich auf die Grundkenntnisse in den Sachgebieten
   a) Gerätekunde; b) Aerodynamik; c) Flugtechnik; d) Gefahreneinweisung;
   e) Wetterkunde; f) Sicherheitsvorkehrungen; g) Luftrecht.

1.2 Die praktische Ausbildung umfaßt
   a) zunächst mindestens 20 vollständige Vorbereitungs-, Start-, Steuer- und Landeübungen sowie Landefalltechnik;
   b) anschließend mindestens 20 von einem Fluglehrer beaufsichtigte und bestätigte Flüge im Schulungsgelände mit geringem Bodenabstand und 40 bis 100 m Höhenunterschied;
   c) Übungsschwerpunkte Start, Landung, Geradeausflug, Geschwindigkeits- und Richtungskorrektur, Kurven bis 90 Grad.

2. *Prüfung*

2.1 Die theoretische Prüfung erstreckt sich auf die in 1.1 genannten Sachgebiete.

2.2 Die praktische Prüfung besteht aus einem Prüfungsflug mit Fußstart, S-Kurve und sturzfreier Landung in einem Zielkreis von 50 m Durchmesser bei mindestens 40 m Höhenunterschied.

3. *Berechtigung*

Der Lernausweis berechtigt zu Flügen mit Gleitsegeln
   a) im Schulungsgelände, wenn ein Fluglehrer einen geländebezogenen Flugauftrag erteilt hat;
   b) in anderen Geländen unter Aufsicht eines Fluglehrers;
   c) doppelsitzig zusammen mit einem Fachlehrer für doppelsitzige Gleitsegelflüge.

Abschnitt III: Befähigungsnachweis A für Gleitsegelpiloten

1. *Fachliche Voraussetzungen*

1.1 Es dürfen nur Inhaber des Lernausweises ausgebildet werden.

1.2 Die theoretische Ausbildung erstreckt sich auf die weitere Vervollständigung und Vertiefung der in Abschnitt II, 1.1 genannten Sachgebiete. Die Mindestdauer beträgt 20 Unterrichtsstunden zu je 45 Minuten.

1.3 Die praktische Ausbildung umfaßt
   mindestens 40 von einem Fluglehrer beaufsichtigte und bestätigte Alleinflüge mit mehr als 100 m Höhenunterschied und mehr als 50 m Bodenabstand in mindestens 2 verschiedenen Geländen, davon zunächst mindestens 10 Flüge mit weniger als 300 m Höhenunterschied und danach mindestens 25 Flüge mit mehr als 400 m Höhenunterschied; Übungsschwerpunkte Kehre, Vollkreis, Achter, verschiedene Steuertechniken, Rückwärtsstart, Flug- und Landeeinteilung.
   Bis zu 15 Flüge können durch die jeweils doppelte Zahl an Windenschleppflügen mit den zugehörigen Ausklinkhöhen ersetzt werden.

1.4 Vor Beginn der Prüfung hat der Bewerber einen Nachweis über die erfolgreiche Teilnahme an einem Kurs des Deutschen Roten Kreuzes über Sofortmaßnahmen am Unfallort oder einen vom DHV bzw. DAeC als gleichwertig anerkannten Nachweis vorzulegen.

2. *Prüfung*

2.1 Die theoretische Prüfung erfolgt grundsätzlich schriftlich nach dem Multiple-choice-System und erstreckt sich auf die in Abschnitt II, 1.1 genannten Sachgebiete, jedoch ohne Beschränkung auf die Grundzüge.

2.2 Die praktische Prüfung besteht aus einem Prüfungsflug mit Fußstart, Achter, Landeeinteilung und sturzfreier Landung in einem Zielkreis von 30 m Durchmesser.

2.3 Für die praktische Prüfung darf nur ein Gerät mit der DHV-Klassifizierungsziffer von höchstens 2 verwendet werden.

2.4 Die Prüfung darf nur mit Schleppstart abgelegt werden, wenn die Voraussetzungen für die Schlepp-Prüfung erfüllt sind. Als zusätzliche Prüfungsaufgabe hat der Bewerber einen Fußstart am Hang auszuführen.

3. *Berechtigung*

Der Befähigungsnachweis A berechtigt zum »Freien Fliegen« ohne Überlandflug.

4. *Anrechnung*

4.1 Inhaber eines Befähigungsnachweises A oder B für Hängegleiterpiloten sind in den Fächern Luftrecht und Meteorologie von der theoretischen Ausbildung und Prüfung befreit.

4.2 Bei Anrechnung gleitsegelfremder Theorieausbildung und -prüfung hat der Bewerber sich mit den besonderen Bestimmungen für Gleitsegel vertraut zu machen.

4.3 Bei Inhabern eines Befähigungsnachweises für Hängegleiterpiloten und Inhabern eines Luftfahrerscheins für Fallschirmspringer sind die Mindestzahl der Alleinflüge und die Höchstzahl der Windenschleppflüge gemäß Ziffer 1.3 um jeweils die Hälfte verringert.

4.4 Die übrigen Voraussetzungen dieser Ausbildungs- und Prüfungsordnung bleiben unberührt.

Abschnitt IV: Befähigungsnachweis B

1. *Fachliche Voraussetzungen*

1.1 Den Befähigungsnachweis B können nur Inhaber des Befähigungsnachweises A erwerben.

1.2 Die theoretische Ausbildung erstreckt sich ergänzend auf die Sachgebiete
   a) Luftrecht
   b) Meteorologie
   c) Navigation
   Die Mindestdauer beträgt 20 Unterrichtsstunden zu je 45 Minuten.

1.3 Die praktische Ausbildung und Übung umfaßt
   a) mindestens 10 von einem Fluglehrer beaufsichtigte und bestätigte Alleinflüge, davon höchstens 5 Flüge mit Schleppstart; Übungsschwerpunkte: enge Achterfiguren, schneller Abbau der Flughöhe, Landen auf kleiner Fläche, Hanglandung.
   b) mindestens 10 vom Piloten selbst bestätigte Alleinflüge mit mehr als 30 Minuten Flugdauer in mindestens 2 verschiedenen Geländen, davon höchstens 5 Flüge mit Schleppstart.

2. *Prüfung*

2.1 Die theoretische Prüfung erfolgt grundsätzlich schriftlich nach dem Multiple-choice-System und erstreckt sich auf die in 1.2 genannten Sachgebiete.

2.2 Die praktische Prüfung besteht aus einem Prüfungsflug mit enger Achterfigur, schnellem Abbau der Flughöhe, Landeeinteilung und sturzfreier Landung in einem Zielkreis von 20 m Durchmesser.

2.3 Die Prüfung darf nur mit Schleppstart abgelegt werden, wenn der Bewerber alle Voraussetzungen für die Schlepp-Prüfung erfüllt.

3. *Anrechnung*

3.1 Inhaber eines Befähigungsnachweises B für Hängegleiterpiloten sind von der theoretischen Ausbildung und Prüfung befreit.

3.2 Inhaber eines gültigen deutschen Luftfahrerscheins oder UL-Befähigungsnachweises und Anwärter mit bestandener Theorieprüfung sind von der theoretischen Ausbildung und Prüfung befreit.

3.3 Inhaber eines abgelaufenen deutschen Luftfahrerscheins oder UL-Befähigungsnachweises und Anwärter mit verfallener Theorieprüfung sind von der theoretischen Ausbildung für den Befähigungsnachweis B befreit, nicht von der theoretischen Prüfung.

3.4 Bei Anrechnung einer gleitsegelfremden Theorieausbildung und -prüfung hat der Bewerber sich mit den besonderen Bestimmungen für Gleitsegel vertraut zu machen.

3.5 Die übrigen Voraussetzungen dieser Ausbildungs- und Prüfungsordnung bleiben unberührt.

4. *Erteilungsfrist*

Bei Erteilung des Befähigungsnachweises B muß ein Jahr seit Erteilung des Befähigungsnachweises A abgelaufen sein. Dies gilt nicht für Inhaber eines gültigen Befähigungsnachweises B für Hängegleiterpiloten.

5. *Berechtigung*

Der Befähigungsnachweis B berechtigt zum Freien Fliegen mit Überlandflug.

Abschnitt V: Windenschleppberechtigung

1. *Fachliche Voraussetzungen*

1.1 Es dürfen nur Inhaber des Lernausweises für Gleitsegelpiloten ausgebildet werden.

1.2 Die theoretische Ausbildung erstreckt sich ergänzend auf die Sachgebiete
   a) Luftrecht
   b) Gerätekunde
   c) Flugtechnik
   d) Gefahreneinweisung
   e) Betriebliche Regeln.

1.3 Die praktische Ausbildung umfaßt mindestens 30 Windenschleppstarts als Pilot und 10 als Startleiter, sämtlich beaufsichtigt und bestätigt von einem Fachlehrer für Gleitsegelwindenschlepp.

2. *Ausbildungsbetrieb*

2.1 Der Windenfahrer muß die Windenfahrerberechtigung gemäß Abschnitt VI besitzen. Bei Flachschlepp ist die Winde von einem Fachlehrer zu bedienen.

2.2 Jeder Schleppvorgang ist von einem Fachlehrer persönlich zu leiten.

2.3 In Ausnahme von Abschnitt I Ziffer 1.2 kann der Fachlehrer den Flugschüler entweder am Startplatz oder als Windenfahrer beaufsichtigen.

3. **Prüfung**
3.1 Die theoretische Prüfung erfolgt grundsätzlich schriftlich nach dem Multiple-choice-System und erstreckt sich auf die in 1.2 genannten Sachgebiete.
3.2 Die praktische Prüfung besteht aus je einem Windenschleppstart als Pilot und als Startleiter.

4. **Anrechnung**
4.1 Ein Windenschleppstart bei der Prüfung für den Befähigungsnachweis A oder B gilt zugleich als praktische Pilotenprüfung für die Windenschleppberechtigung.
4.2 Bei Inhabern der Windenschleppberechtigung für Hängegleiterpiloten verringert sich die Zahl der Mindeststarts gemäß Ziffer 1.3 um die Hälfte.

5. **Berechtigung**
Die Windenschleppberechtigung berechtigt zu Windenschleppstarts als Pilot und als Startleiter. Die Berechtigung als Startleiter erstreckt sich auch auf Hängegleiter-starts.

Abschnitt VI: Windenfahrerberechtigung für Gleitsegeln
1. **Fachliche Voraussetzungen**
1.1 Die Windenfahrerberechtigung können grundsätzlich nur Inhaber der Winden-schleppberechtigung für Gleitsegel- oder Hängegleiterpiloten erwerben.
1.2 Die theoretische Ausbildung erstreckt sich auf die in Abschnitt V, 1.2 genannten Sachgebiete mit besonderem Bezug auf die Tätigkeit des Windenfahrers.
1.3 Die praktische Ausbildung umfaßt mindestens 60 Windenfahrten.

2. **Ausbildungsbetrieb**
2.1 Jeder Schleppvorgang ist von einem Fachlehrer für Gleitsegelwindenschlepp zu be-aufsichtigen. Bei der Aufsicht muß der Fachlehrer jederzeit in die Bedienung der Winde eingreifen können.
2.2 Der Fachlehrer kann die Ausbildung und die Aufsicht auf Personen mit Windenfah-rerberechtigung übertragen, die
a) über besondere Erfahrung als Windenfahrer verfügen;
b) vom Fachlehrer in die Ausbildungtätigkeit eingewiesen sind;
c) vom Fachlehrer dem DHV oder DAeC schriftlich benannt sind.
Bei Übertragung der Ausbildung liegt die verantwortliche Leitung der Ausbildung stets beim Fachlehrer.

3. **Prüfung**
3.1 Die theoretische Prüfung erstreckt sich auf die in Abschnitt V, 1.2 genannten Sach-gebiete.
3.2 Die praktische Prüfung besteht aus mindestens einem Schleppvorgang als Winden-fahrer.

4. **Berechtigung**
Die Windenfahrerberechtigung für Gleitsegeln berechtigt zur Bedienung von Gleit-segelschleppwinden, für die ein Mustervermerk in den Befähigungsnachweis einge-tragen ist.

5. **Mustereinweisung und Mustervermerk**
5.1 Die Mustereinweisung umfaßt alle technischen und betrieblichen Bedingungen des Windentypmusters, die von den beim Windenfahrer bereits bekannten Bedingungen abweichen.
5.2 Die Einweisung wird von der einweisungsberechtigten Person im Befähigungsnach-weis vermerkt (Mustervermerk).
5.3 Die Berechtigung zur Mustereinweisung ist in gesonderten Bestimmungen geregelt, insbesondere in der Ausbildungs- und Prüfungsordnung für Gleitsegellehrer.

6. **Anrechnung**
Inhaber der Windenfahrberechtigung für Hängegleiter sind von den fachlichen Vor-aussetzungen der Ziffern 1.1 bis 1.3 und von der Prüfung nach Ziffer 3 befreit. Statt-dessen ist die Einweisung entsprechend Ziffern 5.1 und 5.3 durchzuführen.

7. **Ausnahmen für Nichtpiloten**
7.1 Voraussetzung für den Ausbildungsbeginn zum Windenfahrer ist die theoretische Ausbildung und Prüfung zum Lernausweis und Befähigungsnachweis A für Gleitse-gelpiloten; Abschnitt III Ziffer 1.1 gilt nicht.
7.2 Die praktische Ausbildung umfaßt mindestens 150 Windenfahrten.
7.3 Windenfahrerausbildung und Aufsicht können vom Fachlehrer nicht übertragen werden.
7.4 Die Anrechnung nach Ziffer 5 setzt zusätzlich die theoretische Ausbildung zum Lern-ausweis und Befähigungsnachweis A für Gleitsegelpiloten voraus, mit Ausnahme der Fächer Wetterkunde und Luftrecht. Die Ausbildung ist durch ein Ausbildungs-zeugnis nachzuweisen.

Abschnitt VII: Entzug und Bindungswirkung
1. Die erteilende Stelle kann die Befähigungsnachweise und sonstigen Berechtigun-gen gemäß dieser Ausbildungs- und Prüfungsordnung ruhen lassen oder widerru-

fen, wenn der Inhaber sich durch sein Verhalten als nicht geeignet erweist oder wenn er aus gesundheitlichen Gründen fluguntauglich wird. Aus denselben Gründen kann die prüfende Stelle die Erteilung des Befähigungsnachweises verweigern. Die Stelle kann die Entscheidung über Ruhen, Widerruf oder Verweigerung von speziellen Unterlagen und Gutachten abhängig machen. Dem Betroffenen ist die Möglichkeit zu vorheriger Stellungnahme zu geben.

2. Die Entscheidungen der einen zuständigen Stelle binden die andere.

Abschnitt VIII: Schlußbestimmungen

1. Der bisherige »Befähigungsnachweis für Gleitsegelpiloten« gilt als Befähigungsnachweis A.
2. Diese Fassung der Ausbildungs- und Prüfungsordnung tritt am 1.1.1991 in Kraft.

Betriebsordnung (BO) für Hängegleiter, Gleitsegel und Gleitflugzeuge

Abschnitt I: Flugvorbereitung

1. Vor jedem Flug ist eine Flugvorbereitung durchzuführen.
2. Der Flug ist unter Beachtung der Witterungs-, Wind- und Geländeverhältnisse und unter besonderer Berücksichtigung von Hindernisplätzen und Notlandeflächen zu planen, bei Überlandflügen an Hand der neuesten ICAO-Luftkarte 1:500 000.
3. Der Pilot hat vor jedem Start zu überprüfen
   - die Montage seines Gerätes
   - die Funktionstüchtigkeit aller beweglichen Teile
   - die Funktionstüchtigkeit des notwendigen Zubehörs und ggf. zusätzlich
   - das Schleppgeschirr
   - die mitzuführenden Nachweise und Ausweise.
4. Unmittelbar vor dem Start hat der Pilot zu überprüfen
   - Vollständigkeit und Sitz der Ausrüstung
   - Verbindung Gurtzeug/Fluggerät/Rettungssystem
   - Windrichtung, Windstärke, Sichtverhältnisse
   - Startstrecke und Luftraum und ggf. zusätzlich
   - korrekte Auslegung der Kappe und der Leinen
   - Einstellung des Höhenmessers
   - Einstellung der Trimmung/Trimmer
   - Freigängigkeit der Ruder/Steuerleinen
   - Verbindung Fluggerät/Schleppseil
   - Schleppseilauslegung
   - Sprechverbindung zur Startwinde.
5. Bei Flügen mit einem ständigen Abstand von weniger als 50 m über Grund muß ein Rettungsgerät nicht mitgeführt werden.
6. Der Pilot hat eine Rettungsschnur mit einer Mindestlänge von 30 m und einer Mindestzerreißfestigkeit von 500 N (ca. 50 kp) mitzuführen.
7. Der Start darf nur erfolgen, wenn Windrichtung und Windgeschwindigkeit einen gefahrlosen Flug zulassen. Ein Start darf nicht erfolgen, wenn die höchste Windgeschwindigkeit am Startplatz ⅔ der höchstfliegbaren oder höchstzulässigen Geschwindigkeit des Gleitsegels übersteigt.
   Die Windverhältnisse müssen erwarten lassen, daß der Pilot den nächstgelegenen ordnungsgemäßen Landeplatz (nicht Notlandefläche) zuverlässig erreicht. Dabei sind die Geländeverhältnisse, das Fluggerät und das Leistungsvermögen des Piloten zu berücksichtigen.
   Bei stark turbulenten Windverhältnissen darf nicht gestartet werden. Je höher die Windgeschwindigkeit ist, desto turbulenzfreier muß die Flugstrecke sein.
8. Während des gesamten Fluges müssen die Sichtflugregeln der Luftverkehrsordnung eingehalten werden können.

Abschnitt II: Startleiter

1. Der Startleiter wird vom Flugplatzhalter (Geländehalter) bestellt.
2. Der Startleiter muß den Befähigungsnachweis für Hängegleiter, Gleitsegel oder Gleitflugzeuge besitzen, bei Windenschlepp die Windenschleppberechtigung. Für UL-Schlepp ist die Startleitertätigkeit in der Ultraleichtflugbetriebsordnung (UBO) geregelt.
3. Der Startleiter ist für das gesamte Fluggebiet zuständig, also auch für verschiedene Startstellen am gleichen Flugplatz (Fluggelände). Seine Entscheidungen sind vorrangig.
4. Wenn ein Startleiter anwesend ist, so darf nur nach ausdrücklicher Startfreigabe durch den Startleiter gestartet werden.
   Wenn ein Startleiter nicht anwesend ist und mindestens zwei Piloten am Startplatz sind, so darf nur gestartet werden, wenn ein Pilot – z. B. der nachfolgende – als Startleiter den Start ausdrücklich freigibt.
   Wenn ein Startleiter nicht anwesend ist und nur ein einzelner Pilot sich am Startplatz befindet, so kann dieser Pilot ohne Startleiter starten. Dies gilt nicht für Windenschlepp, bei dem stets ein Startleiter zusätzlich zum Windenfahrer anwesend sein muß.

5. Erläßt der Startleiter ein generelles Startverbot, so darf auch bei seiner Abwesenheit niemand starten, solange der Grund für das Startverbot fortbesteht.
6. Der Startleiter soll unmittelbar vor dem Start
   – Pilotenaufhängung kontrollieren
   – Vollständigkeit der Sicherheitsausrüstung feststellen
   – Windrichtung, Windstärke und Sichtverhältnisse prüfen
   – kontrollieren, ob Startstrecke und Luftraum frei sind und ggf. zusätzlich
   – das Schleppseil einklinken
   – die Schleppseilauslegung überprüfen.
7. Der Startleiter kann zusätzlich prüfen
   – Montage und Auslegung des Fluggeräts
   – Betriebstüchtigkeitsnachweis und Zustand von Fluggerät und Ausrüstung
   – Rettungsschnur
   – Befähigungsnachweis
   – Versicherungsnachweis
   – Flugvorbereitung
   – geländebezogene Voraussetzungen, z. B. Einweisungsflug gemäß örtlicher Regelungen.
8. Wenn vor oder beim Start mit anderen Personen Sprech- oder Zeichenverbindung zu bestehen hat, so hält der Startleiter diese Verbindung für den Piloten aufrecht.
9. Die Startfreigabe durch den Startleiter entbindet den Piloten nicht von seiner persönlichen Sorgfaltspflicht. Der Pilot startet auf eigene Gefahr und in eigener Verantwortung. Beim Gleitsegelstart darf der Pilot erst abheben, wenn er selbst durch Augenschein überprüft hat, ob das Gleitsegel vollständig gefüllt ist und stabil steht.
10. Weitergehende Auflagen von Behörden und Geländehalter sind vorrangig.

Abschnitt III: Allgemeine Flugregeln

1. Als senkrechter und waagrechter Sicherheitsmindestabstand ist einzuhalten
   – **100 m** zu Autobahnen;
   – **50 m** zu allen anderen Straßen mit Fahrverkehr und zu Eisenbahnlinien;
   – **50 m** zu Skipisten, Liften und Bergbahnanlagen, sofern diese in Betrieb sind. Diese Mindestabstände gelten auch für die Landung. Weitergehende Abstandsvorschriften sind vorrangig.
2. Kunstflug ist nicht erlaubt. Kunstflug beginnt bei einer Neigung um die Querachse mit mehr als **30°** und um die Längsachse mit mehr als **60°**. Flugzustände mit Flügelanströmung von hinten (z. B. Trudeln, Negativkurve) gelten als Kunstflug.
3. Reklameflüge sind nicht erlaubt. Reklameflüge sind nur solche Flüge, bei denen die Werbung den Hauptzweck darstellt. Dies ist nicht der Fall bei bloßer Werbeaufschrift auf dem Segel.
4. 180°-Kehren im Hangbereich erfolgen stets vom Hang weg. Vor der Einleitung der Kehre ist besonders darauf zu achten, daß keine anderen Luftfahrzeuge auf demselben Kurs und in derselben Höhe nachfolgen.
5. Bei einer Begegnung am Hang ist der Pilot ausweichpflichtig, der den Hang zur linken Seite hat.
6. Anfliegende, abfliegende oder kreuzende Fluggeräte weichen den Fluggeräten aus, die sich im Hangaufwind oder im Thermikkreis befinden. Geradeausfliegende Fluggeräte weichen den kreisenden Fluggeräten aus.
7. Die Drehrichtung in der Thermik wird von dem Fluggerät bestimmt, das sich zuerst in der Thermik befindet.
8. Das langsamer steigende Fluggerät weicht dem schneller steigenden aus.
9. Der Landeanflug setzt sich zusammen aus Position, Gegenanflug, Queranflug und Endanflug, eingeordnet in den übrigen Flugbetrieb. Wenn die örtlichen Verhältnisse nicht entgegenstehen, ist die Drehrichtung links.
10. Vorbestimmbare Landungen auf Flugplätzen mit Mischbetrieb sind dort anzumelden und der Pilot hat sich über die dortigen Regelungen des Flugplatzverkehrs zu informieren.
11. Gelände-und flugplatzbezogene spezielle Flugregeln sind zu beachten.
12. Bei Notfällen mit möglichem Hubschraubereinsatz ist der Luftraum um das Unfallgebiet weiträumig freizuhalten.
13. Überlandflüge sind Flüge, die über die Umgebung des Fluggeländes hinausgehen. Umgebung des Gleitsegelgeländes ohne behördlich vorgeschriebene Platzrunde ist der Gleitwinkelbereich um den Startplatz, bei Schleppstart um den Ausklinkpunkt.
14. Überlandflüge sind mit dem besonderen Befähigungsnachweis des DHV oder des DAeC im Rahmen der Allgemeinverfügung des Bundesministers für Verkehr, dieser Betriebsordnung und der sonstigen Bestimmungen unter Beachtung folgender Einschränkungen erlaubt:
    Während der Tag-Tiefflugzeiten (vgl. Luftfahrthandbuch, Teil I, RAC) sind Flüge
    a) in den 250 ft-Tieffluggebieten (siehe ICAO-Karte 1:500000) in Höhen unterhalb 1500 ft GND zu meiden und
    b) im Höhenband von 500 ft bis 1500 GND möglichst zu meiden.

● **Abschnitt IV: Windenschleppbetrieb**

1. Es dürfen nur Windenschleppverfahren angewendet werden, die gemäß Anhang zur BO gestattet sind.
2. Zwischen Startstelle und Startwinde müssen Sichtverbindung und sichere Sprechverbindung bestehen. Zusätzlich muß zwischen Startwinde und Gleitsegelpilot Sprechverbindung bestehen, wenn das Erkennen der optischen Zeichen gemäß unten Ziffer 15 nicht zuverlässig gewährleistet ist.
3. Sind mehrere Startstellen in Betrieb, so muß eine eindeutige Verständigung möglich sein, insbesondere über die Startreihenfolge. Parallele Startvorgänge zu gleicher Zeit sind nicht zulässig.
4. Der Pilot kann die Funktion des Startleiters persönlich wahrnehmen, wenn er den Befähigungsnachweis B mit Windenschleppberechtigung besitzt und eine bedienungsfreie Sprechverbindung vom Piloten zum Windenfahrer besteht.
5. Die in Betrieb befindliche Startwinde ist durch eine gelbe Rundumleuchte zu kennzeichnen.
6. Das Schleppseil ist geradlinig, hindernisfrei und ohne Schlaufenbildungen und Seilüberlagerungen auszulegen.
7. Der Windenfahrer muß vor Beginn des Schleppbetriebes überprüfen
   – den betriebssicheren Zustand der Startwinde einschließlich Schleppseil
   – die Funktionstüchtigkeit der Kappvorrichtung
   – die Erdung der Startwinde
   – die Hindernisfreiheit der Schleppstrecke
   – die Sprech- und Sichtverbindung zur Startstelle
   – bei Publikumsverkehr die Absperrung
   und vor jedem einzelnen Start
   – die Auslegung des Schleppseils
   – die Schleppstrecke und den Luftraum.
8. Das Schleppseil darf erst eingeklinkt werden, wenn das Fluggerät startklar, der Pilot startbereit und die Schleppstrecke frei sind.
9. Der Windenfahrer muß den Startvorgang in einer Gefahrensituation unterbrechen.
10. Die größtmögliche Steigfluglage darf nur allmählich eingenommen werden. Im Steigflug ist die vom Hersteller des Fluggerätes angegebene Schleppgeschwindigkeit einzuhalten.
11. Die Startwinde und deren Seitenbereiche dürfen nicht mit eingeklinktem Schleppseil überflogen werden.
12. Während des gesamten Schlepp- und Seileinholvorgangs muß die Berührung des Schleppseils mit einem Hindernis ausgeschlossen sein.
13. Richtungsänderungen mit eingeklinktem Schleppseil sind nur zulässig, wenn das angewendete Schleppverfahren gemäß Anhang zur BO Richtungsänderungen vorsieht und eine Sicherheitsmindesthöhe von 150 m GND eingehalten wird.

14. Durchsagen von der Startstelle an den Windenfahrer — Antworten des Windenfahrers an die Startstelle

Durchsagen von der Startstelle an den Windenfahrer	Antworten des Windenfahrers an die Startstelle
Gerätemuster	Jeweils Wiederholung der Durchsagen
Pilot	
Sonstige Informationen	

15. Kommandos von der Startstelle an den Windenfahrer

Kommandos von der Startstelle an den Windenfahrer	Antworten des Windenfahrers an die Startstelle
1. »Pilot und Gerät startklar«	»Winde startklar«
2. »Pilot eingehängt«	»Pilot eingehängt«
3. »Seil anziehen«	»Seil straff«
4. »Fertig«	keine Wiederholung; leichte Zugkrafterhöhung
5. »Start«	keine Wiederholung; Startdurchführung; Hörbereitschaft
Im Notfall	
6. »**Halt Stop**« mehrmals	keine Wiederholung; **Gas weg; notfalls kappen**

16. Zeichen des Piloten an den Windenfahrer

Grätschen der Beine (anhaltend)	soll heißen »langsamer«
Radfahrbewegung (mehrmals)	soll heißen »schneller«
Grätschen der Beine (mehrmals)	soll heißen »Gas weg zum Ausklinken«

17. Erfolgt der Schleppbetrieb einschließlich Schleppausbildung auf einem auch für andere bemannte Luftfahrzeugarten zugelassenen Flugplatz, so muß der Pilot des geschleppten Fluggerätes die theoretische Prüfung zum Befähigungsnachweis B oder eine andere anzurechnende Prüfung abgelegt haben. Diese wird bei in Ausbildung befindlichen Piloten ersetzt durch die Lehrberechtigung seines Fluglehrers.
18. Bei Verwendung mobiler Startwinden gelten die Ziffern 1–17 entsprechend.

Dabei können die Kommandos bei Ziffer 15 durch folgende Zeichen ersetzt werden: 1. Kelle oben – Bremslichter; 2. Kelle waagrecht – Hand waagrecht; 3. entfällt; 4. Kelle unten; 5. Kelle schwenken.

● **Abschnitt V: Ultraleicht (UL) – Schleppbetrieb für Hängegleiter** (Details können beim DHV angefordert werden).

● **Abschnitt VI: Ordnungsmaßnahmen**
Bei Mißachtung der Betriebsordnung sowie bei anderen Verstößen gegen Vorschriften, Regelungen und Bestimmungen, die der Sicherheit des Flugbetriebes dienen, können – entsprechend dem Schweregrad – der Geländehalter dem Piloten auf Zeit oder Dauer örtliches Flugverbot erteilen und/oder der DHV bzw. DAeC den Befähigungsnachweis auf Zeit oder Dauer für ungültig erklären. Dem Betroffenen ist die Möglichkeit zur vorherigen Stellungnahme zu geben. Die Maßnahmen erfolgen unabhängig von behördlichen Maßnahmen.

● **Abschnitt VII: Schlußbestimmungen**
Diese Fassung der Betriebsordnung tritt am 1.1.1991 in Kraft.

● **Anhang 1 zur BO**
Als Windenschleppverfahren sind gestattet
  1. Schlepp ohne Richtungsänderung;
  2. Für Hängegleiter Stufenschlepp, wenn die Konstruktion des Hängegleiters ein Vorhängen des Schleppseils am Flügel bei der Richtungsänderung ausschließt und die Startwinde und das Schleppgeschirr gemäß Betriebstüchtigkeitsnachweis für Stufenschlepp geeignet sind.

9.3 Luftrecht Österreich

In Österreich ist das Bundesministerium für Verkehr als Oberste Zivilluftfahrtbehörde für die Gleitschirmflieger maßgebend. In dem Erlaß für Hängegleiter und Paragleiter wurde der Betrieb von Gleitschirmen festgelegt (Abfassung Juli 1991).

Auszug aus dem Erlaß des Bundesministeriums für Verkehr/Oberste Zivilluftfahrtbehörde in der Fassung vom Juli 1991 über »Hängegleiter« und »Paragleiter«:

● **1. Ausgangsbasis und Entwicklung**
1.1 »Hängegleiter« oder »Gleitflügel« (die Bezeichnung »Drachen« oder »Flugdrachen« für freifliegende Geräte ist unzutreffend) und »Paragleiter« oder »Gleitschirme« sind **Luftfahrzeuge** im Sinne des § 11 des Luftfahrtgesetzes (LFG), BGBl. Nr. 253/1957. Daraus folgt, daß Benützer solcher Geräte als Piloten im Sinne des LFG (Sonderpiloten im Sinne der Zivilluftfahrt-Personalverordnung [ZLPV], BGBl. Nr. 219/1958) anzusehen, daß die Geräte als Luftfahrzeuge zulassungspflichtig wären und daß Abflüge – außer auf Flugplätzen – nur mit Außenabflugbewilligung des Landeshauptmannes erfolgen dürfen (Außenlandungen wären entsprechend den anzuwendenden Bestimmungen für Segelflugzeuge nicht bewilligungspflichtig). Eine strenge Gesetzesanwendung würde somit diese Sportarten unnötig behindern. Internationale Regelungen bestehen keine.

1.2 **Das Bundesministerium für Verkehr** als **Oberste Zivilluftfahrtbehörde (BMV/OZB)** hatte mit Erlaß vom 7. Mai 1973, Zl. 38.533/8-I/8-1973, das **Bundesamt für Zivilluftfahrt (BAZ)** zunächst angewiesen, »bis auf weiteres die Bewegung von Selbstgleiterdrachen und dergleichen Geräten bis zu einer Höhe von 30 m über Grund – ausgenommen in Flugplatznähe, in verbauten Gebieten, über Menschenansammlungen im Freien und in sonstigen Gebieten, in denen die Sicherheit der Luftfahrt oder die Sicherheit von Personen und Sachen auf der Erde gefährdet sein könnte – ohne die gesetzlich vorgesehenen luftfahrtbehördlichen Bewilligungen zu dulden«. Maßgebend waren hierfür zunächst ausschließlich Gesichtspunkte der herkömmlichen Luftfahrt (30 m ist die maximale Höhe bewilligungsfreier Luftfahrthindernisse und zwar auf Bodenerhebungen). Die weitere Entwicklung hat einerseits im Hinblick auf häufigere Unfälle und andererseits auf die Bedürfnisse des Hängegleitersports eine Neuordnung erfordert.

1.3 Bei der Neuordnung waren folgende Gesichtspunkte zu berücksichtigen.
1.3.1 Ermöglichung der Ausübung des (1974) immer mehr aufkommenden Hängegleitersportes und ähnlich (1986) des Paragleitersportes;
1.3.2 Schutz des herkömmlichen Flugbetriebes (besonders im herkömmlichen Flugraum);
1.3.3 Schutz der Sicherheit unbeteiligter Dritter und schließlich
1.3.4 Gewährleistung einer gewissen Sicherheit der Benützer von Hängegleitern und Paragleitern selbst (unter Berücksichtigung des Rechtsgrundgedankens, daß die bloße Gefährdung der eigenen Person rechtlich grundsätzlich nicht zu mißbilligen ist).

● **2. Richtlinien**
Im Hinblick auf diese Gesichtspunkte wurde bzw. wird der unter 1.2 zitierte Erlaß durch die folgenden Richtlinien ersetzt.

2.0 Hängegleiter ist ein nichtkraftangetriebenes, ein- oder zweisitziges Luftfahrzeug schwerer als Luft, dessen Tragfläche aus starren und nichtstarren Teilen besteht, das ausschließlich durch die Kraft des Piloten gestartet sowie gelandet und das im wesentlichen durch Schwerpunktverlagerung gesteuert wird. Paragleiter ist ein ein- oder zweisitziges nichtkraftangetriebenes Luftfahrzeug schwerer als Luft, mit nichtstarrer Tragfläche, das ausschließlich durch die Kraft des Piloten gestartet sowie gelandet und das im wesentlichen wie ein Fallschirm gesteuert wird.

2.1 Luftfahrtveranstaltungen mit Hänge- und Paragleitern (Wettbewerbe und Schauvorstellungen) erscheinen wenig problematisch. Zivile Luftfahrtveranstaltungen bedürfen gemäß § 126 LFG einer Bewilligung des Landeshauptmannes. Nach der gesetzlichen Regelung sind alle Sicherheitsgesichtspunkte zu berücksichtigen bzw. ist durch entsprechende Nebenbestimmungen für die Sicherheit vorzusorgen. Unter anderem ist danach der beanspruchte Luftraum abzugrenzen. Nicht erforderlich erscheint es nach dem derzeitigen Stand, Veranstaltungsbewilligungen an Zivilluftfahrt-Personalberechtigungen und luftfahrtbehördliche Zulassungen der Geräte zu binden, praktisch wäre dies im Hinblick auf die allfällige Beteiligung von Ausländern mit ausländischen Geräten kaum möglich, wenn die Bewilligung nicht einem Verbot gleichkommen soll (die Veranstaltungsbewilligung wird eine generelle Außenabflugbewilligung mitumfassen). Vor Erteilung jeder Veranstaltungsbewilligung ist das BAZ zu befassen, das in grundsätzlichen Fragen mit dem BMV/OZB Fühlung zu nehmen hat.

2.2 Flüge mit Hängegleitern und Paragleitern bis zu einer Höhe von 150 m über Grund (der subsidiären Mindestflughöhe gemäß § 7 Abs. 2 der Luftverkehrsregeln [LVR] 1967, BGBl. Nr. 56, in der geltenden Fassung) sowie in den gemäß Punkt 2.2.1.3 vom BAZ festgelegten Bereichen sind bis auf weiteres entsprechend den folgenden Ausführungen zu dulden.

2.2.1 Bei derartigen Flügen bedürfen die Führer von Hängegleitern und Paragleitern keiner Pilotenberechtigung; diese wird durch den **Nachweis (Schulbestätigung)** einer entsprechenden Einweisung (2.2.1.1) in einer Hängegleiter- bzw. Paragleiterschule (2.2.1.3) ersetzt.

2.2.1.1 Die Einweisung zur Erlangung der Schulbestätigung für Hänge- bzw. Paragleiter hat gemäß vom BAZ genehmigten Lehrplänen zu erfolgen und in der Regel mindestens 50 Hängegleiter- bzw. 25 Paragleiterflüge unter der Aufsicht eines Hängegleiter- bzw. Paragleiter-Fluglehrers innerhalb von 24 Monaten zu umfassen, bei denen der Eingewiesene die Beherrschung von Start, Landung, Richtungsänderung, Landeeinteilung und überzogenen Flugzuständen erlernt haben muß. Ist der Einzuweisende bereits im Besitz einer der genannten Schulbestätigungen oder erwirbt er beide Schulbestätigungen gleichzeitig, genügt eine vom Hängegleiter- bzw. Paragleiter-Fluglehrer im Einzelfall festzusetzende geringere Anzahl von Hängegleiter- bzw. Paragleiterflügen. Zum Abschluß der Einweisung müssen fünf Höhenflüge (mit über 300 m Höhenunterschied) ausgeführt worden sein.
Der Eingewiesene muß weiters im Rahmen der Einweisung die für Führer von Hängegleitern bzw. Paragleitern erforderlichen theoretischen Kenntnisse aus folgenden Gegenständen erworben haben:
● Hängegleiterkunde bzw. Paragleiterkunde (besonders Auf- und Abbau sowie Sicherheitskontrollen),
● Flugpraxis einschließlich Geländekunde,
● Aerodynamik,
● Wetterkunde und
● Luftfahrtvorschriften.
Die Schulbestätigung über die Einweisung darf erst ausgestellt werden, wenn der Eingewiesene überdies entsprechende Kenntnisse in Erster Hilfe nachgewiesen (z. B. Bestätigung des Roten Kreuzes) und das 16. Lebensjahr vollendet hat. Die Ausbildung kann auch vorher erfolgen, sofern die körperliche und geistige Tauglichkeit durch einen fliegerärztlichen Sachverständigen festgestellt worden ist. Nichteigenberechtigte Personen dürfen nur bei Vorliegen einer Zustimmungserklärung ihres gesetzlichen Vertreters geschult werden.

2.2.1.2 Die Berechtigung auf Grund der Einweisung gilt **36 Monate** ab Ausstellung der Schulbestätigung. Sie gilt als für jeweils 36 Monate verlängert, wenn der Weiterbestand der fachlichen Befähigung von einem Hängegleiter- bzw. Paragleiter-Fluglehrer auf Grund eines Überprüfungsfluges mit einem Hängegleiter bzw. Paragleiter (je eines solchen Fluges, wenn die Schulbestätigung für Hängegleiter und für Paragleiter verlängert werden soll) bestätigt worden ist.

2.2.1.3 Für Hängegleiter- bzw. Paragleiter-Schulbewilligungen gelten die luftfahrtgesetzlichen Bestimmungen (§§42 ff LFG) mit der Maßgabe, daß anstelle des Erfordernisses von Benützungsrechten auf einem Flugplatz (§ 44 Abs. 2 lit. a LFG) das Erfordernis von Benutzungsrechten an den zu benützenden Grundstücken und anstelle des Übungsbereicherfordernisses (§ 44 Abs. 2 lit. b LFG) die Festlegung eines entsprechenden hindernisfreien Bereiches im Schulbewilligungsbescheid tritt.

2.2.2 Die LVR 1967 in der geltenden Fassung finden – mit den in diesem Erlaß zusammengefaßten Abweichungen – auf Hängegleiter und Paragleiter sinngemäß Anwendung. Hervorzuheben sind zunächst die allgemeinen Bestimmungen etwa über den Betrieb (§ 3 LVR); auch für den Betrieb von Hängegleitern und Paragleitern gilt u. a. das allgemeine Gefährdungsverbot. Besonders dürfen danach Hängegleiter und Paragleiter nicht im Bereich stark begangenen Geländes und stark befahrener Skipisten eingesetzt werden, und weiters ist danach das Überfliegen von Personen, Gebäuden, öffentlichen Transportanlagen (Bahnen, Seilbahnen, Skiliften usw.) und von Freileitungen, jedenfalls in einem geringeren Abstand als **etwa 50 m** zu dem Hindernis, zu vermeiden. Bei Starts mittels Skiern sind diese derart zu sichern, daß sie während des Fluges nicht herabfallen können. Ferner ist bei Hängegleiter- und Paragleiterflügen ein geeigneter Kopfschutz zu tragen. Weiters hervorzuheben sind die allgemeinen Bestimmungen über Verantwortlichkeiten (§ 4 LVR) oder Flugvorbereitung (§ 5 LVR). Neben den allgemeinen Ausweichregeln (§§ 11 ff LVR) gelten für Hängegleiter und Paragleiter die besonderen Ausweichregeln für Segelflugzeuge (§ 53 LVR) wie für Flüge mit Hängegleitern und Paragleitern überhaupt grundsätzlich dieselben Bestimmungen wie für Segelflüge gelten (§ 51 LVR). Der Betrieb von Hängegleitern und Paragleitern ist nur bei Tag (§ 2 LVR) und nur unter Sichtflugwetterbedingungen (§ 41 LVR) zulässig. Siehe im übrigen auch die Bestimmungen im § 56a LVR. Bei Hänge- und Paragleiterflügen wird von der Verpflichtung zum Mitführen von Notsendern (Crashsendern) abgesehen; das Mitführen von Notsendern bei Streckenflügen wird jedoch empfohlen.

2.2.3 Hängegleiter und Paragleiter sind nicht in das Luftfahrzeugregister einzutragen, aber jedenfalls als Luftfahrzeug zulassungspflichtig (auch wenn sie nur für eine Verwendung bis zu einer Höhe von 150 m über Grund vorgesehen sind).

2.2.3.1 Die Zulassungen haben mit der Beurkundung der Lufttüchtigkeit in einem zu erfolgen.

Zulassungen ausländischer Behörden oder von solchen anerkannte Zulassungen für einsitzige Hänge- bzw. Paragleiter sind ohne weiteres anzuerkennen. Ansonsten kommen primär Musterprüfungen in Betracht (auf Grund deren dann alle entsprechenden Geräte ohne Einzelprüfung zugelassen werden bzw. als zugelassen gelten können). Hauptzweck der luftfahrtbehördlichen Zulassung ist die Vorschreibung bzw. Ermöglichung einer Haftpflichtversicherung (siehe Punkt 2.2.5) und die Statuierung der Halterverantwortlichkeit. Nicht zugelassene Hängegleiter bzw. Paragleiter dürfen nur in gemäß Punkt 2.2.1.3 festgelegten Bereichen, nur zu Erprobungszwecken und nur von Inhabern eines Sonderpilotenscheines für Hängegleiter bzw. für Paragleiter (2.3.1.1) verwendet werden.

Amtliche periodische Nachprüfungen kommen bis auf weiteres nicht in Betracht. Für die Wartung, die regelmäßige Überprüfung und die Aufrechterhaltung der Lufttüchtigkeit entsprechend den von der Zulassungsbehörde genehmigten Betriebsanweisungen (siehe Punkt 2.2.3.2) ist der Halter verantwortlich. Ohne Bewilligung der Zulassungbehörde dürfen an zugelassenen Hängegleitern und Paragleitern keine Änderungen vorgenommen werden. An zugelassenen Hängegleitern und Paragleitern müssen deutlich lesbar und in dauerhafter Schrift die Bezeichnung der Type, die Angaben der Eigenmasse, der Mindest- und Höchstzuladung, des Baujahres, weiters die Werknummer sowie der Name und die Anschrift des Herstellers angebracht sein.

2.2.3.2 In den bei der Zulassung vom Zulassungswerber in deutscher Sprache vorzulegenden und von der Zulassungsbehörde zu genehmigenden Betriebsanweisungen müssen vor allem geregelt sein:

● die Organisation des Flugbetriebes;
● die Beschaffenheit des benützbaren Geländes (Ausdehnung, Gefälle, Hindernisfreiheit);
● die höchstzulässige Windgeschwindigkeit und Hinweise auf sonst gefährliche Windverhältnisse (z. B. Böen);
● die sonstigen Betriebssicherheitsgrenzen (Schwerpunkt und Abfluggewicht) sowie Hinweise auf gefährliche Flugmanöver; gegebenenfalls die Schlepptüchtigkeit;
● die Kontrolle vor dem Start sowie Anleitungen für den Aufbau bzw. die Inbetriebnahme, die regelmäßigen Überprüfungen und den sonstigen Betrieb;
● der Ausbildungsstand und die Ausrüstung des Benützers.

Der Halter hat jedem Benützer die Betriebsanweisungen zur Kenntnis zu bringen.
2.2.4 Die Landeshauptmänner werden ersucht, Abflüge mit Hängegleitern und Paragleitern ohne Außenabflugbewilligung zu dulden (ausgenommen in dicht verbauten Gebieten sowie von Bauwerken z. B. Brücken). Die Halter und Piloten von Hängegleitern und Paragleitern werden darauf hingewiesen, daß die über die benützten Grundstücke Verfügungsberechtigten aus zivilrechtlichen Gründen jedenfalls eine Zustimmungserklärung abgegeben haben müssen. Landungen mit Hängegleitern und Paragleitern sind gemäß § 10 Abs. 1 lit. c LFG bewilligungsfrei.
2.2.5 Für Störungen gelten nach der ZSV, BGBl. Nr. 152/1980, in der geltenden Fassung, keine Sonderbestimmungen.
2.2.5.1 Der Flugbetrieb soll nur in Anwesenheit einer weiteren Person durchgeführt werden, die in der Lage ist, bei Unfällen Soforthilfemaßnahmen einzuleiten. Unfälle und sonstige Störungen sind gemäß § 136 LFG dem BAZ (Tel. Wien 788380) unverzüglich zu melden. Für derartige Meldungen sollen die vom BAZ aufgelegten und auch auf allen Zivilflugplätzen erhältlichen Formulare verwendet werden. Bei Störungen, die sich als geringfügig erweisen und die Sicherheit des Flugbetriebes nicht unmittelbar berühren, kann eine Störungsmeldung unterbleiben, ebenso bei harten Landungen (Crash-Landungen) mit geringem Schaden (z. B. verbogenes Trapez). Zu melden sind jedoch u. a. Gerätebruch im Flug, wenn sich auch der Pilot mittels Fallschirmes unverletzt retten konnte, Zusammenstöße mit Luftfahrzeugen, Unfälle, bei denen der Pilot schwer oder ein Dritter (wenn auch nur leicht) verletzt wurde, sowie sonstige Störungen, deren Bekanntwerden der Flugunfallverhütung dienen kann. Die Meldepflicht obliegt (nebeneinander) dem Piloten, dem Luftfahrzeughalter, dem Flugplatzhalter (Ausbildungsunternehmen bei Störungen im Rahmen der Ausbildung) und den Organen des öffentlichen Sicherheitsdienstes.
2.2.5.2 Hinsichtlich der **Halterhaftpflicht** gelten die §§ 19ff. des alten deutschen Luftverkehrsgesetzes 1936, RGBl. 1 S. 653, in der geltenden Fassung, uneingeschränkt (Haftung bis **S 3000000**); Versicherungspflicht siehe §§ 29ff. dieses Gesetzes.

2.3 Flüge mit Hängegleitern und Paragleitern in Höhen über 150 m über Grund und außerhalb von gemäß 2.2.1.3 festgelegten Bereichen unterliegen voll den luftfahrtrechtlichen Vorschriften (Punkt 1.1).
2.3.1 Die Führer solcher Hängegleiter und Paragleiter bedürfen eines **Sonderpilotenscheines** für Hängegleiter bzw. Paragleiter. Der Sonderpilotenschein für Hängegleiter berechtigt auch zum Führen von Paragleitern, wenn der Scheininhaber eine gültige Schulbestätigung für Paragleiter (siehe 2.2.1.1) hat. Der Sonderpilotenschein für Paragleiter berechtigt zum Führen von Hängegleitern, wenn der Scheininhaber eine gültige Schulbestätigung für Hängegleiter (siehe 2.2.1.1) hat.
2.3.1.1 Voraussetzungen für die Bewerbung um einen Sonderpilotenschein für Hängegleiter bzw. für Paragleiter sind die Vollendung des 16. Lebensjahres, die Verläßlichkeit, der Nachweis der körperlichen und geistigen Tauglichkeit (wie für Fallschirmspringer) und eine Schulbestätigung gemäß Punkt 2.2.1.1. Die theoretische Prüfung umfaßt die in diesem Punkt bezeichneten Gegenstände sowie die Gegenstände Geographie und Geländekunde (für Streckenflüge) sowie Erste Hilfe und Flugmedizin. Bei der praktischen Prüfung hat der Bewerber bei zwei Flügen mit einem Höhenunterschied von mindestens 500 m in einem 500 m breiten Korridor je einen Vollkreis nach links und einen Vollkreis nach rechts sowie eine einwandfreie Ziellandung in einem Kreis mit einem Radius von 25 m auszuführen.
2.3.1.2 Der Sonderpilotenschein für Hängegleiter bzw. Paragleiter gilt **36 Monate**. Er ist für jeweils 36 Monate zu verlängern, wenn die Erlangungsvoraussetzungen (weiterhin) gegeben sind und der Verlängerungswerber durch die Bestätigung eines Hängegleiter- bzw. Paragleiter-Fluglehrers nachweist, daß er innerhalb der letzten Gültigkeitsperiode einen der praktischen Prüfung entsprechenden Überprüfungsflug durchgeführt hat.
2.3.1.3 Voraussetzungen für die Erlangung der **Hängegleiter- bzw. Paragleiter-Fluglehrerberechtigung** sind der Besitz des Sonderpilotenscheines für Hängegleiter bzw. Paragleiter seit mindestens 24 Monaten, die Durchführung von 200 Flügen mit einem Höhenunterschied von mindestens 300 m mit Hängegleitern bzw. Paragleitern, eine zweimonatige Tätigkeit (mindestens 60 Tage) in einer Hängegleiter- bzw. Paragleiterschule als Fluglehreranwärter unter der Aufsicht eines befugten Fluglehrers, die Absolvierung eines vom BAZ genehmigten Hänge- und Paragleiter-Fluglehrerlehrganges, die Ablegung der Prüfung gemäß § 20 der ZLPV und eine Fluglehrertätigkeit in einer Hängegleiter- oder Paragleiterschule während eines Jahres an mindestens 90 Tagen unter der Aufsicht eines befugten Fluglehrers. Für Inhaber einer Hängegleiter-Fluglehrerberechtigung sind für die Erlangung der

Paragleiter-Fluglehrerberechtigung der Besitz einer gültigen Schulbestätigung für Paragleiter sowie die Durchführung von 200 Höhenflügen mit Paragleitern (Höhenunterschied mindestens 300 m) erforderlich sowie eine Fluglehrertätigkeit in einer Paragleiterschule während mindestens zwei Monaten. Für Inhaber einer Paragleiter-Fluglehrerberechtigung sind für die Erlangung der Hängegleiter-Fluglehrerberechtigung der Besitz einer gültigen Schulbestätigung für Hängegleiter sowie die Durchführung von 200 Höhenflügen mit Hängegleitern (Höhenunterschied mindestens 300 m) erforderlich sowie eine Fluglehrertätigkeit in einer Hängegleiterschule während mindestens zwei Monaten. Die Lehrberechtigung ist mit dem Sonderpilotenschein zu verlängern, wenn der Verlängerungswerber innerhalb der letzten Gültigkeitsperiode als Hängegleiter- bzw. Paragleiter-Fluglehrer in einer Hängegleiter- bzw. Paragleiterschule tätig war oder zumindest einmal innerhalb der letzten Gültigkeitsperiode seiner Lehrberechtigung an einem vom BAZ genehmigten Weiterbildungslehrgang teilgenommen hat.

2.3.1.4 Übergangsbestimmungen hinsichtlich der Erteilung von Lehrberechtigungen. Gültige Hängegleiter-Fluglehrerberechtigungen umfassen auch die Lehrberechtigung für Paragleiter, wenn der Berechtigte bereits im Besitz einer gültigen Schulbestätigung für Paragleiter ist und eine entsprechende Lehrtätigkeit ausgeübt hat. Wird die Hängegleiter-Fluglehrerberechtigung aufgrund einer vor dem 1. Juli 1991 abgelegten Lehrerprüfung vor dem 1. Juli 1992 erworben, gilt diese auch für Paragleiter, wenn der Berechtigungsinhaber im Besitz einer gültigen Schulbestätigung für Paragleiter ist und mindestens 200 Höhenflüge mit Paragleitern (Höhenunterschiede mindestens 300 m) absolviert hat.

2.3.2, 2.3.3, 2.3.4 und 2.3.5 siehe 2.2.2, 2.2.3, 2.2.4 und 2.2.5 (Verkehr, Zulassung, Abflug, Haftung).

2.4 Zur Durchführung von Doppelsitzerflügen mit Hängegleitern bzw. Paragleitern muß der verantwortliche Pilot (§ 2 LVR) mindestens 12 Monate im Besitz eines gültigen Sonderpilotenscheines für Hängegleiter bzw. Paragleiter sein, mindestens 100 Höhenflüge (Höhenunterschied mindestens 300 m) absolviert haben und als Einweisung an einem vom BAZ anerkannten, speziellen Lehrgang teilgenommen haben, wobei ausländische Lehrgänge, welche mindestens die gleichen Anforderungen stellen, vom BAZ anzuerkennen sind.

Doppelsitzerflüge im Rahmen der Ausbildung und Fortbildung in einer Hängegleiter- bzw. Paragleiterschule bedürfen keiner besonderen Bewilligung, ansonsten ist zur gewerbsmäßigen Beförderung von Personen und Sachen eine Bewilligung gemäß §§ 101 ff LFG erforderlich.

2.5 Flugdrachen (Geräte mit mechanischer Verbindung zur Erdoberfläche) sind analog Hängegleitern zu behandeln.

Besonders ist auf die Bestimmungen im § 128 LFG, im § 3 Abs. 4 LVR sowie auf die in Betracht kommenden schiffahrtsrechtlichen, straßenpolizeilichen u. dgl. Vorschriften hinzuweisen.

9.4 Luftrecht Schweiz

In der Schweiz führt der **Bundesrat** die Aufsicht über den Luftraum. Ihm direkt unterstellt ist das **Bundesamt für Zivilluftfahrt (BAZL)**, das die Luftfahrt überwacht. Gleitschirme gelten als Hängegleiter und sind ihnen rechtlich gleichgestellt. Für diese gilt seit 1. April 1988 die neue **Hängegleiterverordnung (VHG).**

Auszug aus der Hängegleiterverordnung (VHG)

1. Abschnitt: Umfang

Art. 1

1 Diese Verordnung enthält die Sonderregeln über den Betrieb von bemannten oder zum bemannten Betrieb geeigneten Hängegleitern und bestimmten anderen Luftfahrzeugen.

2 Als Hängegleiter gelten alle zum Fußstart geeigneten Fluggeräte – namentlich auch Gleitschirme –, soweit sie unmittelbar nach dem Start zur Ausführung von Gleit- oder Segelflügen eingesetzt werden.

Oben: Gleitschirm und Delta in der Thermik am Col de Sapenay, Frankreich.

Unten: Skistart vom Lauberhorn (Schweiz).

2. Abschnitt: Sonderregeln für Hängegleiter
Art. 2 Flugmaterial
1 Hängegleiter werden nicht in das Luftfahrzeugregister eingetragen.
2 Die Lufttüchtigkeit wird nicht amtlich geprüft.

Art. 3 Sicherstellung der Dritthaftpflicht
1 Hängegleiter dürfen nur in Betrieb genommen werden, sofern die Haftpflichtansprüche Dritter auf der Erde nach den Bestimmungen der Luftfahrtverordnung in jedem Fall sichergestellt sind.
2 Die Haftpflichtversicherung muß sowohl die Haftpflicht des Halters als auch diejenige des Benützers decken.
3 Hat der Halter im Ausland Wohnsitz, dann genügt für Flüge in der Schweiz eine im Ausland auf seinen Namen oder den des Benützers abgeschlossene Haftpflichtversicherung mit gleicher Garantiesumme, sofern diese Versicherung auch in der Schweiz Ansprüche von Dritten deckt.
4 Der Haftpflichtversicherungsnachweis ist beim Betrieb des Hängegleiters mitzuführen.

Art. 4 Kennzeichnung
1 Hängegleiter sind auf der Unterseite der tragenden Fläche mit einem gut erkennbaren Kennzeichen zu versehen, das aus höchstens fünf 40 cm hohen Zahlen besteht.
2 Das Kennzeichen muß mit einem entsprechenden Eintrag im Haftpflichtversicherungsnachweis des Halters des gekennzeichneten Hängegleiters übereinstimmen.
3 Zuteilung und Verwaltung der Kennzeichen erfolgen durch eine vom Bundesamt für Zivilluftfahrt anerkannte Stelle.
4 Hängegleiter sind zusätzlich mit einem gut sichtbaren Schild zu versehen, das folgende Angaben enthält: a) Hersteller; b) Baumuster, c) Baujahr, die vom Hersteller festgesetzte minimale und maximale Zuladung.

Art. 5 Gewerbsmäßige Flüge
Für gewerbsmäßige Flüge mit Hängegleitern ist keine Bewilligung des Bundesamtes erforderlich.

Art. 6 Öffentliche Flugveranstaltungen
Für öffentliche Flugveranstaltungen, an denen ausschließlich Hängegleiter eingesetzt werden, ist keine Bewilligung des Bundesamtes erforderlich.

Art. 7 Werbung
Die Werbung mit Aufschriften und bildlichen Darstellungen an Hängegleitern ist unter Vorbehalt der Bestimmungen der übrigen Bundesgesetzgebung gestattet.

Art. 8 Mindestalter, Ausweise und Prüfungen
1 Das Mindestalter für die Führung eines Hängegleiters beträgt 16 Jahre.
2 Ausbildungsflüge dürfen nur unter der unmittelbaren Aufsicht von Personen ausgeführt werden, die Träger eines amtlichen Lehrausweises sind.
3 Andere Flüge dürfen nur Personen ausführen, die Träger eines amtlichen Ausweises sind. Für gelegentliche Flüge von Ausländern mit Wohnsitz im Ausland genügt ein gleichwertiger ausländischer Ausweis.
4 Hängegleiterflüge mit einer Begleitperson dürfen nur Personen ausführen, die Träger eines besonderen amtlichen Ausweises sind.
5 Prüfungen zum Erwerb der Ausweise werden nach vom Bundesamt genehmigten Weisungen durch vom Bundesamt anerkannte Sachverständige abgenommen.
6 Das Bundesamt veröffentlicht periodisch eine Liste der von ihm als gleichwertig anerkannten ausländischen Ausweise.
7 Die Ausweise müssen bei Hängegleiterflügen mitgeführt werden.

Art. 9 Betriebsregeln
1 Der Benützer muß den Hängegleiter so betreiben, daß er weder Leben und Gesundheit noch Sachen Dritter gefährdet.
2 Für Starts und Landungen mit Hängegleitern besteht kein Flugplatzzwang; vorbehalten bleiben in allen Fällen die Rechte der an einem Grundstück Berechtigten auf Abwehr von Besitzesstörung und Ersatz ihres Schadens.
3 Starts und Landungen auf öffentlichen Straßen und Skipisten sind untersagt.
4 Menschenansammlungen im Freien, Gebäude, öffentliche Straßen, Skipisten, öffentliche Transportanlagen, namentlich Bahnen, Luftseilbahnen und Skilifte sowie elektrische Freileitungen und andere Kabel sind in einem Abstand zu überfliegen oder zu umfliegen, der genügend Sicherheit gewährt.

5 Flüge über Landes- und Zollgrenze sind gestattet, sofern keine Waren mitgeführt werden; die für den Grenzübertritt erforderlichen Papiere sind mitzuführen. Das ausländische Recht bleibt vorbehalten.

6 Für den Einsatz von Hängegleitern auf öffentlichen Gewässern bleiben die Bundesgesetzgebung über die Binnenschiffahrt und das entsprechende kantonale Recht vorbehalten.

7 Für das Schleppen von Hängegleitern mit Winden, Fahrzeugen oder Schiffen in eine Höhe von mehr als 150 m über Grund ist eine Bewilligung des Bundesamtes erforderlich.

Art. 10 Schutz der Luftfahrt

1 Der Betrieb von Hängegleitern ist untersagt:

a) in einem Abstand von weniger als 5 km von den Pisten eines für Flächenflugzeuge bestimmten zivilen Flugplatzes;

b) während der militärischen Flugdienstzeiten in einem Abstand von weniger als 5 km von den Pisten eines für Flächenflugzeuge bestimmten militärischen Flugplatzes;

c) in einem Abstand von weniger als 2,5 km von Helikopterflugplätzen.

2 Der Flugplatzleiter oder die Flugverkehrsleitstelle kann Ausnahmen von diesen Einschränkungen bewilligen.

Art. 11 Verkehrsregeln

Beim Betrieb von Hängegleitern sind im übrigen die für Segelflugzeuge geltenden Bestimmungen der Verordnung vom 4. Mai 1981 über die Verkehrsregeln für Luftfahrzeuge mit Ausnahme der Vorschriften über die Mindestflughöhen sinngemäß anwendbar.

4. Abschnitt: Schlußbestimmungen

Art. 14 Übergangsbestimmungen

1 Sechs Monate nach Inkrafttreten dieser Verordnung dürfen nur noch Hängegleiter betrieben werden, die mit einem Kennzeichen nach Artikel 4 Absatz 1 versehen sind.

2 Vom Bundesamt erteilte Bewilligungen für die Durchführung von Hängegleiterflügen mit einer Begleitperson gelten längstens noch während sechs Monaten nach Inkrafttreten dieser Verordnung; innerhalb dieser Frist können gültige Bewilligungen durch einen entsprechenden, besonderen amtlichen Ausweis ersetzt werden.

Art. 15 Inkrafttreten

Diese Verordnung trat am 1. April 1988 in Kraft.

In Ergänzung zur Hängegleiterverordnung ist folgendes zu beachten:

● Der Pilot ist für den vorschriftsmäßigen Betrieb eines Gleitschirms verantwortlich.

● Unfälle werden von Amtes wegen nicht untersucht.

● Nachtflüge sind gestattet, bedürfen aber einer Anmeldung bei der Flugverkehrsleitstelle.

● Abwerfen von Gegenständen aus der Luft, Flugzeugschlepp und Wassern ist verboten.

● Beim Fliegen am Hang ist ein vertikaler Mindestabstand von **60 m** einzuhalten.

● Formationsflüge sind erlaubt, nach vorheriger Absprache der Piloten.

Bei Annäherung an andere Luftfahrzeuge muß Kollisionsgefahr ausgeschlossen sein.

**Deutschland, Österreich, Schweiz,
Italien, Frankreich**

Es ist fast unmöglich, alle Gleitschirmberge zu erfassen.
Diese Auflistung kann nur einen Überblick über die bekanntesten und
beliebtesten Flugberge verschaffen. Die Flugberge sind nach Ländern
geordnet. Innerhalb der Länder erfolgt die Aufzählung von Ost nach
West. Wer sich für ein Fluggebiet interessiert, besorgt sich am besten
die entsprechende Landkarte zur weiteren Information. Vor Ort helfen
Fremdenverkehrsverbände, Seilbahnen und auch die örtlichen Flug-
schulen weiter, um die genaueren Angaben zu erhalten.
Da die Gleitschirmflieger viel beachtet werden, findet sich immer je-
mand, der über den Start- und Landeplatz sowie die lokalen Bedingun-
gen Auskunft geben kann.
Die jeweiligen Regeln und Bestimmungen sollten unbedingt erfragt und
auch eingehalten werden, da wiederholtes Fehlverhalten von Piloten die
Einschränkung oder gar Sperrung von Fluggebieten bedeuten kann.
(In der Tabelle ist die Höhenangabe bei »Start« nicht identisch mit der
Gipfelhöhe!)

DEUTSCHLAND								
Ort	Berg	Start	Lan-dung	Höhen-diff.	Wind	An-stieg	Telefon	Sonstiges
Bad Reichenhall	Hoch-schlegel	1680	500	1160	W	Bahn		
Bad Reichenhall	Mittelstaufen	1610	950	1060	S	2 h		alpin
Weißenbach	Zwiesel	1780	700	1020	SW	2 h		alpin
Königssee	Jenner	1870	620	1250	S/N/O		Bahn	
Inzell	Gamskogel	1700	780	920	W	2 h		alpin
Ruhpolding	Haaralm-scheid	1560	760	800	S	1,5 h		alpin
Ruhpolding	Rauschberg	1670	670	1000	NW/SO	Bahn	08663/5945	B-Schein
Ruhpolding	Unternberg	1450	740	710	N	Bahn	08663/5960	
Bergen	Hochfelln	1670	620	1050	alle	Bahn	08662/8511	hohe GZ
Unterwössen	Balsberg	870	570	300	O	Bahn		
Unterwössen	Hochplatte	1560	800	900	S	2 h		alpin
Schleching	Geigelstein	1800	600	1200	O	Bahn +1 h		alpin
Marquart-stein	Hochplatte	1085	535	550	O/NO/SO	Bahn	08641/7216	

Ort	Berg	Start	Lan-dung	Höhen-diff.	Wind	An-stieg	Telefon	Sonstiges
Aschau	Kampenwand	1500	720	780	N	Bahn		
Grainbach	Hochries	1565	665	900	NW	Bahn	08032/8404	
Bayrischzell	Wildalpjoch	1700	1050	650	S	1,5 h		alpin
Rottach-Egern	Wallberg	1720	750	970	N/NW/SO	Bahn	08022/24086	
Lenggries	Brauneck	1555	680	875	NW/SO/O	Bahn	08042/8910	
Lenggries	Schönberg	1600	750	850	S/W/NW	2 h		alpin
Bad Tölz	Blomberg	1150	600	550	O	Bahn		hohe GZ
Kochel	Jochberg	1560	600	960	NW	Auto +1,5 h		alpin
Farchant	Hoher Fricken	1940	640	1300	N	3,5 h		alpin
Garmisch-P.	Kramer	1900	800	1100	SO/SW	3 h		alpin
Garmisch-P.	Wank	1780	770	1010	S/SW	Bahn	08821/71617	
Garmisch-P.	Alpspitze	2600	800	1700	SO	Bahn +2 h		alpin
Garmisch-P.	Hausberg	1400	760	640	N	Bahn		
Oberammer-gau	Laber	1680	840	840	NW/S	Bahn	08822/4770	zeitweise gesperrt
Schwangau	Tegelberg	1720	800	920	NW/NO	Bahn	08362/81018	
Buching	Buchenberg	1200	830	400	NW/NO	Bahn	08368/507	
Füssen	Säuling	2000	850	1150	NO	3 h		alpin
Pfronten	Breitenberg	1700	850	850	N/O	Bahn	08363/5820	
Oberstdorf	Nebelhorn	2200	810	1390	SW	Bahn	08322/1092	
Fischen	Hörner	1500	900	600	O	Bahn		
Oberstaufen	Hochgrat	1850	1050	800	W	Bahn		
ÖSTERREICH								
Wolfsberg	Koralpe	1400	470	930	S/SW	Auto		
Hundsdorf	Gerlitzen	1910	510	1400	alle	Auto		schwierig
Obervellach	Wolligen	1280	680	600	S/SO	Auto		
Spittal	Goldeck	2140	640	1500	alle	Bahn	04762/2864	
Windisch-garsten	Kleinerberg	1280	600	680	O/S/W	Auto		
Gröbming	Stoderzinken	2040	770	1270	O/S/N	Auto	03685/[2]3348	alpin
Haus	Kaibling	2100	750	1350	O/N/W	Bahn	03685 [2]3348	
Ramsau am Dachstein	Scheichen-spitze	2660	960	1700	S	5 h	03685 [2]3348	hoch-alpin
Ramsau am Dachstein	Gr. Koppen-karstein	2695	1695	1000	S	Bahn	03685 [2]3348	hoch-alpin

Ort	Berg	Start	Lan-dung	Höhen-diff.	Wind	An-stieg	Telefon	Sonstiges
Obertraun	Krippenstein	2100	550	1550	N	Bahn		
Altaussee	Loser	1600	720	880	SSO	Auto		
Abtenau	Einberg	1688	888	800	SO	2,5 h		alpin
Abtenau	Großer Breitstein	2100	650	1450	N	5 h		alpin
Abtenau	Tagweide	2050	650	1400	NW/W	3 h		alpin
Abtenau	Trattberg	1750	1050	700	S	Auto +0,5 h		alpin
Salzburg	Geisberg	1280	430	850	W/N/O	Auto		
St. Leonhard	Untersberg	1800	550	1250	NW	Bahn	06246/2477	
Großarl	Saukarkopf	2040	840	1200	S/SO	2,5 h		alpin
Großarl	Kreuzkogel	1820	890	930	NO	2 h		alpin
Großarl	Frauenkogel	2400	890	1510	SO	3,5 h		alpin
Hüttschlag	Hundeck	2070	970	1100	SO/SW/W	2 h		alpin
Hüttschlag	Hiertseck	2060	1060	1000	SW	2 h		alpin
Hüttschlag	Plattkogel	2270	970	1300	O/NO	3 h		alpin
Hüttschlag	Keeskogel	2880	980	1900	O/NO	5 h		hoch-alpin
Lienz	Zetterfeld	1800	770	1300	S	Bahn		
Lienz	Hochstein	2020	670	1350	O	Auto		
Sillian	Thurntaler	2400	1100	1300	S/O	Bahn/Auto		
Sillian	Helm-Sattel	2000	1100	900	N/NO	Auto		
Sillian	Stalten	1550	1100	450	O/SO	Auto		
Prägraten	Wunspitze	2300	1320	980	SW	Auto +0,75 h		
Prägraten	Muhs	2480	1320	1160	O/W	Auto +0,75 h		
Prägraten	Fenster	2600	1320	1280	alle	Auto + 1 h		
Zell am See	Schmitten-höhe	2000	760	1240	S/O	Bahn	06542/3694	
Kaprun	Kitzstein-horn	3050	770	2280	W/S	Bahn	06547/ 8621323	
Neukirchen	Wildkogel	2100	860	1240	S	Bahn	06565/6405	
Kössen	Unterberg-horn	1200	600	600	N/NW/NO	Bahn	05375/6226	
Westendorf	Choralpe	1820	790	1030	SW/NW	Bahn	05334/6223	
Walchsee	Bremkopf			800		Auto		
Hopfgarten	Hohe Salve	1820	620	1200	alle	Bahn	05333/5260	
Neukirchen	Wildkogel	2040	900	1140	S	Bahn		
Kitzbühel	Stuckkogel	1750	900	850	W	Bahn		

Ort	Berg	Start	Lan-dung	Höhen-diff.	Wind	An-stieg	Telefon	Sonstiges
Kitzbühel	Hahnen-kamm	1680	780	900	W/O/N	Bahn		
Kitzbühel	Kitzbüheler-horn	1990	780	1210	W/NW	Bahn		
Kirchberg	Gaisberg	1750	840	910	O	Bahn +0,5 h		
Kirchberg	Schwarzkogel	2000	1020	980	W	Bahn +2 h		alpin
Ellmau	Hintere Goinger Halt	2190	1090	1100	SW	2,5 h		alpin
Scheffau	Wiesberg	1990	940	1050	S	2,5 h		alpin
Scheffau	Treffauer	2300	940	1360	SW/W	3 h		alpin
Wörgl	Mösalmkogel	1000	440	560	NO	1 h		alpin
Niederau	Markbachjoch	1450	830	620	N	Bahn	05339/8212	
Kramsach	Roßkogel	1820	520	1290	O/SW	Bahn	05337/2563	schwierig
Reit	Reither Kogel	1200	525	675	NO	Auto		
Stumm im Zillertal	Schartenjoch	2200	560	1640	W	Auto +1,5 h		alpin
Zell am Ziller	Kreuzjoch	2450	570	1880	W/NW	Bahn +1 h		
Gerlos	Arbiskogel	2020	1260	760	N	Bahn +0,5 h		
Hippach	Hochfeld	2300	600	1700	N/W/S	Bahn +2 h		alpin
Hippach	Arbiskögerl	1800	600	1200	N/W/ SW	Bahn +0,5 h		
Hippach	Arbiskopf	2000	630	1370	S/O	Auto		
Hart im Zillertal	Wieders-berger Horn	2120	670	1450	W	3 h		alpin
Stumm	Hammberg	2070	560	1510	SW/ NW	Auto +2 h		alpin
Mayrhofen	Filzenkogel	2200	630	1570	N/W	Bahn +0,75 h	05285/2633	alpin
Mayrhofen	Ahornspitze	2870	630	2240	SW	Bahn +2 h	05285/2633	alpin
Mayrhofen	Steinerkogel	1240	630	610	SW	Auto +0,5 h		Material-seilbahn
Finkenberg	Spitzegg	2640	1000	1640	N/W	Auto +3 h		alpin
Finkenberg	Penken	2000	650	1350	S/O	Bahn		
Reintaler See	Voldöppberg	1500	600	900	S	2 h		alpin
Kramsach	Vord. Sonn-wendjoch	2220	580	1600	S	Bahn +1,5 h		alpin

Ort	Berg	Start	Landung	Höhendiff.	Wind	Anstieg	Telefon	Sonstiges
Steinberg im Rofan	Guffert	2000	1050	950	S	2,5 h		alpin
Maurach am Achensee	Rotspitze	1950	1000	950	S	Bahn +0,5 h		alpin
Maurach am Achensee	Ebnerjoch	1950	1000	950	S	Bahn +1 h		
Buchau am Achensee	Dalfatzalm	1680	1000	680	SW	2 h		alpin
Achenkirch	Unnütz	2070	930	1140	W	3 h		alpin
Stans bei Jenbach	Stanser Joch	2100	520	1580	S	3 h		alpin
Pertisau	Lamsenspitze	2500	1270	1230	S	3,5 h		alpin
Engalm in der Eng	Sonnjoch	2400	1120	1280	NW	3 h		alpin
Schwaz im Inntal	Kellerjoch	2000	550	1450	O/N	Bahn +0,25 h		alpin
Wattental	Hirzer	2500	1400	1100	W	2 h		alpin
Wattens	Largoz	2210	870	1340	O/W	Auto +2,5 h		alpin
Gnadenwald	Hinterhornalm	1525	880	645	S	Auto		
Scharnitz	Rotwandlspitz	2150	970	1180	W	3 h		alpin
Seefeld	Härmelekopf	2200	1200	1000	W	Bahn	05215/ 24160	
Innsbruck	Hafelekar	2270	700	1570	S	Bahn	05222/ 37111	
Igls	Patscherkofel	2240	900	1340	N/NW	Bahn		
Axamer Lizum	Birgitzköpfl	1980	1580	400	W	Bahn		
Barwies	Wankspitze	2100	1000	1100	O	3 h		alpin
St. Jodok am Brenner	Gammer Spitze	2500	1400	1100	S	Auto +3 h		alpin, Start schwierig
Toldern im Schmirner Tal	Äuß. Schönlahner Spitze	2300	1400	900	W/SW	2,5 h		alpin
Trins am Brenner	Blaser	2240	1240	1000	SO	2,5 h		alpin
Matrei am Brenner	Serles	2500	1650	850	O	2 h		alpin
Telfs bei Fulpmes	Nockspitze	2400	1060	1340	S	2,5 h		alpin
Fulpmes	Kreuzjoch	2135	930	1205	SO	Bahn	05225/2321	

Ort	Berg	Start	Lan-dung	Höhen-diff.	Wind	An-stieg	Telefon	Sonstiges
Neustift	Elfer	2080	1000	1080	NW	Bahn	05226/2270	
Gschnitz	Habicht	3200	1200	2000	S	5 h		hochalpin
Sellrain	Roter Kogel	3037	900	1200	W	3 h		alpin
Leutasch-klamm	Gehren-spitze	2340	1270	1070	S	3 h		alpin
Leutasch	Hohe Munde	1550	630	920	S	Bahn	05214/6364	
Leutasch	Hohe Munde	2590	630	1970	SO	3 h		alpin
Ehrwald	Zugspitze	2800	960	1840	SW/W	Bahn +0,5 h	05673/2461	alpin
Ehrwald	Daniel	2300	1000	1300	S/SW	2 h		alpin
Enge	Aggenstein	1900	1080	820	S	1,5 h		alpin
Tannheim	Neunerköpfle	1850	1100	750	W/N/O	Bahn	05672/ 242015	
Tannheim	Sulzspitz	2000	1190	810	W	Bahn +1 h		alpin
Höfen bei Reute	Hahnen-kamm	1920	1150	770	W	Bahn +0,5 h		
Weißenbach	Gaichtspitze	1980	890	1090	S	2,5 h		alpin
Zams	Venetberg	2200	775	1425	alle	Bahn	05442/2663	
Oetz	Roßköpfe	2300	810	1490	W	Bahn +0,5 h		
Umhausen im Ötztal	Weiler Bichel	1530	1030	500	W	Auto		
Karres bei Imst	Tschirgant	2300	850	1450	S	3 h		alpin
Obergurgel	Festkogel	2950	1910	1040	NW	2 h		alpin
Fiss	Schönjöchel	2430	1460	970	SO	Bahn	05476/6396	
Landeck	Venet	2200	780	1420	S/W	Bahn	05442/2663	
Kappl	Diasalpe	2300	1260	1040	S	Bahn +0,5 h		
Galtür	Adamsberg	2400	1580	820	O/S/W	Bus Ganahl	05443/256	
Bezau	Baumgarten-höhe	1660	780	980	S/N	Bahn	05514/2254	
Satteins	Schnifisberg	1480	780	700	S/SW	Bahn		
Brand	Gulma	1720			O/SW	Bahn		
Gargellen	Schafberg	2200	1420	780	O/SW	Bahn		
SCHWEIZ								
Brülisau	Hoher Kasten	1795	930	865	W/SO/N	Bahn	071/881322	
Wasserauen	Ebenalp	1640	870	770	NO/SO	Bahn	071/881212	
Schwägalpe	Säntis	2500	1350	1150	SW	Bahn	071/581921	schwierig
Davos	Jakobshorn	2590	1560	1030	NW	Bahn	083/37002	

Ort	Berg	Start	Lan-dung	Höhen-diff.	Wind	An-stieg	Telefon	Sonstiges
Lenzerheide	Rothorn	2850	1350	1500	NW/SW	Bahn	081/341661	
Küssnacht	Rigi	1800	450	1350	W/N/O	Bahn	041/821148	
Fiesch	Eggishorn	2210	1060	1150	SW	Bahn	028/711345	
Engelberg	Fürenalp	1800	700	1100	W/NW	Bahn		
Engelberg	Titlis	3300	1000	2300	N	Bahn		
Fiesch	Kühboden	2000	1050	950	alle	Bahn		
Lauter-brunnen	Jungfrau	4150	750	3400	SW/NW	Bahn +3 h		hoch-alpin
Lauter-brunnen	Mönch	4099	750	3350	NW/W/SW	Bahn +4 h		hoch-alpin
Lauter-brunnen	Männlichen	2300	750	1550	W	Bahn		
Kandersteg	Allmenalp	1800	1200	600	alle	Bahn		
Mülenen	Niesen	2360	750	1610	alle	Bahn		
Wilderswil	Schinige Platte	2100	700	1400	W	Bahn		
Gstaad	Wasserngrat	2200	1050	1150	W	Bahn		
Verbier	Les attelas	2700	1500	1200	W	Bahn		
Saas Grund	Weismies	4023	1550	2470	SW/NW	Bahn +5 h		hoch-alpin
Täsch	Dom	4545	1450	3095	N/NO	2 Tage		hoch-alpin
Zermatt	Riffelberg	2600	1800	800	W/NW	Bahn	028/661181	
Zermatt	Rothorn	3000	1600	1400	S/SW/NW	Bahn	028/661181	
Zermatt	Breithorn	4150	1850	2300	N	Bahn +3 h	028/661181	hoch-alpin
Wolfen-schiesen	Brändlen	1200	500	700	NW	Bahn		
Aminona	Bonvin	2410	1450	960	O/SO	Bahn		
ITALIEN								
Sexten	Helm	2000	1310	690	SW	Bahn	0474/70245	
Sand in Taufers	Ahornach	1410	860	550	SW	Auto		
Canazei	Belvedere	2330	1470	860	S	Bahn		
Canazei	Sellajoch	2300	1750	550	S/SO	Auto +0,25 h		Gleitzahl 4+!
Sellajoch	Langkofel-scharte	2680	2180	500	O/SO	Bahn		
Campitello	Col Rodella	2360	1450	910	SW/SO	Bahn		
Brixen	Plose	2490	600	1890	W/N/O	Auto		
Brixen	Malsitter	1500	600	900	SO	Auto		
St. Ulrich	Seceda	2520	1240	1280	N/W/S	Bahn	0471/76531	

Ort	Berg	Start	Lan-dung	Höhen-diff.	Wind	An-stieg	Telefon	Sonstiges
St. Ulrich	Seiser Alm	2000	1240	760	NW	Bahn	0471/76218	
St. Jakob im Pfitschtal	Nusserkopf	2300	1400	900	S	Auto +0,5 h		
Sterzing	Saun	2080	960	1120	SW	Auto +1 h		
Maien im Ridnauntal	Wetter-Spitze	2650	1400	1250	S	2,5 h		alpin
Meran	Hirzer	2000	500	1500	W	Bahn	0473/37415	
Bolognano bei Arco	Monte Stivo	1845	130	1715	W	Auto +0,5 h		
Malcesine	Monte Baldo	1750	90	1660	W	Bahn		
Castelluccio	Poggio di Croce	1600	1250	350	O	Auto	0743/870156	
Liparische Inseln	Stromboli	920	20	900	NW/NO/SO	3 h		Vulkan-aktivität
FRANKREICH								
Vogesen	Wildenstein	1200	500	700	W	Auto		
Chamonix	Planpraz	2000	1050	950	SW	Bahn	50530024	
Chamonix	Plan de l'Aiguille	2340	1050	1290	NW/NO	Bahn	50530024	
Argentière	Grands Montets	3200	1250	1950	W/NW	Bahn	50530024	
La Plagne	St. Jacques	2200	1500	700	S/SW	Bahn + 0,5 h		alpin
Grd. Colombier	Grd. Colombier	1630	430	1200	O/W	Auto		
La Forclaz	Col de la Forclaz	1150	450	700	NW/W	Auto	50029912	
Le Salève	Salève	1200	400	1200	NO	Auto		
Mieussy	Le Pertuiset	1600	650	950	S	Auto		
Samoens	Les Saix	1600	670	930	N/NO	Bahn		
Chindrieux	Col du Sapenay	880	240	640	O	Auto		
Meribel	La Saulire	2600	1680	920	S/O	Bahn		
Val Thorens	Cime Caron	3200	1750	1450	N	Bahn		
St. Hilaire	St. Hilaire	900	230	670	N/NO	Auto		
Prapoutel-les-7-Laux	La Jasse	1900	950	950	O/NO	Bahn		
St.-André-les-Alpes	Le Chalvet	1600	950	650	S/SW	Bus	92891130	Seealpen
St.-André-les-Alpes	Maurel	1770	950	820	SO	Auto	92891130	
MONACO								
Monte Carlo	Mont Gros	800	0	800	S/SW	Auto	93778003	

Wichtige Adressen und Telefonnummern:

(Stand: Oktober 1991)

Ländervorwahl:

Aus der Bundesrepublik Deutschland, der Schweiz, Liechtenstein und Italien:

Österreich (A):	0043
Schweiz (CH):	0041
Liechtenstein (FL):	0041
Italien (I):	0039
Deutschland (D):	0049
Frankreich (F):	0033

Aus Österreich:

Deutschland:	060
Schweiz und	
Liechtenstein:	050
Italien:	040

Verbände:

Deutschland:
Deutscher Aero Club
(DAeC)
Lyoner Str. 16
6000 Frankfurt/Main
Tel. 069/6630090

Deutscher Hängegleiter
Verband (DHV)
Miesbacher Str. 2
8184 Gmund am Tegernsee
Tel. 08022/7031
Fax 08022/7996

Österreich:
Österreichischer Aero Club
(ÖAeC)
Prinz-Eugen-Str. 12
A-1040 Wien
Tel. 0043/1/50510280

Schweiz:
Schweizerischer
Hängegleiter Verband
(SHV)
Postfach 1301
CH-8620 Wetzikon
Tel. 01/9324353
Fax 01/9324282

Deutsche Flugwetterwarten:

Berlin-Schönefeld
(D-Ost)
Tel. 02/6723851

Berlin-Tegel
Tel. 030/4181540

Berlin-Tempelhof
Tel. 030/69008350

Bremen
Tel. 0421/5372170

Dresden
(D-Ost)
Tel. 051/582144

Düsseldorf
Tel. 0211/424140
oder 0211/4216269

Erfurt
(D-Ost)
Tel. 061/539301

Frankfurt/M.
Tel. 069/8062615
oder 069/8062616

Hamburg
Tel. 040/50752474
oder 040/50751501

Hannover
Tel. 0511/7305338

Köln/Bonn
Tel. 02203/402247
oder 02203/402248

Leipzig
(D-Ost)
Tel. 041/8611202

München
Tel. 089/908263

Münster/Osnabrück
Tel. 02571/52061

Nürnberg
Tel. 0911/36680

Saarbrücken
Tel. 06893/4650

Stuttgart
Tel. 0711/7901338

Flugwetter:

Deutschland:
Wetterinfo Zugspitze
(Band)
Tel. 08821/2909

Segelflugwetter BRD
(Band)
Tel. 11506 (Ortsnetz)

Segelflugwetter
Nordbayern (Band)
Tel. 0911/524036+37

Reisewetter (Band)
Tel. 11600 (Ortsnetz)

Alpenverein (Band)
Tel. 089/2283866

Deutscher Wetterdienst
(Band)
Tel. 1164 (Ortsnetz)

Österreich:
Österr. Alpenverein (Band)
Tel. 0512/1567

Persönliche
Meteorologische Beratung
Tel. 0512/891600

Meteo Wien
Tel. 01/
771319+771102315

Meteo Innsbruck
Tel. 0512/85372

Meteo Graz
Tel. 0316/291284

Meteo Klagenfurt
Tel. 0463/41520

Meteo Linz
Tel. 07221/72030

Meteo Salzburg
Tel. 0662/852454

Segelflugwetter Wien
Tel. 01/776402

Segelflugwetter Graz
Tel. 0316/295639

Segelflugwetter Linz
Tel. 07221/72681

Hängegleiterwetter
Innsbruck
Tel. 0512/891576

Flugwetter Salzburg
Tel. 0662/852450

Flugwetter Klagenfurt
Tel. 0463/43531

Volmet Wien, international
(Band)
Tel. 01/776109
(126,000 MHz)

Volmet Wien, national
(Band)
Tel. 01/772295
(122,550 MHz)

Volmet Innsbruck (Band)
Tel. 0512/85786
(130,475 MHz)

Volmet Klagenfurt (Band)
Tel. 0463/43646
(122,275 MHz)

Schweiz:
Spezialwetterbericht
Tel. 01/2527644

Segelflugwetter
Tel. 01/2516630

Windprognose
Tel. 01/2512951

Deltafon SHV
Tel. 01/9324355

Flugwetterzentrale Zürich
Tel. 01/8162023

Flugwetterzentrale Basel
Tel. 061/572608

Flugwetterprognose,
GAFOR (Band)
Tel. 01/2617520

Volmet Zürich (Band)
Tel. 01/8162291

Segelflugwetter (Band)
Tel. 01/2512951

Surf-Wetter (Band)
Tel. 01/2512951

Surf-Wind (Band)
Tel. 065/452828

Flugwetterzentrale Genf
Tel. 022/7880304

Flugwetterbericht Genf
Tel. 022/7981266

Segelflugwetterbericht
Genf
Tel. 022/7980261

Wetterzentrale Locarno
Tel. 093/312771

Telefax-Wetter:

Deutschland:
Düsseldorf
Tel. 0211/419515

Frankfurt
Tel. 069/821769

Hamburg
Tel. 040/592793

Köln/Bonn
Tel. 02203/54156

München
Tel. 089/908467

Stuttgart
Tel. 0711/795926

Österreich:
Wien
Tel. 01/771641

Schweiz:
Zürich
Tel. 01/8162027

Genf
Tel. 022/7880236

Informationen:

Wetterdienst-Funk
130,47 MHz

Flugbetriebs- und Informationszentrale beim
Luftwaffenamt:
Pf. 902500
5000 Köln 90
Tel. 02203/6022073

Kosif:
Koordinationsstelle für
Schießen und
Flugsicherung:
Tel. 01/8133110
(Schweiz)

Fachliteratur:

Toni Bender/Peter Janssen/Klaus Tänzler: **Gleitschirmsegeln für Meister.** Nymphenburger
Verlagsbuchhandlung, München 1989
Oliver Guenay: **Ein Tag mit den Wolken.** Flugberge Frankreichs. Odyssee Alpinverlag 1990
Klaus Heller/Hans Ostermünchner/Sepp Singhammer: **Faszination Gleitschirmfliegen.**
Ein Lehrbuch für Theorie und Praxis. W. Heyne Verlag, München 1987
Elfi Lissmann: **Gleitschirmberge in den Ostalpen.** Bruckmann Verlag, München 1989
Lötscher/Zeller: **Gleitschirmfliegen.** Materialkunde, Fluglehre, Flugpraxis, Wetterkunde,
Gesetzgebung. Volair AG, Neuenkirch 1991
Urs Lötscher: **Gleitschirmparadies Schweiz.** Volair AG, Neuenkirch 1989
Walter Müller/Peter Donatsch: **Flugführer Schweiz.** Gasser Verlagsverwaltungen, Chur 1989
Walter Müller/Peter Donatsch: **Flugführer Norditalien.** Verlag Gleitschirm, Chur 1990
Walter Müller/Peter Donatsch: **Flugführer Frankreich.** Verlag Gleitschirm, Chur 1991
Carsten Peter: **Gleitschirm total.** Bergfex Verlag. Innsbruck 1990

Fachzeitschriften:

Gleitschirm. Zeitschrift für Gleitschirmflieger und Bergsteiger. M & T Helvetica. CH-7007 Chur,
Tel. 081/235241
Drachenflieger-Magazin mit Gleitschirm-Magazin. Ringier Verlag, 8000 München 83,
Tel. 089/638180, Fax 089/63818100
Vol Libre magazin. F-94200 Ivry-sur-Seine. Tel. 46727460
Parapente magazin. 25, rue La Boëtie, F-75008 Paris, Tel. 1/42650593
Parapente. AlpiRando. 7, rue de Lille, F-75007 Paris, Tel. 1/42603465

Verbandsnachrichten:

Swiss Glider. Offizielles SHV Organ. DH-8620 Wetzikon. Tel. 01/9324353
DHV-Info. DHV. 8184 Gmund am Tegernsee, Tel. 08022/7031, Fax 08022/7996
BLN-Bayerische Luftfahrt-Nachrichten. DAeC. D-8959 Riedern am Forggensee,
Tel. 08362/37038
Skywings. British Association of Paragliding Clubs Ltd. The old school room,
Loughborough road, Leicester LE1 5PJ, Tel. 0533/611322

Quellennachweis Texte:

S. 206 ff., Luftrecht Deutschland: Abdruck mit Genehmigung des Deutschen Hängegleiter
Verbandes (DHV).
S. 214 ff., Luftrecht Österreich: Abdruck mit Genehmigung des Österreichischen Bundesamtes
für Zivilluftfahrt.
S. 218 ff., Luftrecht Schweiz: Abdruck mit Genehmigung des Schweizerischen Hängegleiter
Verbandes (SHV).

Offiziell
zugelassene
Gleitsegelschulen

BUNDESREPUBLIK
DEUTSCHLAND

Flugschule Lukas Bader
Roonstraße 1
1000 Berlin 37
Tel. 030/8024884

Drachenflugschule Kiel
Alte Lübecker Chaussee 25
2300 Kiel
Tel. 0431/697823

Gleitschirmschule
»Pegasus«
Postfach 234
3205 Bockenem
Tel. 05067/5499

Harzer Gleitschirmschule
Arnsbergstraße 10
3388 Bad Harzburg
Tel. 05322/1415

Hessische
Gleitschirmschule
HOT SPORT VHL e.V.
3550 Marburg
Tel. 06421/26609 oder
06421/12345

W. Graske Paragliding
Tilsiter Weg 3
4044 Kaarst 1
Tel. 02101/604502

DCH Willingen e.V.
Kahlenstraße 28
4780 Lippstadt
Tel. 02941/78860

Gleitsegelcenter
Nordrhein-Westfalen
Lübecker Straße 1
4972 Löhne
Tel. 05732/4819

Gleitsegelschule
Oberberg
Cosimastraße 2
5276 Wiehl
Tel. 02262/92430

Westdeutsche
Gleitschirmschule
Nühnetalstraße 73
5788 Winterberg
Tel. 02981/6640

Gleitschirmschule
»Wasserkuppe«
Obernhausen 35
6412 Gersfeld
Tel. 06654/353 oder
06654/7548

Paramount
Günter Wörlein
Ludwigstraße 74
6650 Homburg
Tel. 06841/75109

Gleitschirmschule
Phoenix
Hauptstraße 39
6915 Dossenheim
Tel. 06221/862766

Drachenflugschule
Rhein-Main-Neckar
Hauptstraße 61
6943 Birkenau
Tel. 06201/63184

Drachenflugschule
Stuttgart
Hermannstraße 11
7000 Stuttgart 1
Tel. 0711/617579 oder
0711/795090

Gleitsegelschule
Schwäbische Alb
Hartwaldstraße 83
7000 Stuttgart 50
Tel. 0711/537928

FLUXUS OMEGA
Forchenweg 37
7042 Aidlingen
Tel. 07034/62609

Gleitschirmflugschule
Remstal
Silcherweg 16
7067 Plüderhausen
Tel. 07181/84625

Ultraleicht-GSV Aalen
Baltenstraße 30
7080 Aalen
Tel. 07361/32233

Gleitsegelschule Frank
Fasanenweg 8
7150 Backnang
Tel. 07191/65475

HB Drachensport
Christian-Schubart-
Straße 17
7178 Michelbach
Tel. 0791/41151 und
0791/43262

Gleitschirmschule
»Albatros« Nagold
Gaisbergstraße 6
7274 Haiterbach 3
Tel. 07456/1402

Flugschule Göppingen
Blumhardtstraße 14
7320 Göppingen-
Jebenhausen
Tel. 07161/49119

Gleitsegelschule Tübingen
Alberstraße 3
7400 Tübingen
Tel. 07071/81144

Gleitschirmschule Albatros
Grießstraße 9
7419 Sonnenbühl
Tel. 07128/463

Gleitsegelschule
Peter Rieger
Reinhardtstraße 43
7448 Wolfschlugen
Tel. 07022/52654

Gleitschirmschule Löffler
Kaiserstraße 17
7500 Karlsruhe 1
Tel. 0721/378878

Gleitschirmschule
Schwarzwald-Baar
Wiesenweg 2/1
7731 Unterkirnach
Tel. 07721/51509

Gleitschirmschule Steidl
Halde 43
7797 Illmensee
Tel. 07558/660

Gleitsegelschule Freiburg
Scheffelstraße 45
7800 Freiburg
Tel. 0761/77568

Gleitschirmschule
Dreyeckland
Schauinslandstraße 16
7801 Umkirch
Tel. 07665/8278

Flugschule Aerotec
Harald Huber
Flaunserstraße 19
7801 Stegen 2
Tel. 07661/61735

Gleitschirmschule
Manfred King
Moosweg 3
7807 Elzach
Tel. 07682/7062 oder
07682/8279

Gleitschirmschule
Walter Wagner
Hof 57
7816 Münstertal
Tel. 07636/1676

Flugschule Horizont
Feldberger Weg 15
7840 Müllheim
Tel. 07631/5117

Air Power
Gleitschirmschule
Axel-Thomas Plambeck
Beim Steinernen Kreuz 10
7893 Jestetten

Gleitsegelschule Ulm
Eichenweg 13
7901 Berghülen
Tel. 07344/7284

Gleitschirmschule
Ostalb-Heidenheim
Sudetenstraße 2
7920 Heidenheim
Tel. 07321/45425

Drachenflugschule
Hermann Kolenc
Mozartstraße 14
7950 Biberach 1
Tel. 07351/72135

»AEROMAX« Gleitsegel-
schule M. Conrad
Engelhardtstraße 33
8000 München 70
Tel. 089/766116 oder
089/6903859

Take Off
Ehrengutstraße 16
8000 München 5
Tel. 089/7258881

Gleitschirmschule
Achim Kirchmann
Scheibenwiesenweg 30
8000 München 82
Tel. 089/4301667

Gleitschirmparadies
Müllerstraße 10
8000 München 5
Tel. 089/2603200

Deutsche Gleitsegelschule
Erzgießereistraße 48
8000 München 2
Tel. 089/52 27 29

Gleitsegel-Flugschule
Ride & Fly
Garmischer Straße 205
8000 München 70
Tel. 089/7 60 59 07

Münchner Gleitschirmflug-
schule GmbH
Balanstraße 13
8000 München 80
Tel. 089/48 25 72

Sunglide
Gleitschirmschule
München
Kreuzstraße 19
8195 Egling
Tel. 081 76/17 77

Gleitsegelschule Fritz Kurz
Ahornring 7
8028 Taufkirchen
Tel. 089/6 12 22 50

Dachauer
Gleitschirmschule
Augsburger Straße 32
8060 Dachau
Tel. 081 31/47 23 oder
081 31/9 56 64

Gleitsegelschule
Heinz Bartl
Vogelhausstraße 3a
8082 Grafrath
Tel. 081 44/2 94

Gleitschirmschule
Werdenfels
Schnitzschulstraße 2
8100 Garmisch-
Partenkirchen
Tel. 088 21/14 25

Gleitschirmschule
Garmisch-Partenkirchen
Am Hausberg 8
8100 Garmisch-
Partenkirchen
Tel. 088 21/49 31

U.F.O.-Gleitschirmschule
Grünkopfstraße 17
8102 Mittenwald
Tel. 088 23/12 40 oder
081 79/14 15

Flugschule IKARUS
Ammergauer Straße 27
8107 Ettal
Tel. 088 22/44 11

Gleitschirmschule
Zugspitze
Birkenweg 4
8111 Saulgrub
Tel. 088 45/81 04

Gleitschirmflugschule
Spieler GmbH
Am Trifthof 57
8120 Weilheim
Tel. 088 1/76 57 oder
088 1/87 22

Up Up Flugschule
Erlkamer Straße 30
8150 Holzkirchen
Tel. 080 24/85 53

Parafly GmbH
Oberer Schuß 4
8170 Bad Tölz
Tel. 080 41/7 12 91 oder
080 41/81 84

Airformance
Steinbach 7
8170 Arzbach
Tel. 080 42/30 92

Gleitschirmschule
Sepp Singhammer
Johann-Probst-Straße 15
8172 Lenggries
Tel. 080 42/45 59

Gleitschirmschule
Segel-Meyer
Karwendelstraße 40
8172 Lenggries
Tel. 080 42/43 52

Gleitsegelschule
Ostermünchner
Tölzer Straße 11
8175 Greiling
Tel. 080 41/7 03 19

Gleitschirmschule
Tegernseer Tal
Dr.-Scheid-Straße 19
8182 Bad Wiessee
Tel. 080 22/8 28 11

Gleitsegelschule
Reinhold Speidel
Wendelsteinstraße 8
8201 Neubeuern
Tel. 080 35/53 85

Aerosport
Gleitschirmschule
Brannenburger Straße 32
8201 Nußdorf
Tel. 080 34/10 34

DFC Hochries-
Samerberg
Dorfplatz 14
8201 Samerberg
Tel. 080 32/81 34 oder
080 32/86 96

Para-Alpin
Brandnerweg 2a
8213 Aschau
Tel. 080 52/46 64

Süddeutsche
Gleitschirmschule
Am Balsberglift
8218 Unterwössen
Tel. 086 41/75 75

Gleitsegelschule Inzell
Bichlstraße 43
8221 Inzell
Tel. 086 65/4 61

Gleitsegelschule
Ruhpolding
Brandstätter Straße 62
8222 Ruhpolding
Tel. 086 63/6 68 und
086 63/27 29

Para-Flug
Gleitsegelschule
Herbert Fürle
Brahmsstraße 3
8228 Freilassing
Tel. 086 54/6 54 08 oder
086 56/15 76

Hanggliding Flugschule
Franz Wenig
Richard-Voß-Straße 73
8240 Schönau
am Königssee
Tel. 086 52/23 63

Erding-Landshuter
Gleitsegelschule
Neulehen 6
8251 Kirchberg
Tel. 087 62/7 23

Airsport M. Fröhler
Zechenweg 6
8400 Regensburg
Tel. 09 41/94 74 04

TOP Gliders
Sauerzapstraße 5
8419 Schönhofen
Tel. 09 404/24 23

Aerosport Altmühltal
Schlehdornweg 9
8432 Beilngries
Tel. 084 61/75 50

Gleitschirmschule
Jura
Auf der
Hohen Straße 14
8435 Dietfurt
Tel. 084 64/82 11

Erste Bayerwald
Gleitschirmschule
Höll 2
8494 Waldmünchen
Tel. 09 972/34 77

Gleitsegelflugschule
Nürnberg
Schnorrstraße 3a
8500 Nürnberg 50
Tel. 09 11/8 46 85

NOVA AIR
Gary Elhart
Augustinumstraße 10
8532 Bad Windsheim
Tel. 09 841/10 39

Drachenflugschule
Nordbayern
Weizbühl 32
8581 Goldkronach
Tel. 092 73/85 88

Gleitschirmschule
Pfaffenwinkel-
Schongau
Säulingstraße 14
8925 Altenstadt
Tel. 088 61/70 57

Delta Sportflug-
schule Starek
Albert-Schweitzer-
Straße 54
8940 Memmingen
Tel. 083 31/8 27 46

Gleitschirmschule
Kaufbeuren
Frühlingsweg 3
8951 Frankenried
Tel. 083 41/13 81

Ostallgäuer
Fliegerschule
Xaver-Martin-Straße 1
8952 Marktoberdorf
Tel. 083 42/44 50

Drachenflugschule
Tegelberg
Mathias Krug
Haldenweg 3
8959 Roßhaupten

DAeC-Gleitschirm-Schule
Heinz Fischer
Brunnenstraße 35
8959 Rieden
Tel. 08362/37038

Gleitschirmschule
Christa Vogel
Talstation Tegelberg
8959 Schwangau
Tel. 08362/8687
Fax 08362/8708

RAFA-Alpin-
Gleitschirmschule
Kirchstraße 1
8959 Bayerniederhofen
Tel. 08368/1616

Gleitschirmschule
Oberallgäu
Bahnhofstraße 30
8972 Sonthofen
Tel. 08321/86290

Gleitsegelschule
Jürgen Rohrmeier
Salzweg 37
8972 Sonthofen
Tel. 08321/9328 oder
08321/82743

Flugschule FK
Frank Kranzusch
Grüntenstraße 24
8972 Sonthofen
Tel. 08321/88335

Flugschule
Martin Mergenthaler
Waltener Straße 20
8972 Sonthofen
Tel. 08321/9970

OASE-Flugschule
Hauptstraße 6
8980 Oberstdorf
Tel. 08322/7538

Skycenter GmbH
Nebelhornstraße 31
8980 Oberstdorf
Tel. 08322/2051

Westallgäuer
Gleitschirmschule
Allmannsried 181
8999 Scheidegg
Tel. 08381/6265

ÖSTERREICH

Kärnten

Drachenfliegerclub
Klagenfurt
A-9020 Klagenfurt
Timenitz 44
A-9064 Pischeldorf
Tel. 4224/29012

1. Kärntner Drachenflieger-
club
A-9400 Wolfsberg
A-9433 St. Andrä 193
Tel. 4358/2407

Niederösterreich

Drachenflugschule
Ötscherland
Fred Dannenberg
Brettl 28
A-3264 Gresten
Tel. 7485/317

Flugschule Puchberg
Wolfgang Zach
A-2801 Katzelsdorf
Tel. 02622/83683

Oberösterreich

Drachenflug- und
Paragleitschule
Kremstal
Andrea Pehn
Atzelsdorf 22
A-4553 Schlierbach 364
Tel. 7582/81188

Para- und Drachenflug-
schule Garstnertal
Norbert Brodnig
A-4582 Spital am Pyhrn 132
Tel. 07562/7767

Flugschule
Salzkammergut
Hartmut Gföllner
A-4852 Weyregg
am Attersee/OÖ.
Tel. 0663/74800

Salzburger Land

Luftsportverband
Salzburg
Postfach 5
A-5020 Salzburg

Club Alpin Extra
Markt 16
A-5441 Abtenau
Tel. 6243/2939 oder
662/206982

Flugschülerparadies
Werfenweng
Kurti Pirker
Werfenweng 66
A-5443 Werfenweng
Tel. 6466/570

Flugschule Pinzgau
Franz Voithofer
A-5733 Bramberg 211
Tel. 06566/8207

Aufwind
Gleitschirmschule Lungau
Anna Rehrl
A-5580 Unternberg
Tel. 03687/81880

Steiermark

Hängegleiterclub
Steiermark
Walter Stiegler
Keplerstraße 38
A-8010 Graz
Tel. 316/918345 oder
293525

Flugschule Steiermark
Walter Stiegler
Karl-Morre-Straße 59
A-8020 Graz
Tel. 0316/573844

Sky Club Austria
Österr. und deutsche (DHV)
Flugschule
Walter Schrempf
Wiesackerstraße 512
A-8962 Gröbming
Tel. 3685/22333

Flugschule Aufwind
Franz Rehrl
Am Dachstein 52
A-8972 Ramsau am
Dachstein
Tel. 3687/81880

Tirol

Flugschule Alpin
Markus Villinger
Fassergasse 27a
A-6060 Hall i. T.
Tel. 5223/43747

Flugschule Stubaital
Hans-Peter Eller
Bundesstraße 709
A-6167 Neustift i. St.
Tel. 5226/3344

Flugschule Zillertal
Andreas Gerber
A-6283 Hippach
Tel. 5282/3720, 3478

Flugschule Kössen
Sepp Himberger
A-6345 Kössen
Tel. 5375/6559

Flugschule Kitzbühel
Jochen Steinbach
Achenweg 30
A-6370 Kitzbühel
Tel. 5356/71205

Flugschule Silvretta
Elmar Ganahl
A-6563 Galtür
Tel. 05443/256

Flugschule
und Drachenbau
Bruno Girstmair
Patriasdorferstr. 8
A-9900 Lienz/Osttirol
Tel. 4852/37355

Flugschule Seefeld
Ernst Steger
Gschwandt 293
A-6100 Seefeld
Tel. 5212/3830

Flugschule
Hochpustertal
Pepi Gasteiger
Sillian 172
A-9920 Sillian
Tel. 4842/6271

Vorarlberg

Flugschule Flying High
Kaspar Greber
Bühel 853
A-6863 Egg
Tel. 5512/3322

Flugschule Alpin
Wolfgang Natter
Herrengasse 28
A-6822 Satteins
Tel. 5524/8439

SCHWEIZ

Graubünden

Gleitschirm- und
Deltaflugschule
Davos-Klosters
Uf'm Büel
7270 Davos Platz/GR
Tel. 081/436043

Flugschulcenter Grischa
Flüelastrasse 8
7260 Davos Dorf/GR
Tel. 081/465666

Flugschule
Lenzerheide
Voa Sundroina 2
7078 Lenzerheide/GR
Tel. 081/343734

RAE Flugschule Arosa
Hotel Prätschli
7050 Arosa/GR
Tel. 081/311861

Flugcenter
Schönauer
Postfach 615
9490 Vaduz/FL
Tel. 075/27288

Sky-Center
Flims-Laax-Falera
7153 Falera/GR
Tel. 086/33355

Sky Wing
Intern. Gleitschirmcenter
7515 Sils/Segl Baselgia
Tel. 082/45400

Flugschule St. Moritz
Via dal Bagn 3
7500 St. Moritz/GR
Tel. 082/38167

Flugschule Surselva
P. O. Box 20
7180 Disentis/GR
Tel. 086/74373

**Ostschweiz,
Glarus, Zürich**

Flugschule Appenzell
Hochwachtstrasse 17
9000 St. Gallen
Tel. 071/27019

Flugschule
Heinz Betschart
Mülistrasse 11
8320 Fehraltorf/ZH
Tel. 01/9541901

Flugschule
Werner Büchel
Wiesenstrasse 10A
9400 Rorschacherberg/SG
Tel. 071/414747

Deltaflugschule
Bruno Moser
Baltenschwilerstrasse 34
8962 Bergdietikon/ZH
Tel. 01/7402957

Alpine Flugschule
Michael Müller
Riedernstr. 33
8750 Glarus/GL
Tel. 058/611242
oder 058/611118

Ostschweizer Deltaschule
Müselbacherstr. 5
9602 Bazenheid
Tel. 073/313020 oder
071/813616

Flugschule Ostschweiz
Postfach 104
9602 Bazenheid/SG
Tel. 073/313020

Flugschule Pizol
Dorfstrasse
7323 Wangs/SG
Tel. 085/26743

RAE Flugschule Alpstein
St. Georgenstr. 179a
9011 St. Gallen
Tel. 071/233962/273355

Deltaflugschule
Rorschach
Rosenegg 3a
9400 Rorschacherberg/SG
Tel. 071/423879

Sky-Center Zürich + Flims
Rütistrasse 78
8636 Wald/ZH
Tel. 055/952172,
Fax 952866

Flugschule Wetzikon
Postfach
8345 Adelswil/ZH
Tel. 01/9391330

Innerschweiz

Flugschule Albatros
Luzern
Postfach 122
6370 Stans
Tel. 041/412641,
Natel 077/425262

Ron Hurst's Delta Safari
Jostenstrasse 21
8854 Galgenen/SZ
Tel. 055/645229
Fax 055/645223

Flugschule
Engelberg
Postfach 247
Wasserfallstrasse 135
6390 Engelberg/OW
Tel. 041/944144

Luftarena
Rüebibachstr. 10b
6372 Ennetmoos
Tel. 041/614477
oder 619205

Gleitschirm-Flugschule
Rigi
Schmidgasse 2
6403 Küssnacht
Tel. 041/816381

Gleitschirmschule
F. J. Rothenfluh
Grepperstrasse 49
6403 Küssnacht/SZ
Tel. 041/814047

Flugschule Titlis
Postfach 10
6386 Wolfenschiessen/NW
Tel. 041/652266 oder
077/428260
Info-Band: 041/652265

Gleitschirm-Flugschule
Pilatus AG
touch and go
Gersauerstrasse 25
6440 Brunnen
Tel. 013/315131/32

Gleitschirmflugschule
Uri
Seestrasse 57
6454 Flüelen
Tel. 044/25064

Flugschule Zentralschweiz/
Engelberg
Heimeliweg 5
6370 Stans/NW
Tel. 041/614866 oder
617070

Gleitschirm Flugschule
Zug
Postfach
8944 Sihlbrugg-Dorf
Tel. 042/322238

**Berner Voralpen,
Berner Oberland**

Gleitschirm-Flugschule
Allmenalp
3718 Kandersteg/BE
Tel. 033/751917 und
751671

Delta- und Gleitschirm-
schule Bern
Morgenstrasse 83
3018 Bern
Tel. 031/555400

Birdwing
Gleitschirmflugschule
Sägeweg 10
3044 Innerberg/BE
Tel. 031/8293076

Flugschule
Dandor
Wabersackerstr. 57
3097 Liebefeld/BE
Tel. 031/537170

Flugschule
Hörmen
Rötihubelstr.
3077 Enggistein/Worb/BE
Tel. 031/836002

Flugschule Ikarus
Interlaken
Brunngasse 68
3800 Matten/Interlaken
Tel. 036/220428

Gleitschirmflugschule
Moser
Längmattstr. 331F
3436 Zollbrück/BE
Tel. 035/68552

Para-Flugschule
Kleine Scheidegg
Sporthaus
3801 Kl. Scheidegg/BE
Tel. 036/551545/533961

Flugcenter Sigel
Kandersteg
3718 Kandersteg/BE
Tel. 033/751020,
Fax 033/751030

Deltaflugschule
Taifun
Müelichweg 11
4710 Balsthal/SO
Tel. 062/71 12 02 oder
062/71 48 49
Fax 062/71 57 20

Flycenter Thun
Alte Bernstr. 148
3613 Steffisburg/BE
Tel. 033/37 16 89

Oberwallis

Delta- und
Gleitschirmflugschule
Fiesch-Eggishorn
Chalet Gletscherfloh
3984 Fiesch/VS
Tel. 028/71 20 85 oder
71 33 52

Alpines
Gleitschirm-Zentrum
Leukerbad
Postfach
3954 Leukerbad
Tel. 027/63 40 41 oder
077/28 37 18

Flying-Center Oberwallis
Wichelstrasse
3984 Fieschertal/VS
Tel. 028/71 25 51

**Valais, Vaud,
Lausanne, Genf,
Freiburg, Neuchâtel**

Centre de Vol Ailes de K
Le Combassine
1871 Choex
Tel. 025/71 51 60

Centre Parapente
Arc-en-Ciel
1, rue du Midi
2400 Le Locle/NE
Tel. 039/31 88 80

Ecole L'Envol
Case postale 167
1936 Verbier/VS
Tel. 026/31 51 31

Pan-Pam Airlines
Villa Mont-Cholst
1854 Leysin/VD
Tel. 025/34 26 02

Ecole Parapente
Paradventure
PO Box 46
1865 Les Diablerets/VD
Tel. 025/53 23 82

Paradventure
Raisin 5
2400 Le Locle/NE
Tel. 039/31 30 80

Ecole de Parapente du
Pays d'Enhaut
Case postale 77
1211 Genève 9
Tel. 022/200 1 66

Les Randonneurs du Ciel
La Perrette
1882 Gryon/VD
Tel. 025/68 26 83

Rithner
Case postale 73
1870 Monthey/VS
Tel. 025/71 28 01

Ecole de Parapente
Valais Central
1972 Anzère/VS
Tel. 027/38 52 24

Centre Delta-Parapente
de Verbier SA
Chalet Turbulences
1936 Verbier/VS
Tel. 026/31 68 18 oder
022/7 84 33 33
Fax 026/31 49 54

Centre de Vol Libre Villars-
Gryon »Le Stop«
1882 Gryon
Tel. 025/68 19 77

Jura

Deltaflugschule Biel
Auweg 7
2502 Biel-Bienne/BE
Tel. 032/42 22 55

Deltaflugschule Guro
Zwingenstrasse 1
4225 Brislach/BE
Tel. 061/80 18 79

Deltaflugschule Suter
Weilerweg 11
4057 Basel
Tel. 061/650 3 80

Flugschule Tanner
Sonnhaldenweg
4814 Boltenwil/AG
Tel. 064/81 52 22

Zorro
aux Oies 137 d
2518 Nods/BE
Tel. 038/51 47 42

Tessin

Pink Baron
Via S. Gottardo 86
6900 Massagno-Lugano/TI
Tel. 091/57 32 10

Para Centro Locarno
Aeroporto Cantonale
6596 Gordola/TI
Tel. 093/67 26 51

Scuola Volo Delta Lugano
Via alla Campagna
6535 Roveredo/GR
Tel. 092/82 24 87

Scuola Volo Libero Lugano
c/o Lino Chiodero
6952 Canobbio/TI
Tel. 091/52 58 21 oder
52 73 87

Register

239